汽车配件管理及营销

主　编　汪海红　张　博　张克军
副主编　李　新
参　编　戴　路
主　审　冯丽敏

江苏大学出版社
JIANGSU UNIVERSITY PRESS
镇江

内容提要

本书共七个项目，主要包括汽车配件入门知识、汽车主要零部件及易损件、汽车配件采购、汽车配件仓库管理、汽车4S店配件库存控制理论和库存分析、汽车配件ABC分类库存控制策略和汽车配件销售。本教材可作为汽车技术服务与营销、汽车检测与维修等专业学生教材，亦可供专用汽车岗位培训或自学用书。

图书在版编目(CIP)数据

汽车配件管理及营销/汪海红，张博，张克军主编
.—镇江：江苏大学出版社，2017.1(2018.1重印)
ISBN 978-7-5684-0358-0

Ⅰ.①汽…　Ⅱ.①汪…②张…③张…　Ⅲ.①汽车—配件—市场营销学—研究　Ⅳ.①F766

中国版本图书馆CIP数据核字(2016)第321874号

汽车配件管理及营销

主　　编/汪海红　张　博　张克军
责任编辑/张小琴
出版发行/江苏大学出版社
地　　址/江苏省镇江市梦溪园巷30号(邮编：212003)
电　　话/0511-84446464(传真)
网　　址/http://press.ujs.edu.cn
排　　版/北京四海书林文化交流中心(天利排版)
印　　刷/廊坊市鸿煊印刷有限公司
开　　本/787mm×1 092mm　1/16
印　　张/13.75
字　　数/317千字
版　　次/2017年1月第1版　2018年1月第2次印刷
书　　号/ISBN 978-7-5684-0358-0
定　　价/39.00元

如有印装质量问题请与本社营销部联系(电话：0511-84440882)

前 言

近年来我国汽车工业的高速发展，给汽车服务行业，尤其是汽车配件经营企业带来了巨大的商机。编写《汽车配件管理及营销》的目的是为汽车技术服务与营销专业的师生和从事汽车配件经营的技术和管理人员提供一本较全面、系统了解汽车配件方面知识的教材。

本书主要内容包括汽车配件入门知识、汽车主要零部件及易损件、汽车配件采购、汽车配件仓库管理、汽车 4S 店配件库存控制理论和库存分析、汽车配件 ABC 分类库存控制策略和汽车配件销售。

本书由辽宁职业学院汪海红、张博，辽宁机电职业技术学院张克军任主编；辽宁职业学院李新任副主编；湖南电气职业技术学院戴路参编。其中，项目一、五、六由汪海红编写，项目二由张克军编写，项目三由李新编写，项目四、七由张博编写。全书由汪海红统稿，辽宁职业学院冯丽敏主审。

在编写的过程中，我们参阅了大量文献和资料，在此，对这些文献和资料的作者表示诚挚的感谢！

由于编者的水平有限，书中难免有错误和不足之处，敬请广大读者批评指正。

目 录

项目一　汽车配件入门知识

项目情境

一位顾客到某市汽配商店购买新捷达火花塞，营业员小李接待了他。小李仔细询问了顾客的需求，通过查阅配件目录，找到了新捷达火花塞，顺利地进行了本次交易。那么，小李是如何查阅配件目录的呢？

学习目标

能力目标：

1. 能对汽车配件进行分类；
2. 能利用汽车零部件编号规则区分配件；
3. 能快速查找配件。

知识目标：

1. 掌握汽车配件的类型；
2. 掌握国产汽车零部件编号规则；
3. 熟悉进口汽车配件编号规则；
4. 掌握汽车配件查询与检索方法。

任务一　汽车配件的类型

任务情境

2016年8月，一汽大众车主张先生爱车的电动门窗遥控不工作，经维修人员检查确定为遥控接收器损坏，需要更换接收器中控总成。一汽大众4S店给出的配件报价为1050元，张先生通过朋友了解到成都配件市场该配件售价为350元。张先生要求4S店优惠，4S店仅同意少50元，由于价格悬殊，张先生不同意。4S店工作人员解释道，他们换的是原厂配件，还有保修期，张先生在市场上了解到的不是原厂价，可能是副厂件或假冒伪劣件。请问张先生该如何选择？4S店配件管理人员应该如何说服张先生？

任务分析

汽车配件就是指组成汽车的零部件。作为配件营销人员或配件管理人员，掌握汽车配件的概念、分类，有利于配件的管理和销售。

相关知识

一、按标准化分类

1. 总成

由两个或两个以上的单个零件或分总成装配成的组合件，能单独起到一个机构的作用的，就是总成。如变速器总成、发动机总成、大灯总成、发电机总成等，如图 1-1 所示。

(a) 变速器总成

(b) 发动机总成

(c) 大灯总成

(d) 发电机总成

图 1-1　总成

2. 分总成

由两个或者多个零件与子总成一起采用装配工序组合而成，对总成有隶属装配级别关系的部分就是分总成。如离合器片、活塞连杆、减震器、玻璃升降器等，如图 1-2 所示。

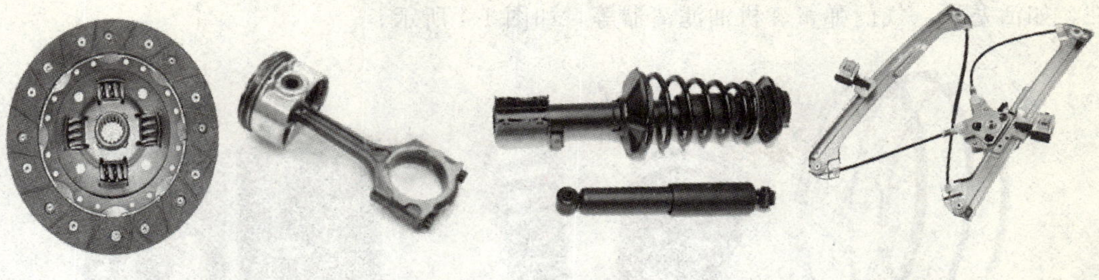

(a) 离合器片　(b) 活塞连杆　(c) 减震器　(d) 玻璃升降器

图 1-2　分总成

3. 子总成

由两个或者多个零件经过装配工序或组合构成，对分总成有隶属装配级别关系的部分就是子总成。

4. 单元体

由零部件之间的任意组合构成的具有某一功能特征的功能组合体，通常能在不同环境独立工作的部分就是单元体。

5. 零件

没有采用装配工序制成的单一成品、单个制件，或由两个以上连载一起具有规定功能、通常不能分解的制件就是零件。如轮胎、轮毂、活塞等，如图 1-3 所示。

(a) 轮胎　(b) 轮毂　(c) 活塞

图 1-3　零件

二、按实用性分类

1. 易耗件

汽车进行维护保养、总成大修和整车大修时，易损坏且消耗量大的零部件就是易耗件。如活塞环、气门弹簧、机油滤清器等，如图 1-4 所示。

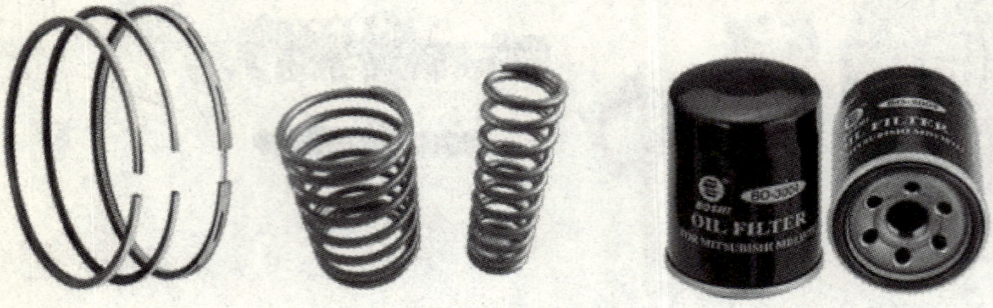

(a) 活塞环　　(b) 气门弹簧　　(c) 机油滤清器

图 1-4　易耗件

2. 标准件

按照国家标准设计与制造，并具有通用互换性的零部件就是标准件。如螺栓、螺母、垫片等，如图 1-5 所示。

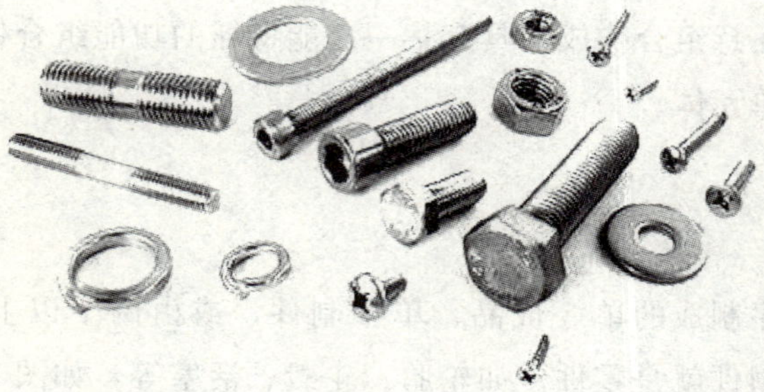

图 1-5　标准件

3. 车身覆盖件

为使乘员及部分重要总成不受外界环境干扰，并具有一定的空气动力学特征、构成汽车表面的板件就是车身覆盖件。如发动机罩、翼子板、门板等，如图 1-6 所示。

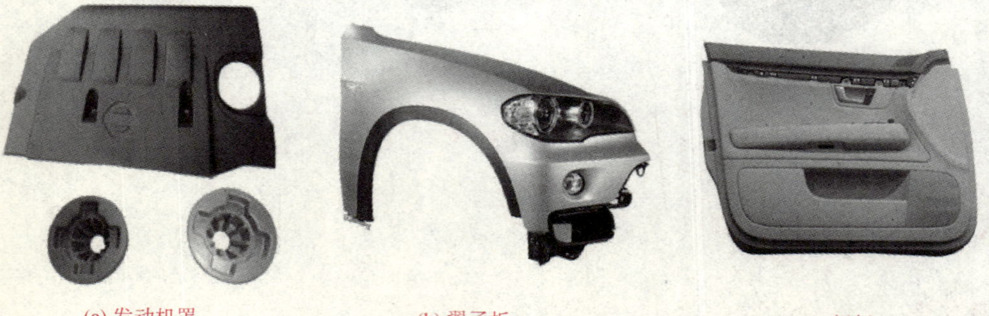

(a) 发动机罩　　(b) 翼子板　　(c) 门板

图 1-6　车身覆盖件

4. 保安件

汽车上不易损坏的零部件就是保安件。如汽油箱、转向节、凸轮轴等，如图 1-7 所示。

(a) 汽油箱　　(b) 转向节　　(c) 凸轮轴

图 1-7　保安件

三、按用途分类

1. 必装件

汽车正常行驶所必需的配件就是必装件。如转向盘、轮胎、刹车盘等，如图 1-8 所示。

(a) 转向盘　　(b) 轮胎　　(c) 刹车盘

图 1-8　必装件

2. 选装件

非汽车正常行驶所必需，但是可以由车主选择安装以提高汽车性能或功能的配件就是选装件。如导航、倒车影像、倒车雷达等，如图 1-9 所示。

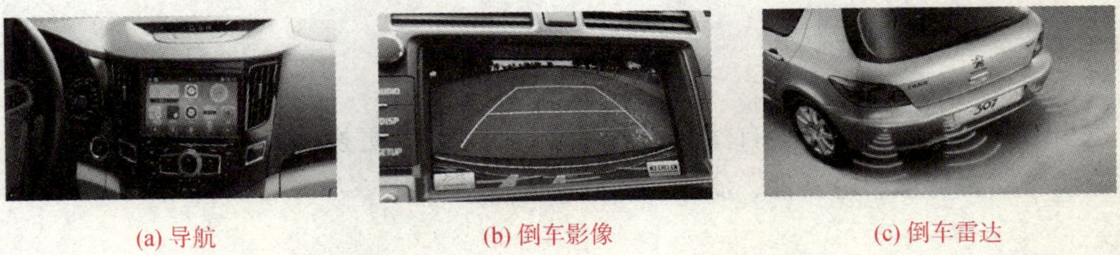

(a) 导航　　(b) 倒车影像　　(c) 倒车雷达

图 1-9　选装件

3. 装饰件

为了汽车的舒适和美观而加装，一般对汽车本身的行驶性能和功能影响不大的配件就是装饰件，又称精品件。如坐垫、脚垫、香水等，如图 1-10 所示。

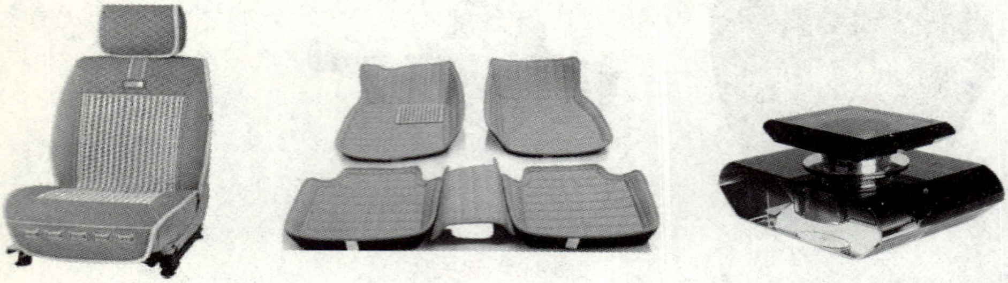

(a) 坐垫　　(b) 脚垫　　(c) 香水

图 1-10　装饰件

4. 消耗品

汽车使用过程中容易发生损耗、老旧，需要经常更换或添加的物品就是消耗品。如机油、玻璃水、制动液等，如图 1-11 所示。

(a) 机油　　(b) 玻璃水　　(c) 制动液

图 1-11　消耗品

四、按配件使用性质分类

1. 消耗件

汽车运行中，一些零件会自然老化而失效，必须定期更换的配件就是消耗件。如各种皮带、胶管、密封垫、电器件、滤芯、轮胎、蓄电池等。

2. 易损件

汽车运行中，一些零件会因磨损而失效，需要随时更换的配件就是易损件。如制动摩擦片、雨刮片、灯泡等，如图 1-12 所示。

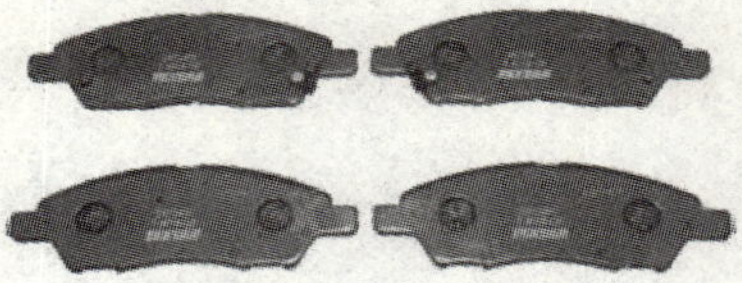

(a) 制动摩擦片

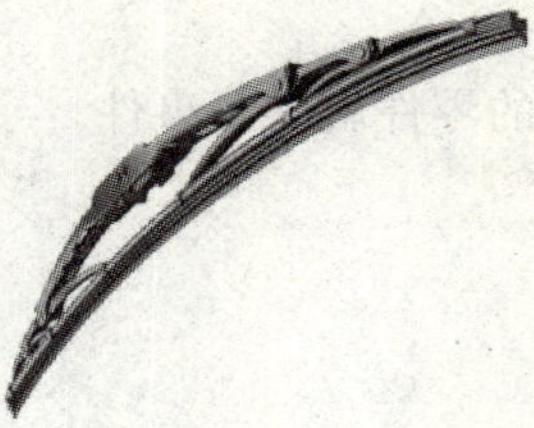

(b) 雨刮器

(c) 灯泡

图 1-12　易损件

3. 维修件

汽车在一定的运行周期后，必须更换的零件就是维修件。如各种轴类、齿轮类及各种运动件的坚固件，以及在使用寿命中必须更换的零件，如一些安全紧固件、正时皮带、半轴套管等，如图 1-13 所示。

(a) 正时皮带

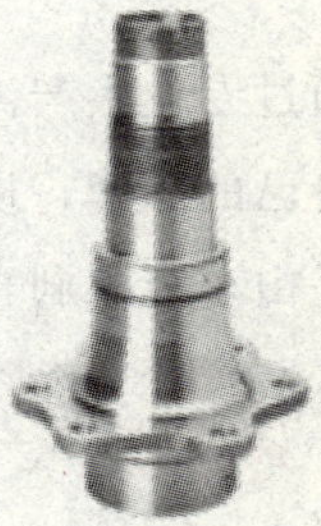

(b) 半轴套管

图 1-13　维修件

4. 基础件

基础件指的是构成汽车的一些总成零件，原则上它们应该是全寿命零件，但可能因为使用环境特别而先期损坏，需要进行更换或维修的配件。如曲轴、缸体、变速器壳等，如图 1-14 所示。

(a) 曲轴

(b) 缸体

(c) 变速器壳

图 1-14　基础件

5. 肇事件

汽车因交通事故而损坏的零件就是肇事件。

五、按生产来源分类

1. 原厂件

原厂件是指通过品牌汽车生产厂家专属的配件科或指定采购部门采购的配件。此类配件原则上只在厂家授权的服务站流通，不允许在市场流通。

2. 正厂配件

正厂配件是指通过非官方渠道采购，品质与原厂件无异的配件。此类配件在流通市场上质量最好，品质最优。

3. 品牌件

品牌件是指通过专业生产汽车配件企业采购的配件，但该企业尚未获得厂家的配套许可。此类配件有自己的品牌，质量有一定保证。国内市场上较为有名的有：南吉覆盖件类、豹王三滤类、山东金麒刹车类等。市场维修中，此类配件使用较多。

4. 市场适用配件（A货）

市场适用配件一般有原厂的品牌及包装，质量有一定保证。除价格与原厂、正厂差异较大外，品质、外观较难区分，以外观事故件为主，为市场主要流通类型。

5. 拆车件

拆车件为取自事故车、报废车上未损失的原厂配件。此类配件一般为原装车的配件，因车辆保有量稀少或配件已经停产等因素制约而存在。

6. 翻新配件

翻新配件为原装配件、原厂配件有小部分损失，且修复后不影响正常使用的配件，一般为原厂价格较高的配件。

7. 副厂配件（假货）

副厂配件有原厂的品牌及包装，但质量不能保证。此类配件价格很便宜，为多数信誉较差的修理厂使用。

任务二 汽车零部件的编号规则

任务情境

小王是刚应聘到大众 4S 店的配件管理员，有一次师傅不在时进购配件，小王发现配件都有相关的编号，但他看不懂，无法继续工作，现在要求你（配件管理员）为他做一个汽车配件计划表，并完成购进配件过程。

任务分析

一名合格的配件管理员应该掌握汽车配件的编号规则，以及明白汽车配件的用途和作用，能够制订购置配件计划清单，能够购置价廉物美的汽车标准件。

相关知识

一、国产汽车配件的编号规则

（一）汽车零部件编号规则

完整的汽车零部件编号表达式由企业名称代号、组号、分组号、源码、零部件顺序号和变更代号构成。零部件编号表达式根据其隶属关系可按下列三种方式进行选择。

①零部件编号表达式一

□□ ○○ ○○ ○○○ — ◇◇◇ — □◇

企业名称代号 组号 分组号 零部件顺序号 源码 变更代号

②零部件编号表达式二

□□ ○○ ○○ □◇◇ — ○○○ — □◇

企业名称代号 组号 分组号 源码 零部件顺序号 变更代号

③零部件编号表达式三

□□ ○○ □◇◇ — ○○ ○○○ — □◇

企业名称代号 组号 源码 分组号 零部件顺序号 变更代号

注：上述表达式中，□表示字母，○表示数字，◇表示字母或数字。

1. 企业名称代号

当汽车零部件图样使用涉及知识产权或产品研发过程中需要标注企业名称代号时，可在最前面标注经有关部门批准的企业名称代号。一般企业内部使用时，允许省略。企业名称代号由两位或三位汉语拼音字母表示，见表 1-1。

表 1-1 企业名称代号

企业名称代码	企业名称	企业名称代码	企业名称
AC	安徽客车公司	CQC	重庆汽车制造厂
AAQ	安徽安庆客车公司	CQG	重庆汽车改装厂
BHQ	安徽华阳客车公司	CQK	陕西长庆专用车公司
BJ	北京汽车集团有限公司	CQX	一汽长春轻型汽车公司（一汽集团）
BH	北京现代汽车公司	CQZ	重庆红岩专用汽车制造厂
BQ	河北保定汽车制造厂	CS	湖南长沙汽车公司
BS	北京商用汽车制造厂	CZ	长征汽车公司
BSJ	陕西宝鸡宝石特种车辆公司	DC	神龙汽车有限公司
BY	云山汽车公司	DD	辽宁丹东黄海汽车有限公司
CA	第一汽车集团公司	DN	福建东南汽车工业集团公司
CAF	长安福特汽车公司	DYQ	四川大宇客车公司
CC	河北保定长城汽车集团公司	EQ	东风汽车有限公司
CD	四川成都汽车制造厂	FD	浙江飞碟客车公司
CDK	四川成都客车公司	FDG	广东富达客车公司
CDL	四川旅行车公司	FJ	福建龙马汽车公司
CFC	江苏常州依维柯公司	FJK	福建客车厂
CH	江西昌河汽车有限公司	FQ	江西富奇客车公司
CJ	江苏常州维柯长江客车公司	FS	辽宁抚顺金信鸿运客车公司
CJQ	重庆川江汽车公司	FSQ	广东佛山飞驰客车公司
CJY	长丰汽车制造有限公司	FV	一汽一大众汽车有限公司
CK	湖南三湘客车公司	FZ	福建福州汽车厂
CKY	湖南长沙四星客车公司	GDQ	河北秦皇岛金程自动车公司
CKZ	重庆客车公司	GHT	江南航天客车公司
CL	江苏常州兰陵客车公司	GK	贵州客车公司
CN	重庆专用车辆公司	GL	广西桂林客车工业集团公司
CQ	重庆重型汽车公司	GLK	广州五十铃汽车公司

续表

企业名称代码	企业名称	企业名称代码	企业名称
GTQ	广东珠海广通客车公司	JTT	吉林通田汽车公司
GX	广西南宁客车公司	JX	江西江铃汽车集团公司
GZ	广州汽车集团公司	JXK	江西客车公司
HB	河北汽车公司	JXZ	金星重工机械制造厂
HC	华北汽车公司	JZQ	山东济南专用汽车厂
HFC	安徽江淮汽车公司	JZX	辽宁锦州重型机械厂
HFF	安徽安凯客车公司	KJ	宇通客车公司
HG	广州本田汽车有限公司	KL	浙江宁波快乐客车厂
HK	安徽江淮客车公司	KLQ	苏州金龙客车公司
HKC	黑龙江哈尔滨客车厂	KM	东风云南汽车公司
HL	上海沪陵客车厂	KZ	河北保定天马汽车公司
HM	江苏海门客车公司	LCK	中通客车公司
HNQ	湖南汽车车桥公司	LH	辽宁凌河汽车公司
HQ	黑龙江汽车制造厂	LJ	黑龙江客车厂
HQC	湖南汽车公司	LQ	甘肃兰州专用汽车公司
HQK	广州番禺红桥客车公司	LR	天津劳尔工业公司
HS	湖南商用汽车公司	LS	陕西西安骊山客车公司
HSG	湖北黄石汽车公司	LZ	东风柳州汽车公司
HX	河北红星旅行车制造厂	LZT	广西柳州特种汽车厂
HY	湖北汉阳特种汽车公司	LZW	广西柳州五菱汽车公司
JG	山东济南汽车改装厂	MD	江苏牡丹客车公司
JH	浙江宁波横店神马汽车公司	MO	黑龙江牡丹江专用汽车制造厂
JHA	重庆耐德山花客车公司	ND	北方奔驰公司
JHC	中信机电公司	NE	浙江宁波吉江客车公司
JHX	江汉石油管理局宝涛客车公司	NG	广西南宁汽车公司
JK	中国重汽济南客车	NHQ	南汽广东富迪汽车公司
JLY	江苏南京金陵客车公司	NJ	南京汽车集团公司
JN	山东济南汽车制造厂	NJC	南京市公共交通车辆厂
JNP	浙江金华尼奥普兰客车公司	NJK	南京客车公司
JS	江苏扬州亚星客车公司	NPS	浙江宁波神马客车公司
JTL	北京通联汽车改装联合总厂	NTT	江苏紫琅客车公司

续表

企业名称代码	企业名称	企业名称代码	企业名称
NY	南阳汽车制造厂	SLK	上海旅游客车厂
PK	江西萍乡客车公司	SLQ	辽宁沈阳中顺客车公司
QCJ	陕西西安秦川汽车公司	SLX	上海旅行车厂
QD	山东青岛汽车公司	SLW	上海沪湾客车厂
QL	广州五十铃汽车公司	SM	辽宁沈阳双马汽车公司
QR	安徽奇瑞汽车公司	SP	辽宁四平汽车改装厂
QTK	江苏南通客车公司	SPK	东风四平轻型客车公司
QY	广东清远粤江汽车公司	SQ	山东华泰汽车公司
QZC	长江起重机厂	SQG	四川成都王牌客车公司
RQ	江苏如皋客车公司	SQJ	四川汽车公司
SAC	上海汽车集团公司	SR	江西上饶客车公司
SBH	上海宝山远征环卫机械公司	STL	辽宁沈阳天菱客车公司
SC	长安汽车集团公司	SVW	上海大众汽车公司
SCQ	四川成都强力山川客车公司	SWB	上海申沃客车公司
SCT	四川丰田公司	SX	陕西汽车集团公司
SD	上海第二汽车底盘厂	SXC	上海万象汽车公司
SDJ	四达机械公司	SXE	上海华普汽车公司
SDL	山东临沂飞燕客车公司	SY	三一重工集团公司
SFJ	陕西汉中汉江客车公司	TBL	广州宝龙特种车辆公司
SFQ	沈飞汽车公司	TJ	天津汽车工业集团公司
SG	上海汽车改装厂	TJK	天津客车装配厂
SGM	上海通用汽车公司	TS	河北唐山汽车制造厂
SH	上海汇众汽车公司	TV	天津一汽丰田汽车公司
SHH	山西淮海机械厂	TJK	天津客车装配厂
SHK	上海万丰汽车公司	TJR	天津伊利萨尔公司
SHZ	陕西汉中汉龙客车公司	TX	湖南同心客车公司
SJ	广州穗景客车公司	TZ	河北唐山专用汽车厂
SK	上海客车厂	WD	贵州万达客车公司
SL	河北长安胜利汽车公司	WFM	湖北武汉富诚客车公司
SLC	四川成都山鹿汽车厂	WG	湖北武汉公用客车公司
SLG	河南少林客车公司	WHQ	东风武汉轻型汽车公司

续表

企业名称代码	企业名称	企业名称代码	企业名称
WHW	芜湖特种车辆厂	YKX	湖南永州三乐客车公司
WK	大连实德瓦房店客车公司	YM	云马飞机工业公司汽车公司
WTQ	东风武汉万通汽车公司	YS	江苏常隆客车公司
WZ	温州专用汽车公司	YT	江西鹰潭汽车公司
XFC	江西消防车辆制造厂	YTK	山东烟台客车公司
XG	星光机器厂	YXC	河北燕兴机械厂
XH	上海新华汽车厂	YZK	江苏扬州扬子客车公司
XJ	新疆客车厂	YZL	江苏扬州扬子旅游车厂
XKC	河南新乡客车厂	ZA	中汽客车公司
XL	湖南社会福利专用车辆厂	ZB	淄博汽车厂
XML	厦门金龙旅行车	ZGT	江苏友谊汽车公司
XMQ	厦门金龙汽车集团公司	ZJC	浙江诸暨客车公司
XQ	江苏无锡汽车公司	ZJY	江苏镇江专用汽车制造厂
XW	陕西西安西沃客车公司	ZJZ	江苏镇江汽车公司
YBL	江苏扬州亚星奔驰旅行车公司	ZK	河南郑州宇通客车公司
YC	广州羊城汽车公司	ZQ	河南郑州轻型汽车公司
YCK	中大集团	ZQK	江苏张家港轻型客车公司
YH	神州客车公司	ZQZ	中汽商用汽车公司
YJ	北京燕京汽车厂	ZZ	济南中国重型汽车集团公司
YK	云南客车公司		

2. 源码

源码用 3 位字母、数字或字母与数字混合表示，企业自定。

（1）描述设计来源：指设计管理部门或设计系列代码，由 3 位数字组成。

（2）描述车型中的构成：指车型代号或车型系列代号，由字母与数字共 3 位混合组成。

（3）描述产品系列：指大总成系列代号，由 3 位字母组成。

3. 组号

用 2 位数字表示汽车各功能系统分类代号，按顺序排列，见表 1-2。

表 1-2 组号

组号	名称	组号	名称	组号	名称
10	发动机	34	转向系统	61	前侧面车门
11	供给系	35	制动系	62	后侧车门
12	排气系	36	电子装置	63	后车门
13	冷却系	37	电气设备	64	驾驶员车门
15	自动液力变速器	38	仪器仪表	66	安全门
16	离合器	39	随车工具及组件	67	中侧面车门
17	变速器	40	电线束	68	驾驶员座
18	分动器	41	汽车灯具	69	前座
20	超速器	42	特种设备	70	后座
21	电动汽车驱动系统	45	绞盘	71	乘客单人座
22	传动轴	50	车身	72	乘客双人座
23	前桥	51	车身地板	73	乘客三人座
24	后桥	52	风窗	74	乘客多人座
25	中桥	53	前围	75	折合座
27	支承连接装置	54	侧围	76	卧铺
28	车架	55	车身装饰件	78	中间隔墙
29	汽车悬架	56	后围	79	车用信息通信与声像装置
30	前轴	57	顶盖	81	空气调节系统
31	车轮及轮毂	58	乘员安全约束装置	82	附件
32	附加桥（附加轴）	59	客车舱体与舱门	84	车前、后钣金
33	后轴	60	车篷及侧围	85	车箱

4. 分组号

用 4 位数字表示各功能系统内分系统的分类顺序代号，按顺序排列，如表 1-3 所示。

表 1-3 分组号

分组号	名称	分组号	名称
1000	发动机总成	1005	曲轴与飞轮
1001	发动机悬置	1006	凸轮轴
1002	气缸体	1007	配气机构
1003	气缸盖	1008	进排气歧管
1004	活塞与连杆	1009	油底壳及润滑组件

续表

分组号	名称	分组号	名称
1010	机油收集器	1116	燃油电磁阀
1011	机油泵	1117	燃油细滤器
1012	机油粗滤器	1118	增压器
1013	机油散热器	1119	中冷器
1014	曲轴箱通风装置	1120	燃油压力脉动衰减器
1015	发动机起动辅助装置	1121	燃油分配器
1016	分电器传动装置	1122	燃油喷射泵传动装置
1017	机油细滤器	1123	电控喷射燃油泵
1018	机油箱及油管	1124	电控喷射喷油器
1019	减压器	1125	油水分离器
1020	减压器操纵机构	1126	冒烟限制器
1021	正时齿轮机构	1127	自动提前器
1022	曲轴平衡装置	1128	高压燃油管路
1023	发动机标牌	1129	燃油喷射管路
1024	发动机吊钩	1130	燃油蒸发物排放控制系统
1025	皮带轮与张紧轮	1131	燃油压力调节器
1026	发动机电控单元执行装置	1132	进气系统
1030	发动机工况诊断装备	1133	释压阀
1100	供给系装置	1134	怠速控制阀
1101	燃油箱	1136	燃气供给系装置
1102	副燃油箱	1140	贮气瓶
1103	燃油箱盖	1141	燃气管路
1104	燃油管路及连接件	1142	蒸发器
1105	燃油粗滤器	1143	过滤器
1106	输油泵	1144	混合器
1107	化油器	1145	燃气空燃比调节阀
1108	油门操纵机构	1146	燃气压力调节器
1109	空气滤清器	1147	气体流量阀
1110	调速器	1148	气体喷射器
1111	燃油喷射泵（电喷系统）	1149	充气口总成
1112	喷油器	1150	充气（出气）三通总成
1115	发动机断油机构	1151	燃气减压阀

续表

分组号	名称	分组号	名称
1152	燃气安全装置	1503	冷却器
1153	燃料选择开关	1504	自动液力变速器操纵机构
1154	空气预滤器	1505	液力变速器电控单元执行装置
1156	供给系电控单元执行装置	1506	液力偶合器
1200	排气系装置	1507	锁止离合器
1201	消声器	1508	单向离合器
1202	谐振器	1600	离合器系统装置
1203	消声器进排气管	1601	离合器总成
1204	消声器隔热板	1602	离合器操纵机构
1205	排气净化装置（催化转化器）	1603	液力偶合器
1206	二次空气供给系统	1604	离合器助力器
1207	排气再循环系统（EGR）	1605	储液罐
1208	隔热板	1606	离合器取力器
1209	尾管	1607	离合器操纵管路
1300	冷却系装置	1608	离合器总泵
1301	散热器	1609	离合器分泵
1302	散热器悬置	1610	ACS自动离合系统
1303	散热器软管与连接管	1700	变速系统
1304	散热器盖	1701	变速器总成
1305	放水开关	1702	变速器换档机构
1306	调温器	1703	变速器换档操纵装置
1307	水泵	1704	变速器油泵
1308	风扇	1705	起动机构
1309	风扇护风罩	1706	变速器悬置
1310	散热器百叶窗	1707	AMT电控单元执行装置
1311	膨胀箱	1708	同步器
1312	水式热交换器	1709	油压调节器
1313	风扇离合器	1710	油压开关总成
1314	冷却系电控单元执行装置	1711	润滑油滤清器
1500	自动液力变速器总成	1712	冷却器
1501	液力变矩器	1720	副变速器总成
1502	自动变速器总成	1721	副变速器

续表

分组号	名称	分组号	名称
1722	副变速器操纵机构	2122	逆变器
1800	分动器总成	2123	AC/DC 变换器
1801	分动器悬置	2124	电池过热报警装置
1802	分动器	2126	插接器（插头）
1803	分动器换档机构	2127	冷却系装置
1804	分动器操纵装置	2128	电机过速报警装置
1805	分动器选择开关	2129	电机过热报警装置
1806	换挡气缸总成	2131	电机过电流报警装置
1807	分动器电控单元执行装置	2132	整流器
2000	超速器总成	2133	漏电报警装置
2001	超速器	2134	接触器
2002	超速器连轴器	2136	运行显示装置
2003	超速器结合器	2137	电制动显示装置
2004	超速器操纵机构	2138	故障诊断装置
2100	电动汽车驱动装置	2139	变流器
2101	电池组	2141	锁止机构
2102	主开关	2142	电机控制器
2103	驱动电动机	2143	继电调整器与变向器
2104	驱动控制系统	2144	联轴节
2105	电缆及连接器	2146	变速系统
2106	断路器	2147	传动系统
2107	充电器	2148	制动系统
2108	车辆控制器	2149	动力单元
2109	接线盒	2151	驱动单元
2110	变压器	2200	传动轴装置
2011	传感器	2201	后桥传动轴
2112	高压保护装置/高压熔断器	2202	中间传动轴
2114	电源管理系统	2203	前桥传动轴
2116	发电机管理系统	2204	后桥第一中间传动轴
2118	增程型发电机	2205	中桥传动轴
2120	燃料电池	2206	中桥中间传动轴
2121	耦合器	2207	后桥第二中间传动轴

续表

分组号	名称	分组号	名称
2208	前桥第一中间传动轴	2505	中桥轮边减速器
2209	前桥第二中间传动轴	2506	中桥差速锁
2210	后桥第三中间传动轴	2507	中桥差速锁操纵机构
2211	中桥第二中间传动轴	2510	轴间差速器
2212	传动轴保护架	2511	轴间差速锁
2241	传动轴中间支承	2512	轴间差速锁操纵机构
2300	前桥总成	2513	中桥润滑油泵
2301	前桥壳及半轴套管	2700	支承连接装置
2302	前桥主减速器	2701	挂车台架
2303	前桥差速器及半轴	2702	牵引装置
2304	转向节	2703	连接机构
2305	前桥轮边减速器	2704	挂车转向装置
2306	前桥差速锁	2705	转向装置的止位机构
2307	前桥差速锁操纵机构	2706	挂车台架转向装置
2308	变速驱动桥	2707	牵引连接装置
2309	前桥变速操纵机构	2720	挂车支承装置总成
2310	前桥轴头离合器	2721	挂车支承装置
2311	前桥限位带	2722	挂车支承装置的轴及滚轮
2400	后桥总成	2723	支承装置升降机构
2401	后桥壳及半轴套管	2724	支承装置升降驱动机构
2402	后桥主减速器	2725	支承装置升降驱动机构操纵装置
2403	后桥差速器及半轴	2728	挂车自动连接机构
2404	转向节	2730	鞍式牵引座
2405	后桥轮边减速器	2731	铰接车转盘装置
2406	后桥差速锁	2740	辅助支承装置总成
2407	后桥差速锁操纵机构	2741	辅助支承装置
2408	变速驱动桥	2800	车架总成
2409	后桥变速操纵机构	2801	车架
2500	中桥总成	2802	发动机挡泥板
2501	中桥壳及半轴套管	2803	前保险杠
2502	中桥主减速器	2804	后保险杠
2503	中桥差速器及半轴	2805	牵引装置

续表

分组号	名称	分组号	名称
2806	前拖钩（拖拽装置）	2940	第二前悬架总成
2807	前牌照架	2941	第二前悬架钢板弹簧
2808	后牌照架	2942	第二前悬架减震器
2809	防护栏	2945	悬架电控单元执行装置
2810	副车架总成	2950	空气悬架电控单元执行装置
2900	汽车悬架装置	2955	液压悬架电控单元执行装置
2901	前悬架总成	2960	油气悬架
2902	前钢板弹簧	2965	限位拉索
2903	前副钢板弹簧	3000	前轴总成
2904	前悬架支柱及臂	3001	前轴及转向节
2905	前减震器	3003	转向拉杆
2906	前悬架横向稳定装置	3010	第二前轴总成
2908	调平控制系统	3011	第二前轴及转向节
2909	前推力杆	3100	车轮及轮毂装置
2911	后悬架总成	3101	车轮
2912	后钢板弹簧	3102	车轮罩
2913	后副钢板弹簧	3103	前轮毂
2914	后独立悬架控制臂	3104	后轮毂
2915	后减震器	3105	备轮架及升降机构
2916	后悬架横向稳定装置	3106	轮胎
2917	侧向稳定后拉杆	3107	备轮举升缸总成
2918	平衡悬架	3109	备轮举升手压泵
2919	后悬架反作用杆	3117	附加轴轮毂
2920	限位器	3112	联结法兰
2921	附加桥钢板弹簧	3113	轮辋
2922	附加桥附加弹簧	3200	附加桥总成
2923	附加桥减震器	3201	摆臂轴及摆臂
2924	附加桥横向稳定器	3202	附加桥举升机构
2925	前横臂独立悬架系统	3203	举升机构管路系统
2926	后横臂独立悬架系统	3300	后轴总成
2930	前空气悬架	3301	后轴及转向节
2935	后空气悬架	3303	转向拉杆

续表

分组号	名称	分组号	名称
3400	转向装置	3517	紧急制动阀
3401	转向器	3518	加速阀（继动阀）
3402	转向盘及调整机构	3519	制动气室
3403	转向器支架	3520	气制动分离开关
3404	转向轴及万向节	3521	气制动管接头
3405	转向操纵阀	3522	挂车制动阀
3406	动力转向管路	3523	感载阀
3407	动力转向油泵	3524	缓速器
3408	动力转向油罐	3525	制动压力调节阀
3409	动力转向助力缸	3526	手制动阀
3411	整体动力转向器	3527	辅助制动装置
3412	转向附件	3529	防冻泵
3413	紧急制动转向装置	3530	弹簧制动气室
3415	转向转换装置	3533	双路阀
3417	助力转向控制滑阀	3534	压力保护阀
3418	电子助力转向执行装置	3540	真空助力器带制动泵总成
3500	制动系装置	3541	真空泵
3501	前制动器及制动鼓	3548	发动机进气制动
3502	后制动器及制动鼓	3549	发动机排气制动
3504	制动踏板及传动装置	3550	ABS防抱死装置
3505	制动总泵	3551	制动调整臂
3506	制动管路	3555	空气干燥器总成
3507	驻车制动器	3556	制动截止阀
3508	驻车制动操纵装置	3561	制动软管及连接器
3509	空气压缩机	3562	制动带
3510	气压或真空增力机构	3565	车辆稳定性辅助装置
3511	油水分离器	3567	车辆稳定性辅助装置电控单元执行装置
3512	压力调节器	3568	EBS电控单元执行装置
3513	贮气筒及支架	3600	整车电子装置系统
3514	气制动阀	3601	车载电子诊断装置
3515	保险装置	3602	自动驾驶装置
3516	快放阀	3603	防撞雷达装置

续表

分组号	名称	分组号	名称
3604	巡航装置	3702	发电机调节器
3605	防盗系统	3703	蓄电池
3606	IC 卡识读机	3704	点火开关装置及车门锁芯
3607	电子报站器	3705	点火线圈
3608	电喷电子装置	3706	分电器
3610	发动机系统电控装置	3707	火花塞及高压线
3611	发动机系统电控用传感器	3708	起动机
3612	电子喷射电控单元及传感器	3709	灯光总开关
3613	化油器电控单元及传感器	3710	变光开关
3614	供给系电控单元及传感器（底盘系统）	3719	遮光罩
3615	EGR 电控单元及传感器	3721	电喇叭
3616	冷却系电控单元及传感器	3722	中央控制盒/电路保护装置
3621	自动液力变速器电控单元及传感器	3723	接线器/连接器
3623	AMT 电控单元及传感器	3725	点烟器
3624	分动器电控单元及传感器	3728	磁电机
3629	空气悬架电控单元及传感器	3730	挂车供电插座
3630	ABS 电控单元及传感器	3735	各种继电器
3631	缓速器电控单元及传感器	3736	电源总开关
3634	转向系电控单元及传感器	3737	搭铁开关
3635	EBS 电控单元及传感器	3740	微电机
3636	车辆稳定性辅助装置电控单元及传感器	3741	刮水电机及开关
3638	TPMS 系统	3742	中隔墙电机及开关
3658	安全气囊电控单元及传感器	3743	座位移动电机及开关
3661	前照灯自动控制装置（AFS）	3744	暖风电机及开关
3665	集中润滑系统电控单元及传感器	3745	空调电机及开关
3670	汽车总线（CAN/LIN）	3746	门窗电机及开关
3671	车身电子控制系统/总线接点	3747	洗涤电机及开关
3674	车身集中控制系统（BCM）	3748	后风窗除霜装置及开关
3676	空调系统传感器	3749	散热器风扇电机及开关
3682	卫生间电控单元及传感器	3750	转换开关（开关组件）
3700	电气设备	3751	接触器
3701	发电机	3752	爆震限制器

续表

分组号	名称	分组号	名称
3753	行程电磁铁	3790	电子门锁
3754	电磁开关	3791	遥控接收器及遥控器
3755	制动位液面装置（报警）	3792	翘板开关
3757	气压警报开关	3793	负离子发生器
3758	车门信号开关	3800	仪器仪表装置
3759	座椅加热器及控制开关	3801	仪表板
3761	真空信号开关	3802	车速里程表、传感器及软轴
3763	车辆限速装置	3803	远光指示灯
3764	ABS系统调节电动机	3804	电钟
3765	电子节气门	3805	陀螺仪/水平仪/海拔仪
3766	闪光器（及时间控制器）	3806	燃油表
3767	燃油泵电动机	3807	机油温度表
3768	电子点火模块	3808	水温表
3769	进气预热器	3809	气体温度表
3770	电预热塞	3810	机油压力表
3773	方向盘多功能开关总成	3811	电流表
3774	组合开关	3812	电压表
3775	主副油箱转换阀	3813	转速表
3776	倒车监视系统	3814	真空表
3777	分动器控制装置	3815	混合气点火器
3778	电子防盗装置	3816	空气压力表
3779	取力指示器及开关	3818	警报器装置
3780	电压转换开关	3819	蜂鸣器
3781	空挡开关	3820	组合仪表
3782	电动外后视开关装置	3822	燃气显示装置
3783	冷风电动机	3824	稳压器总成
3784	逆变器	3825	水位报警器总成
3785	防爆电子设备	3826	气制动储气筒压力表
3786	天线电动机	3827	发动机油压表
3787	中央门锁	3828	冷却液温度表
3788	火焰塞	3832	变速器操纵信号显示装置
3789	润滑泵电动机	3833	举升信号装置

续表

分组号	名称	分组号	名称
3834	差速操纵信号显示装置	4001	发动机线束
3850	车辆行驶记录仪	4002	车身线束
3853	挂车自动连接信号显示装置	4003	仪表板及控制台线束
3865	集中润滑系统显示装置	4004	座舱线束
3871	预热温度开关及显示器总成	4005	顶棚线束
3872	蓄电池欠压报警装置	4006	装货空间线束
3876	出租车计价系统	4007	车门线束
3900	随车工具及组件	4008	电源系统线束
3901	通用工具	4010	车架线束/底盘线束
3903	说明牌	4011	前线束
3904	铭牌	4012	中间线束
3905	铲子	4013	后线束
3907	牵引钢绳	4014	空调线束
3908	防滑链	4016	线束固定器（线夹）
3909	备用桶	4017	线束插接器
3910	灭火器及附件	4018	灯具线束
3911	油脂枪	4021	拖挂车专用线束系统
3912	轮胎气压表	4022	货柜车专用线束系统
3913	起重器	4023	冷冻/冷藏车专用线束系统
3914	保温套	4024	计程车/警用车/救护车等专用车线束系统
3915	活动扳手	4025	旅行宿营车专用线束系统
3916	特种工具	4035	线束过线橡胶保护套
3917	轮胎充气手泵	4100	汽车灯具装置
3918	拆卸工具	4101	前照灯
3919	工具箱	4102	前小灯位置灯
3920	厚薄规及量规	4103	仪表灯
3921	装饰标牌	4104	内部照明灯及开关
3922	备品包箱	4106	工作灯
3923	车辆识别代号标牌	4107	尾灯
3924	发动机修理包	4108	牌照灯
3926	三角警告牌	4109	停车灯
4000	汽车线束装置	4111	转向灯及开关

续表

分组号	名称	分组号	名称
4112	投光灯	4223	轮胎阀体
4113	倒车灯及开关	4224	轮胎充气接头
4114	示廓灯	4225	轮胎充气管路
4116	雾灯及开关	4240	车门自动开关机构
4117	侧标志灯（侧反射器）	4250	集中润滑系统
4118	半挂车标志灯	4260	集中气动助力伺服系统
4119	防空灯及开关	4500	绞盘总成
4121	组合前灯	4501	绞盘
4122	壁灯	4502	绞盘传动轴
4123	顶灯	4503	绞盘操纵装置
4124	阅读灯	4504	绞盘钢索、链条及钩
4126	踏步灯	4505	绞盘鼓
4127	行李箱照明灯	4506	绞盘驱动装置
4128	应急报警闪光灯	4507	绞盘支架
4129	警告灯	4508	液压泵、液压马达
4131	门灯	4509	液压管路及连接器
4133	组合后灯	5000	车身总成
4134	制动灯及开关	5001	车身固定装置
4135	回复反射器	5002	车身翻转机构
4136	闪光器	5004	车身锁止机构
4200	特种设备	5005	放物台
4201	机械打气泵	5006	车身外装饰
4202	一挡取力器（动力输出装置）	5009	白车身装配总成
4203	增压泵及减速器	5010	车身骨架
4205	二挡取力器	5012	伸缩棚装置
4207	三挡取力器	5014	绞接棚及转盘机构
4209	发动机拆卸器	5100	车身地板总成
4210	特种设备气压操纵装置	5101	车身地板零件
4211	取力器	5102	车身地板护面
4212	水下部件通气管	5107	车身地板盖板
4221	轮胎充气系贮气筒	5108	工具箱
4222	轮胎充气系压力控制阀	5109	地毯

续表

分组号	名称	分组号	名称
5110	地板隔热层	5304	前围通风孔
5111	进风口罩	5305	副仪表板
5120	驾驶区地板总成（前地板总成）	5306	仪表板
5121	驾驶区地板	5310	前围隔热层
5122	纵梁	5315	高架箱
5123	横梁	5400	侧围总成
5124	压条	5401	侧围骨架及盖板
5130	乘客区地板总成（后地板总成）	5402	侧围护面
5131	通道地板	5403	侧围窗
5132	侧面地板	5404	侧围升降机构
5133	后地板	5405	中间支柱
5134	纵梁	5406	三角窗
5135	横梁	5409	内行李架
5136	压条	5410	侧围隔热层
5140	地板骨架总成和前踏步总成	5411	行李舱门
5150	中间踏步总成	5500	车身装饰
5160	后踏步总成	5501	顶盖装饰件
5172	车身下防护装置	5502	喷水口装饰件
5173	车身下防护板	5503	安全带装饰件
5174	车身下导流板	5504	车身底部装饰件
5200	风窗总成	5506	牌照及照明装置装饰件
5201	风窗框	5507	活动入口装饰件
5202	风窗铰链	5508	中间支柱装饰件
5203	风窗侧面玻璃	5509	散热器护栅装饰件
5204	风窗升降装置	5511	大灯、信号灯装置装饰件
5205	刮水器	5512	轮罩装饰件
5206	风窗玻璃及密封条	5513	排气口出口装饰件
5207	风窗洗涤器	5514	散热器导流板装饰件
5300	前围总成	5516	变速杆装饰件
5301	前围骨架及盖板	5517	空调装饰件
5302	前围护面	5518	行李箱装饰件
5303	杂物箱	5519	驾驶台装饰件

续表

分组号	名称	分组号	名称
5521	地板装饰件	5800	乘员安全约束装置
5522	车壁装饰件	5810	安全带总成
5523	豪华座椅装饰件	5811	前安全带
5524	行李架装饰件	5812	后安全带
5526	乘客扶手装饰件	5813	中间安全带
5527	卧铺装饰件	5814	安全带收紧器
5528	车门搁物袋	5820	安全气囊总成
5529	座椅背搁物袋	5821	前气囊袋
5531	专用隔热、隔音装饰件	5822	侧气囊袋
5532	专用防尘、防雨密封装饰件	5823	气体发生器
5600	后围总成	5824	安全气囊电控单元执行装置
5601	后围骨架及盖板	5825	微处理器
5602	后围护面	5826	安全气囊触发器
5603	后围窗	5830	儿童约束保护系统
5604	行李箱盖	5831	儿童安全座椅
5605	行李箱盖铰链及支柱	5832	儿童安全门锁
5606	行李箱盖锁及手柄	5833	儿童安全带
5608	行李箱护面	5834	童车和轮椅约束装置
5610	后围隔热层	5901	大行李舱体
5611	刮水器	5902	大行李舱门
5612	洗涤器	5903	蓄电池舱体
5613	隔栅	5904	蓄电池舱门
5614	导流板	5907	除霜器舱体
5700	顶盖总成	5908	除霜器舱门
5701	顶盖骨架及盖板	5909	空调舱体
5702	顶盖内护面	5910	空调舱门
5703	顶盖通风窗	5915	配电舱体
5704	顶盖外护面	5916	配电舱门
5709	行李架总成	5918	小行李舱体
5710	顶盖隔热层	5919	小行李舱门
5711	顶盖升降机构	5920	其他舱体与舱门
5713	应急窗（安全窗）	6000	车篷总成

续表

分组号	名称	分组号	名称
6001	车篷骨架及附件	6301	车门骨架及盖板
6002	车篷及侧围	6302	车门护面
6003	车篷后窗	6303	车门窗
6004	车篷升降机构	6304	车门玻璃升降机构
6005	车篷座	6305	车门锁及手柄
6100	前侧面车门总成	6306	车门铰链
6101	车门骨架及盖板	6307	车门密封条
6102	车门护面	6308	车门开关机构
6103	车门窗	6309	车门助力撑杆
6104	车门玻璃升降机构	6310	后门窗刮水器
6105	车门锁及手柄	6311	后门窗洗涤器
6106	车门铰链	6312	后门窗除霜器
6107	车门密封条	6400	驾驶员车门总成
6108	车门开关机构	6401	车门骨架及盖板
6109	车门滑轨及限位机构	6402	车门护面
6110	车门气路	6403	车门窗
6111	车门气泵	6404	车门玻璃升降机构
6112	车门应急开启装置	6405	车门锁及手柄
6200	后侧车门总成	6406	车门铰链
6201	车门骨架及盖板	6407	车门密封条
6202	车门护面	6408	车门开关机构
6203	车门窗	6409	驾驶员车门（右）
6204	车门玻璃升降机构	6600	安全门总成
6205	车门锁及手柄	6601	安全门骨架及盖板
6206	车门铰链	6602	安全门护面
6207	车门密封条	6605	安全门锁及手柄
6208	车门开关机构	6606	安全门铰链
6209	车门滑轨及限位机构	6607	安全门密封条
6210	车门气路	6608	安全门开关机构
6211	车门气泵	6700	中侧面车门总成
6212	车门应急开启装置	6701	车门骨架及盖板
6300	后车门总成	6702	车门护面

续表

分组号	名称	分组号	名称
6703	车门窗	7003	后座软垫
6704	车门玻璃升降机构	7004	后座调整机构
6705	车门锁及手柄	7005	后座靠背
6706	车门铰链	7006	后座扶手
6707	车门密封条	7007	后座支架
6708	车门开关机构	7008	后座头枕
6709	车门滑轨限位机构	7100	乘客单人座总成
6710	车门气路	7101	乘客单人座骨架
6711	车门气泵	7102	乘客单人座骨架护面
6712	车门应急开启装置	7103	座位软垫
6800	驾驶员座总成	7104	座位调整机构
6801	驾驶员座骨架	7105	座位靠背
6802	驾驶员座骨架护面	7106	座位扶手
6803	驾驶员座软垫	7107	座位支架
6804	驾驶员座调整机构	7108	乘客单人座头枕
6805	驾驶员座靠背	7109	座椅附件
6807	驾驶员座支架	7200	乘客双人座总成
6808	驾驶员座头枕	7201	乘客双人座骨架
6809	驾驶员座扶手	7202	乘客双人座骨架护面
6900	前座总成	7203	座位软垫
6901	前座骨架	7204	座位调整机构
6902	前座骨架护面	7205	座位靠背
6903	前座软垫	7206	座位扶手
6904	前座调整机构	7207	座位支架
6905	前座靠背	7208	乘客双人座头枕
6906	前座扶手	7209	座椅附件
6907	前座支架	7300	乘客三人座总成
6908	前座头枕	7301	乘客三人座骨架
6930	前座中间座	7302	乘客三人座骨架护面
7000	后座总成	7303	座位软垫
7001	后座骨架	7304	座位调整机构
7002	后座骨架护面	7305	座位靠背

续表

分组号	名称	分组号	名称
7306	座位扶手	7804	中间隔墙玻璃升降机构
7307	座位支架	7805	中间隔墙门
7308	乘客三人座头枕	7900	车用信息通信与声像装置
7400	乘客多人座总成	7901	无线接收与播放机集成系统（收放机）
7401	乘客多人座骨架	7902	（无线电发报机）单一功能影音视听装置
7402	乘客多人座骨架护面	7903	天线
7403	座位软垫	7904	滤波器
7404	座位调整机构	7905	车载电话
7405	座位靠背	7906	防干扰装置
7406	座位扶手	7908	录放机/扩音器
7407	座位支架	7909	扬声器系统
7408	乘客多人座头枕	7910	车用视盘机
7500	折合座总成	7911	车用音响装置
7501	折合座骨架	7912	显示器总成
7502	折合座骨架护面	7913	车用卫星定位导航装置
7600	卧铺总成	7914	车载计算机
7601	卧铺骨架	7917	车内监控器及摄像系统
7602	卧铺软垫	7921	电源附件
7603	卧铺支架	7922	声像附件
7604	卧铺骨架护面	7925	信息通信附件
7605	卧铺扶手	7930	交通信息显示系统
7606	卧铺靠背	7932	视频显示器装置
7607	卧铺调整机构	7935	车载多功能显示系统
7608	卧铺搁脚架	7937	车载电台系统
7609	卧铺梯	8100	空气调节装置
7611	卧铺附件	8101	暖风设备
7800	中间隔墙总成	8102	除霜设备
7801	中间隔墙骨架及盖板	8103	制冷压缩机
7802	中间隔墙护面	8104	车身强制通风设备
7803	中间隔墙窗	8105	冷凝器

续表

分组号	名称	分组号	名称
8106	膨胀阀	8209	安全锤
8107	蒸发器（制冷器）	8221	杯架
8108	空调管路	8227	告示牌
8109	贮液干燥器	8261	发动机装饰附件
8110	吸气节流阀	8400	车前钣金零件
8111	冷气附件	8401	散热器罩
8112	空气调节操纵装置	8402	发动机罩及锁
8113	空气净化设备	8403	前翼板
8114	空调电气设备	8404	后翼板
8115	加温设备	8405	踏脚板
8116	冷、暖风流量分配器	8500	车箱总成
8117	空气流量分配器	8501	车箱底板
8118	恒温调节器	8502	车箱边板
8119	进、送风格栅	8503	车箱后板
8121	进气道与滤清器	8504	车箱前板
8122	集液器	8505	车箱板锁
8123	供暖和通风系统	8506	车箱座位
8200	附件	8507	车箱工具箱
8201	内后视镜	8508	车箱篷布及支架
8202	外后视镜	8509	车箱护栏
8203	烟灰缸	8511	车箱挡泥板
8204	遮阳板	8514	后门骨架总成
8206	搁脚板	8515	翼开启机构
8208	反光器	8516	顶棚外蒙皮总成

5. 零部件顺序号

用3位数字表示零部件功能系统内总成、分总成、子总成、单元体、零件等顺序代号，零部件顺序号表述应符合下列规则：

①总成的第三位应为零；

②零件的第三位不得为零；

③3 位数字为 001～009，表示功能图、供应商图、装置图、原理图、布置图、系统图等为了技术、制造和管理的需要而编制的产品号和管理号；

④对称零件其上、前、左件应先编号为奇数，下、后、右件后编号为偶数；

⑤共用图（包括表格图）的零部件顺序号一般应连续。

6. 变更代号

变更代号为 2 位，可由字母、数字或字母与数字混合组成，由企业自定。

7. 代替图零部件编号

对零件变化差别不大，或总成通过增加或减少某些零部件构成新的零件和总成后，在不影响其分类和功能的情况下，编号时一般在原编号的基础上仅改变其源码。

（二）汽车组合模块编号表达式

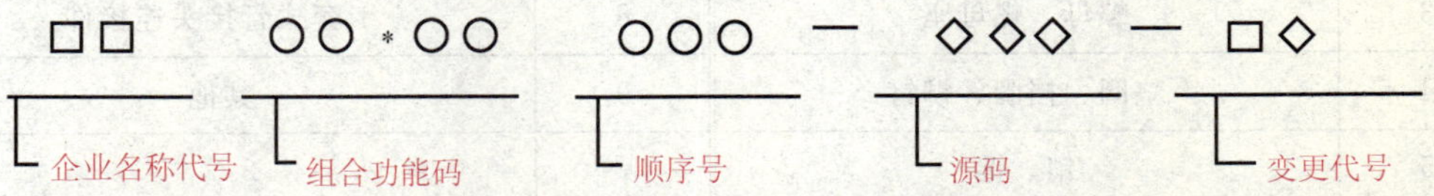

汽车组合模块组合功能码由组号合成，前两位组号描述模块的主要功能特征，后两位组号描述模块的辅助功能特征。例如：10×16 表示发动机带离合器组合模块；10×17 表示发动机带变速器组合模块；17×35 表示变速器带手制动器组合模块；18×35 表示分动器带手制动器组合模块；50×38 表示驾驶室带仪表盘组合模块。

（三）汽车标准件的编号规则

1. 编号组成

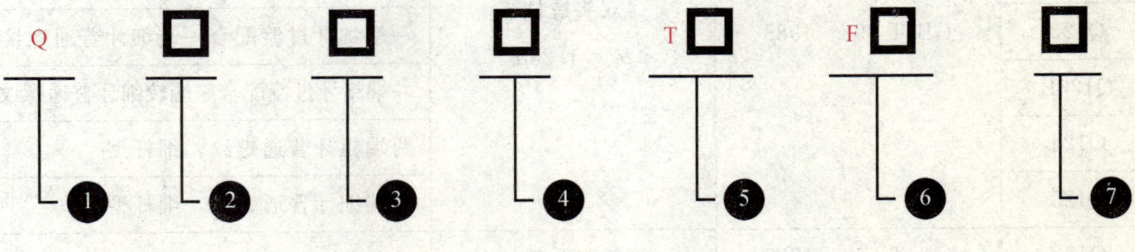

①汽车标准特征代号；

②品种代号；

③变更代号；

④尺寸规格代号；

⑤机械性能代号；

⑥表面处理代号；

⑦分型代号。

2. 编号各部分的表示方法及含义

（1）汽车标准件特征代号

汽车标准件特征代号是以“汽”字汉语拼音第一位大写字母“Q”来表示的。

（2）品种代号

品种代号由 3 位数字组成，首位表示产品大类，如表 1-4 所示。第二位表示分级号、第三位表示组内序号、结构、功能。表 1-5 为汽车行业常用标准件产品目录。

表 1-4　汽车标准件品种代号（大类）规则

大类代号	产品类别	大类代号	产品类别
1	螺栓、螺柱	6	螺塞、扩口式管接件、卡箍、管夹
2	螺钉	7	滑脂嘴、密封件、连接叉、球头接头
3	螺母、螺母座	8	卡套式管接头连接件
4	垫圈、挡圈、铆钉	9	其他
5	销、键		

表 1-5　汽车行业常用标准件产品目录

产品代号及变更代号	采用标准	名称	说明
Q110	GB/T 902.1—1989	手工焊用焊接螺柱	
Q120	GB/T 898—1988	双头螺柱 $b_m=1.25d$	两端粗牙普通螺纹
Q121			一端粗牙一端细牙普通螺纹
Q121B			一端粗牙一端较细牙普通螺纹
Q123			一端细牙过渡配合一端细牙普通螺纹
Q123B			一端粗牙过渡配合一端较细牙普通螺纹
Q124			两端粗牙普通螺纹，细杆型
Q125			两端细牙普通螺纹，细杆型
Q128	GB/T 953—1988	等长双头螺柱	
Q129	GB/T 900—1988	双头螺柱 $b_m=2d$	一端粗牙过渡配合一端细牙普通螺纹
Q129B			一端粗牙过渡配合一端较细牙普通螺纹
Q140	GB/T 9074.14—1988	六角头螺栓和平垫圈组合件	

续表

产品代号及变更代号	采用标准	名称	说明
Q141	QC/T 600—1999	六角头螺栓和锥形弹性垫圈组合件	
Q142	GB/T 9074.15—1988	六角头螺栓和弹簧垫圈组合件	
Q144	GB/T 9074.16—1988	六角头螺栓和外锯齿锁紧垫圈组合件	
Q146	GB/T 9074.17—1988	六角头螺栓、弹簧垫圈和平垫圈组合件	
Q150B	GB/T 5782 GB/T 5783	六角头螺栓	粗牙　GB/T 5782 为半螺纹、GB/T 5783 为全螺纹
Q151B	GB/T 5785 GB/T 5786		细牙　GB/T 5785 为半螺纹、GB/T 5786 为全螺纹
Q151C	GB/T 5785 GB/T 5786		较细牙（中牙）　GB/T 5785 为半螺纹、GB/T 5786 为全螺纹
Q170B	GB/T 32.1—1988	六角头头部带孔螺栓	粗牙　GB/T 5782 为半螺纹、GB/T 5783 为全螺纹
Q171B	GB/T 32.3—1988		细牙　GB/T 5785 为半螺纹、GB/T 5786 为全螺纹
Q171C	GB/T 32.3—1988		较细牙（中牙）　GB/T 5785 为半螺纹、GB/T 5786 为全螺纹
Q173B	GB/T 31.3—1988	六角头杆部带孔螺栓	细牙　GB/T 5785 为半螺纹、GB/T 5786 为全螺纹
Q173C	GB/T 31.3—1988		较细牙（中牙）　GB/T 5785 为半螺纹、GB/T 5786 为全螺纹
Q174B	GB/T 29.2—1988	十字槽凹穴六角头螺栓	
Q180	QC/T 340—1999	六角法兰面承面带齿螺栓	粗牙全螺纹，半螺纹需注明螺纹长度
Q181	QC/T 340—1999	六角法兰面承面带齿螺栓—细牙	细牙全螺纹，半螺纹需注明螺纹长度

续表

产品代号及变更代号	采用标准	名称	说明
Q184	GB/T 16674.1—2004 粗牙螺纹 GB/T 16674.2—2004 细牙螺纹	六角法兰面螺栓	按 Q184 默认情况下为粗牙，细牙需注明牙距。原粗牙老标准为 GB/T 5787
Q186	GB/T 5789—1986	六角法兰面螺栓—加大系列	标准为粗牙螺纹，细牙需注明牙距
Q190	GB/T 798—1988	活节螺柱	粗牙
Q191			细牙
Q191B			较细牙
Q192	GB/T 14—1988	大半圆头方颈螺栓	
Q194B	GB/T 35—1988	小方头螺栓	
Q198	QC/T 598—1999	承面凸焊螺栓	圆形凸焊点
Q198B			弧形凸焊点
Q198C			环形凸焊点
Q210	GB/T 6191—1986	内六角花形圆柱头螺钉	8.8、10.9 级
Q214	GB/T 818	十字槽盘头螺钉	
Q215	GB/T 2672—1986	内六角花形盘头螺钉	
Q218B	GB/T 70	内六角圆柱头螺钉	
Q220	GB/T 9074.18—1988	十字槽盘头自攻螺钉和平垫圈组合件	
Q221	GB/T 9074.19—1988	十字槽盘头自攻螺钉和大平垫圈组合件	
Q230	GB/T 9074.1—1988	十字槽盘头螺钉和平垫圈组合件	
Q232	GB/T 9074.3—1988	十字槽盘头螺钉和弹簧圈组合件	
Q236	GB/T 9074.4—1988	十字槽盘头螺钉、弹簧圈和平垫圈组合件	
Q254	GB/T 819	十字槽沉头螺钉	
Q256	GB/T 820	十字槽半沉头螺钉	
Q257	GB/T 2674—1986	内六角花形半沉头螺钉	

续表

产品代号及变更代号	采用标准	名称	说明
Q258	GB/T 2673—1986	内六角花形沉头螺钉	
Q260	GB/T 6564—1986	内六角头花形圆柱头自攻锁紧螺钉	
Q261	GB/T 6563—1986	六角头自攻锁紧螺钉	
Q262	GB/T 6560—1986	十字槽盘头自攻锁紧螺钉	
Q263	GB/T 6561—1986	十字槽沉头自攻锁紧螺钉	
Q264	GB/T 6562—1986	十字槽半沉头自攻锁紧螺钉	
Q270	GB/T 16824.2—1987	六角法兰面自攻螺钉	
Q271	GB/T 845—1985	十字槽盘头自攻螺钉	尖尾，C 型末端
Q272			平尾，F 型末端
Q273	QC/T 602—1999	十字槽大半圆头螺钉	尖尾，C 型末端。平尾，F 型末端。编号带 A 表示 F 型　例：Q2734216A
Q274	GB/T 846—1985	十字槽沉头自攻螺钉	尖尾，C 型末端
Q278			平尾，F 型末端
Q310B	GB/T 39—1988	方螺母	
Q312	QC/T 608—1999	B 型簧片螺母	多扣卡入式
Q320	GB/T 6177.1—2000 粗牙 GB/T 6177.2—2000 细牙	六角法兰面螺母	
Q321	QC/T 613—1999	六角法兰面自排屑螺母	
Q322	QC/T 607—1999	六角螺母和锥形弹性垫圈组合件	
Q326	GB/T 6182	2 型非金属嵌件六角锁紧螺母	
Q328	GB/T 889.1—2000 粗牙 GB/T 889.2—2000 细牙	1 型非金属嵌件六角锁紧螺母	
Q330	GB/T 6187.1—2000 粗牙 GB/T 6187.1—2000 细牙	全金属六角法兰面锁紧螺母	
Q332	GB/T 6185.1—2000 粗牙 GB/T 6185.2—2000 细牙	2 型全金属六角锁紧螺母	
Q334	GB/T 6184	1 型全金属六角锁紧螺母	

续表

产品代号及变更代号	采用标准	名称	说明
Q338	GB/T 6183	非金属嵌件六角法兰面锁紧螺母	
Q340B	GB/T 6170	1 型六角螺母	粗牙
Q341B	GB/T 6171		细牙
Q341C			较细牙（中牙）
Q350B	GB/T 6172	六角薄螺母	粗牙
Q351B	GB/T 6173		细牙
Q351C			较细牙（中牙）
Q352B	QC/T 362—1999	六角较薄螺母	粗牙
Q353B			细牙
Q353C			较细牙（中牙）
Q360B	GB/T 6175—1986	2 型六角螺母	粗牙
Q361B			细牙
Q361C			较细牙（中牙）
Q363B	GB/T 56—1988	六角厚螺母	细牙
Q363C			较细牙（中牙）
Q370C	GB/T 13681—1992	焊接六角螺母	
Q371	GB/T 13680—1992	焊接方螺母	
Q372	GB/T 17880.1—1999	平头铆螺母	平头型
Q374	GB/T 17880.2—1999	沉头铆螺母	
Q381B	GB/T 9457—1988	1 型六角开槽螺母	细牙
Q381C			较细牙（中牙）
Q383	GB/T 9458—1988	2 型六角开槽螺母	细牙
Q383B			较细牙（中牙）
Q387B	GB/T 9459—1988	六角开槽螺母	细牙
Q387C			较细牙（中牙）
Q391	GB/T 812—1988	圆螺母	
Q397	QC/T 330—1999	簧片螺母	单扣卡入型
Q400	GB/T 848—1985	小垫圈	
Q401	GB/T 97.1—1985	平垫圈	
Q402	GB/T 96—1985	大垫圈	

续表

产品代号及变更代号	采用标准	名称	说明
Q403	GB/T 93－1987	弹簧垫圈	
Q404	GB/T 859－1987	轻型弹簧垫圈	
Q405	GB/T 7244－1987	重型弹簧垫圈	
Q406	GB/T 9074.26－1988	组合件用弹簧垫圈	
Q407	GB/T 9074.24－1988	组合件用平垫圈	
Q430	GB/T 893.1－1986	孔用弹性挡圈	
Q431	GB/T 894.1－1986	轴用弹性挡圈	
Q433	QC/T 345－1999	轴用压扁钢丝挡圈	
Q434	QC/T 344－1999	孔用压扁钢丝挡圈	
Q436	GB/T 896－1986	开口挡圈	
Q437	GB/T 895.2－1986	轴用钢丝挡圈	
Q438	GB/T 895.1－1986	孔用钢丝挡圈	
Q440	GB/T 12618－1990	开口型扁圆头抽芯铆钉	
Q441	GB/T 12617－1990	开口型沉头抽芯铆钉	
Q442	GB/T 12615－1990	封闭型扁圆头抽芯铆钉	
Q443	GB/T 12616－1990	封闭型沉头负芯铆钉	
Q450	GB/T 867－1986	半圆头铆钉	
Q470	GB/T 109－1986	平头铆钉	
Q500	GB/T 91－1986	开口销	
Q501	QC/T 623－1999	锁销	
Q510	GB/T 882－1986	销轴	
Q521	GB/T 119－1986	圆柱销（A型）	d 公差 m6
Q522		圆柱销（B型）	d 公差 h8
Q523		圆柱销（C型）	d 公差 h11
Q528	GB/T 879－1986	弹性圆柱销	
Q541	GB/T 827－1986	标牌铆钉	
Q550	GB/T 1099－1979	半圆销	
Q551	GB/T 1096－1979	普通平键销	
Q617B	QC/T 376－1999	六角头螺塞	
Q618B	QC/T 381－1999	六角头锥形螺塞	
Q619	QC/T 378－1999	内六角锥形螺塞	

续表

产品代号及变更代号	采用标准	名称	说明
Q671B	QC/T 621—1999	钢丝钢带弹性环箍	钢丝型
Q673B			钢带型
Q675	QC/T 620—1999	蜗杆传动式软管环箍	A 型，德式卡箍
Q676	QC/T 619—1999	蜗杆传动式软管环箍	B 型，大美式卡箍
Q676B	QC/T 619—1999	蜗杆传动式软管环箍	C 型，小美式卡箍
Q681	QC/T 375—1999	一端固定式单管夹片	固定孔 $d=6.5$
Q682			固定孔 $d=8.5$
Q683	QC/T 374—1999	中间固定式双管夹片	固定孔 $d=6.5$
Q684			固定孔 $d=8.5$
Q685	QC/T 373—1999	一端固定式双管夹片	固定孔 $d=6.5$
Q688			固定孔 $d=8.5$
Q686	QC/T 370—1999	单管夹片	
Q687	QC/T 369—1999	多管夹片	
Q689	QC/T 368—1999	弹性夹片	
Q700B	QC/T 407—1999	直通式滑脂嘴	
Q701B	QC/T 408—1999	弯颈式滑脂嘴	
Q722	QC/T 388—1999	碗形塞片	
Q723	QC/T 638—1999	密封垫圈	
Q800	GB/T 3764—1983	卡套	
Q801	GB/T 3759—1986	卡套式管接头用螺母	
Q802	GB/T 3763—1983	卡套式管接头用六角薄螺母	
Q803	GB/T 3737.2—1983	卡套式直通接头体	
Q804	GB/T 3733.2—1983	卡套式端直通接头体	
Q805	QC/T 399—1999	卡套式锥螺纹直通接头体	
Q806	GB/T 3740.2—1983	卡套式直角接头体	
Q807	GB/T 3738.2—1983	卡套式端直角接头体	
Q808	QC/T 401—1999	卡套式锥螺纹直角接头体	
Q809	GB/T 3745.2—1983	卡套式三通接头体	
Q810	QC/T 402—1999	卡套式锥螺纹三通接头体	

续表

产品代号及变更代号	采用标准	名称	说明
Q811	QC/T 400—1999	卡套式锥螺纹直角三通接头体	
Q812	GB/T 3746.2—1983	卡套式四通接头体	
Q813	GB/T 3748.2—1983	卡套式隔壁直通接头体	
Q814	GB/T 3749.2—1983	卡套式隔壁直角接头体	
Q815	GB/T 3752.2—1983	卡套式组合直角接头体	
Q816	GB/T 3753.2—1983	卡套式组合三通接头体	
Q817	GB/T 3750.2—1983	卡套式铰接头体	
Q818	GB/T 3750.3—1983	卡套式铰接六角螺栓	

(3) 变更代号

产品标准修订后虽然产品结构型式基本相同，但尺寸、精度、性能或材料等标准内容变更会影响产品互换时给出的代号。同一品种中不同螺纹系列，同一品种中不具有派生关系和互换性的不同型式也采用变更代号加以区分。变更代号以一位大写汉语拼音字母表示，由字母“B”开始按顺序使用（字母“I”“O”“Q”“Z”除外）。

(4) 尺寸规格代号

尺寸规格代号可直接表示产品的主要尺寸参数，不便直接表示的以主要尺寸参数折算成相应的整数表示，仍不便表示的以该品种内规格系列的顺序号表示。

由一个主要尺寸参数即可表示标准件规格的，直接以该参数值用 2～3 位数字表示。当参数仅有一位数时，应于左边加“0”补足两位；当参数以英寸为单位时，应以两位数字表示，其十位数应以整英寸数、个位数应以 1/8 英寸的整数倍表示，参数小于 1 英寸时，应于左边加“0”补足两位（Q614B)。

需由两个或三个主要尺寸参数（一般为公称直径及钉、杆公称长度）表示标准件规格的，应直接以参数值按主次顺序相接的 3～6 位数字表示。其中第一参数值仅有一位数的，应于左边加“0”补足两位，其余参数应直接写入，不补位；某些品种主要参数含有小数规格时，该参数中的小数规格以增为 10 倍的整数表示，若与其余整数规格混淆，则该参数的全部规格均增为 10 倍表示。

(5) 机械性能代号

机械性能代号表示产品的性能等级。如果某一标准件仅有一种要求及推荐采用的基本要求，其相应的机械性能、材料代号应省略；选用其他机械性能、材料时应加注相应的代号。表 1-6 为机械性能代号。

表 1-6 机械性能代号

代号	机械性能等级	标准	适用产品
T	10.9 级	GB/T 3098.1	螺栓、螺柱
T1	8.8 级	GB/T 3098.1	螺栓、螺柱
T22	5.8 级	GB/T 3098.1	螺柱
T21	5.6 级	GB/T 3098.1	螺栓
T23	4.8 级，含碳量≤0.2%	GB/T 3098.1	焊接螺钉、焊接螺栓
T24	5.8 级，含碳量≤0.2%	GB/T 3098.1	焊接螺钉、焊接螺栓
T25	8.8 级，含碳量≤0.2%	GB/T 3098.1	焊接螺钉、焊接螺栓
T2	8 级，粗牙	GB/T 3098.2，GB/T 3098.9	螺母
	8 级，细牙	GB/T 3098.4	
T3	9 级，粗牙	GB/T 3098.2，GB/T 3098.9	螺母
T11	5 级	GB/T 3098.2	螺母
T12	6 级，粗牙	GB/T 3098.2	螺母
	6 级，细牙	GB/T 3098.4	
T13	10 级，粗牙	GB/T 3098.2	螺母
	10 级，细牙	GB/T 3098.4	
T14	12 级，粗牙	GB/T 3098.2	螺母
	12 级，细牙	GB/T 3098.4	
T15	05 级，粗牙	GB/T 3098.2	
	05 级，细牙	GB/T 3098.4	
T26	04 级，粗牙	GB/T 3098.2	薄螺母
	04 级，细牙	GB/T 3098.4	

（6）表面处理代号

表面处理代号表示产品的表面处理状态。如果某一标准件仅有一种要求及推荐采用的基本要求，其相应的表面处理代号应省略；选用其他表面处理方式时，应加注相应的表面处理代号。表 1-7 为表面处理代号。

表 1-7 表面处理代号

代号	表面处理	标准	适用产品类型
F	不处理，钢质件涂防锈油		全部
F2	防蚀磷化	QC/T 625	钢质件
F3	镀锌，彩虹色钝化（镀彩锌）	QC/T 625	1. 外螺纹件：（$P<0.5$，镀层厚度为 3 μm；$0.5\leq P\leq 0.8$，镀层厚度为 5 μm；$P>0.8$，镀层厚度为 8 μm） 2. 内螺纹件：镀层厚度为 5 μm
F30	镀锌，橄榄绿色钝化（镀军绿色）	QC/T 625	
F31	镀锌，黑色钝化（镀黑锌）	QC/T 625	
F32	镀锌，漂白钝化（镀白锌）	QC/T 625	

续表

代号	表面处理	标准	适用产品类型
F6	锌铝铬涂层（达克罗）	QC/T 625	车轮螺母、外螺纹件
F9	氧化	QC/T 625	钢质件
F10	镀锡	QC/T 625	钢质件
F13	镀铬	QC/T 625	车轮螺母、非螺纹件
F19	镀铜	QC/T 625	全部

（7）分型代号

分型代号表示结构型式和功能要求。以一种结构型式为基础，通过改变局部结构型式或增加新的技术内容所派生出的具有新增或不同功能的品种，其品种代号应与基本品种一致，每种分别给出分型代号。在同一基本品种范围内，分型代号用一位大写汉语拼音字母表示，由“A”开始按顺序使用（不用字母“I”“O”“Z”）。

二、进口汽车配件的品种规格及其编号规则

进口汽车品种繁多，其配件编号规则各不相同，下面以常用的车型举例说明。

（一）丰田汽车原厂零件的编码

1. 编号组成

一般配件编号由10位数字组成，中间用符号“—”隔开，部分配件编号用12位数字组成。

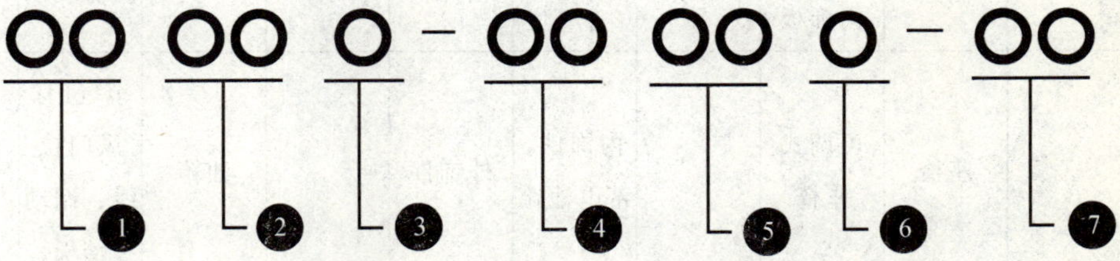

①小组编码；

②部位编码；

③细分编码；

④发动机型号代码；

⑤设计代码；

⑥主要件设计更改代码；

⑦颜色号码。

2. 编号各部分的表示方法及含义

（1）小组编码

把全车的一般配件按功能划分为若干个组，并给每组指定2位数字的代码，称为小组

编码。下面以丰田一大发汽车为例讲解小组编码，如表 1-8 所示。

表 1-8 丰田一大发汽车配件的小组编码

第一位数	第二位数									
	0	1	2	3	4	5	6	7	8	9
0					维修包			专用配件	附件	工具
1		缸盖、缸体	发动机安装件、机油盘	曲轴连杆、活塞组配气机构		机油泵、机油滤清器	散热器、水泵	进排气系、消声器、空滤器		点火系统
3		离合器	液力变矩器	变速器		自动变速器	分动器、取力器	传动轴	绞盘自卸	
4		减速器、差速器	后桥壳、半轴、制动鼓	前桥	动力转向制动装置	转向器	真空助力器、驻车制动	前后制动器总泵、分泵制动管路	前后悬架	液压助力器、制动器
5		车架	车身保险杠	发动机罩、挡泥板		仪表板	风窗玻璃	地板	地板	地毯
6		侧围	1/4内饰板	车顶		后围		车门	门窗玻璃	车门锁
7		座椅	可调式座椅		内饰件、蓄电池箱	外饰件		油箱	节气门、风门拉线、制动踏板	
8		灯具、闪光器	线束	仪表、钟表	开关	刮水器、洗涤器、点烟器	收放机及天线	暖气	空调	
9	标准件	六角头螺栓	螺栓	螺钉	螺母、垫圈	铆钉、销、键	紧固件、密封件	轴承	轮胎内胎	功能零件

（2）部位编码

对于小组编码相同的配件，再按品种给予 2 位数字代码，称为部位编码。

（3）细分编码

当用前两项编码仍然不能确定一项配件时，则再给配件指定一位数字代码，称为细分编码。如果有些配件还需要区分上下、左右、内外，以及加大或缩小尺寸，也在此位给予代码。但细分编码仅用于总成件或分总成件，不用于单一配件。

（4）颜色号码

表示零件的颜色或尺寸，在有颜色等特殊情况下使用。其中第 1 位数字为颜色的代码，如表 1-9 所示。

表 1-9　颜色代码

颜色代码	颜色	颜色代码	颜色
1	黑色	6	棕色
2	红色	7	绿色
3	灰色	8	乳白色
4	蓝色	9	黄色
5	米黄色		

（二）广州本田零部件号码组成

1. 编号组成

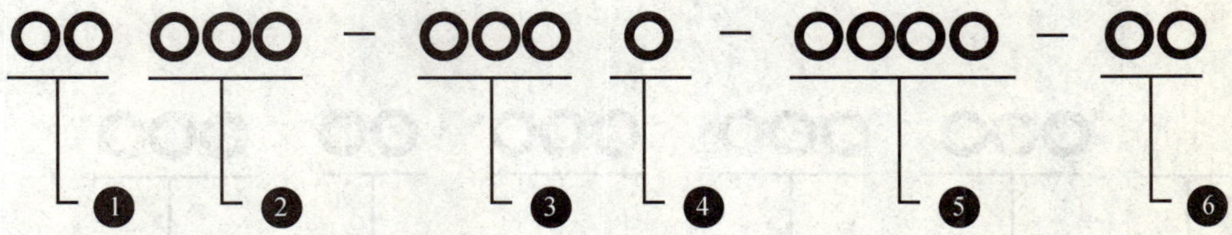

①机能号；

②构成号；

③机种类别号；

④试作记号；

⑤类别号；

⑥补充号。

2. 编号各部分的表示方法及含义

（1）机能号

机能号显示了零部件所划分的领域的编号。表 1-10 为机能号一览表。

表 1-10　机能号一览表

机能号	名称	机能号	名称
00	附记	10	发动机 ASSY
01	定期交换用配套元件	11	气缸体总成
02	配色图	12	气缸盖总成

续表

机能号	名称	机能号	名称
20	离合器变速器 ASSY	30	点火总成
21	壳盖类	31	充电、启动总成
22	离合器总成	32	排线总成

（2）构成号

构成号紧跟在机能号后面，表示具体零部件的编号。

（3）机种类别号

机种类别号是用来判断零部件是由哪个车型派生的、哪个车型的专用零部件而设置的编号。它不是由设计者自由规定的编号，而是由开发团队申请之后设定的。

（4）试作记号

试作记号是为了和量产区别而设置的记号，用字母序列来编号，包括在零部件类别号里，由图纸管理部门进行设置。需要注意的是，量产后此记号变成空白。

（三）德国大众系列汽车配件编码

1. 编号组成

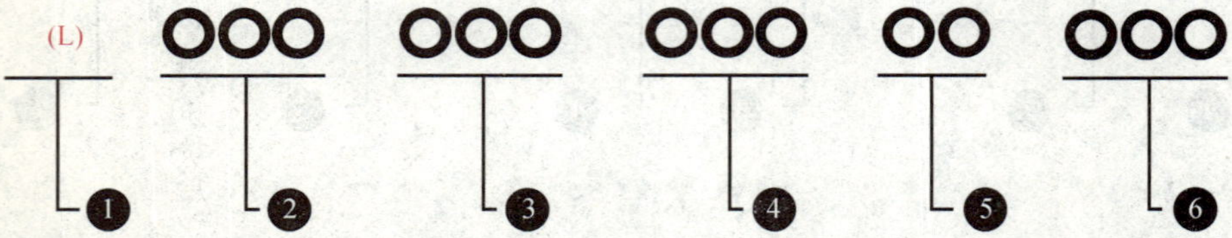

①国产配件记 L；

②车型号；

③组号；

④零件号；

⑤更改标记；

⑥颜色代码。

2. 编号各部分的表示方法及含义

（1）国产配件记 L

L 表示国产化，如果没有 L 就是进口件。

（2）车型号

车型号表示汽车的车型、发动机或变速器的型号。常用的车型号如表 1-11 所示。

表 1-11　常见的车型号

车型号	车型	车型号	车型
3C0	PQ35 平台的迈腾	18G	新宝来
1K0	速腾	3C8	大众 CC
5K0	高尔夫 6	1JD	宝来经典
1J0	老宝来和高尔夫 4	JGD	捷达

（3）组号

组号表示该零件所属的主总成和子总成。

（4）零件号

零件号是指配件的更具体的位置。

（5）更改标记

更改标记是指配件的改进次数，由“A”开始按顺序使用。

（6）颜色代码

例如，B41 是黑色，U71 是灰色，Q70 是米色。

任务三　汽车配件目录的查阅

任务情境

吴某是成都汽配城一名汽车配件个体经营者，每天销售业务量很大，以前查找货物很费时，影响业务。2015 年他聘请了两名汽车营销专业毕业生。他们计算机基础能力强，很快能熟练应用汽车配件查询与检索系统为客户查找配件，大大提高了查找配件的准确度和工作效率，深受老板欢迎。

任务分析

在配件管理或销售时，快速查询并确认客户所需配件的零件编号、零件名称、型号等信息是非常重要的，这是配件管理信息化。

相关知识

一、汽车配件目录的内容

配件目录一般根据原厂的生产设计资料编制，是配件流通中的技术标准。在配件目录中通常包括表 1-12 中的内容。

表 1-12　典型的配件目录示例

索引号	配件名称	装车期	适应车型	配件编号	数量	摘要	替代链号
14058C	卡箍	2000.10—	SR20DE	16439—V5000	2		
14058A	卡箍	2000.10—	SR20DE	16439—V5000	4		
14776E	支架—电控燃油喷射线束	2000.10—	SR20DE	24136—53J01	1		
14860N	空气软管	2000.10—	SR20DE	14099—0E000	1		269
22660M	空气调节器总成	2000.10—	SR20DE.MT	22660—53J00	1		
23781M	辅助空气控制阀	2000.10—	SR20DE.MT	23781—33Y00	1	/TOUSOKU	51

1. 配件插图

配件插图是配件目录的主要组成部分，一般采用轴侧图来表现系统各零件的相对位置和装配关系。按照国家标准，配件插图中标有图中序号，使用时要特别注意零件之间的包含关系。

2. 配件编号

配件编号配件的唯一准确的编号，贯穿配件设计、生产、采购、销售、维修各个环节。它是配件订货和销售的最准确的要素，所有的配件订单和销售单据上必须清楚标示出配件编号。

3. 配件名称

配件名称主要是配件在设计和生产中使用的名称。它只是根据配件的特点，结合约定俗成的标准为配件赋予一个文字符号，指代和区分能力较弱，一般用于配件经销中做描述性说明和补充手段。

4. 全车用量

全车用量是给出该配件在一辆车上的使用数量。

5. 备注

备注是配件目录中十分重要的部分，一般用来补充说明配件的参数、材料、颜色、适用年款、车型及其他配置信息。例如“螺栓，M12—1.75X70，1991—1992，六缸机”“缸体，铝合金，适用于1995年6月以后的1.6升电喷发动机”。备注信息提供了配件适用范围的准确描述，因此在采购和销售汽车配件时一定要注意该栏中的说明。

6. 其他

在配件目录中，一般都附有厂家对该配件目录适用范围、使用方法的详细说明，请在使用之前仔细阅读。

二、汽车配件目录查阅方法

1. 按汽车配件名称（字母顺序）索引

在进口汽车配件手册中均附有按零件名称字母顺序编排的索引，如果知道所需配件的英文名称，即使是缺乏专业知识的人员也能较快地查找到该配件的有关信息。

2. 按汽车配件编号（件号）索引

汽车配件均有对应的零件编号，如果知道所需配件的编号，则能快速准确地查询到该配件的有关信息。一个配件的名称可能会由于翻译、语境等原因而有不同叫法，但配件的编号是唯一的。配件编号索引是根据配件编号大小顺序排列的，根据已知的配件编号，可以查出该配件的地址编码和所在页码，然后查询其详细信息。

3. 按汽车总成分类索引

汽车分为多个总成，如发动机、底盘、车身、电器系统等。如果知道所需零配件属于哪个总成，便可以直接从该总成查找该配件。这种方法适用于对汽车零部件结构较熟悉的专业人员使用，只有知道某一个零部件属于哪个总成部分，才能快速查询和确认客户所需要的配件。

4. 按配件图形（图号）索引

汽车分解成若干个模块，采用图表相结合的方式，用爆炸图，即立体装配展开图能一目了然地显示各个零件的形状、安装位置及装配关系，并在对应的表中列出零件名称、零件编号、单车用量、标准件的规格等详细信息。用此方法查询的特点是能直观、准确、方便且迅速地确定所需配件的信息。

三、汽车配件查询方法的具体应用

下面以丰田汽车为例，说明几种常见的汽车配件查询方法。丰田汽车相关资料提供了较灵活的配件查找方式，如分组查找、图号查找、零件代号查找、零件编码查找等方式，此处只介绍几种常见的查找方式（如图 1-15 所示）。

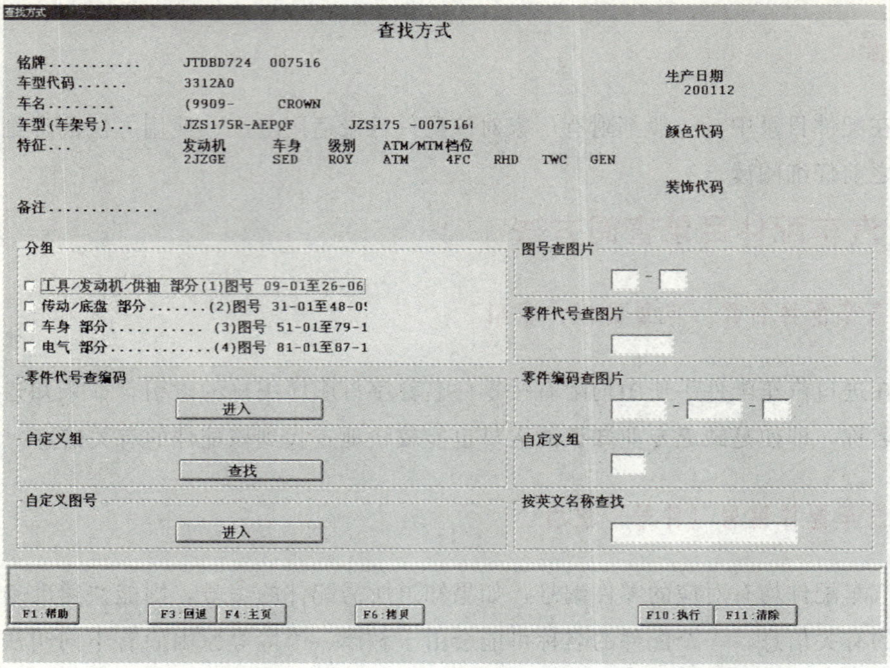

图 1-15 汽车配件查询界面（1）

1. 按配件图形索引

（1）选择要查找的零件大致所在部位（以上悬臂为例），分析该零件应在“传动/底盘部分”，则在“传动/底盘”前打“√”，如图 1-16 所示。

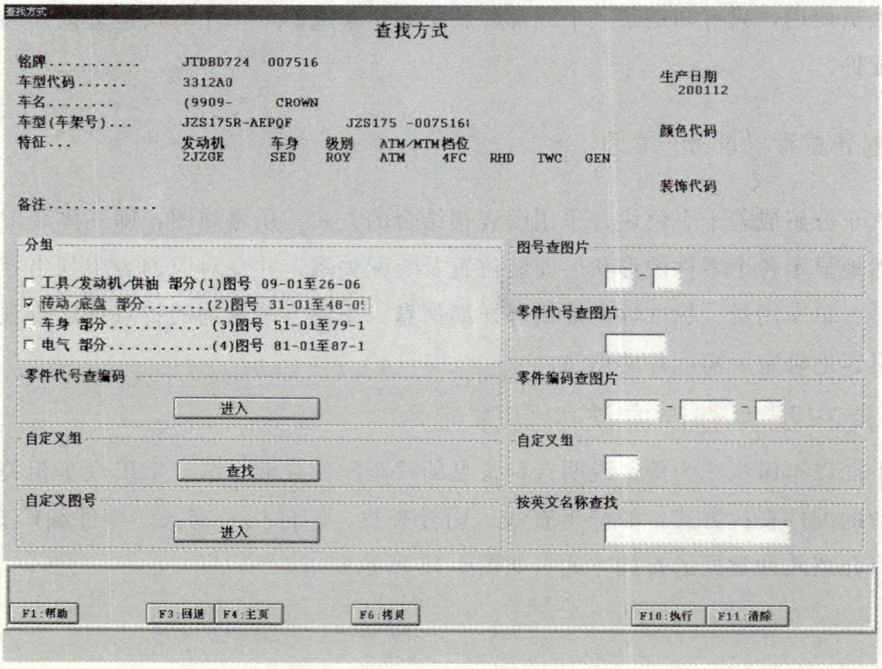

图 1-16 汽车配件查询界面（2）

（2）点击【F10】执行按钮，则页面显示“传动/底盘部分”的内容（如图 1-17 所示），通过【F7】前翻或【F8】后翻按钮翻页，翻到上悬臂所在的页面（如图 1-18 所示）。

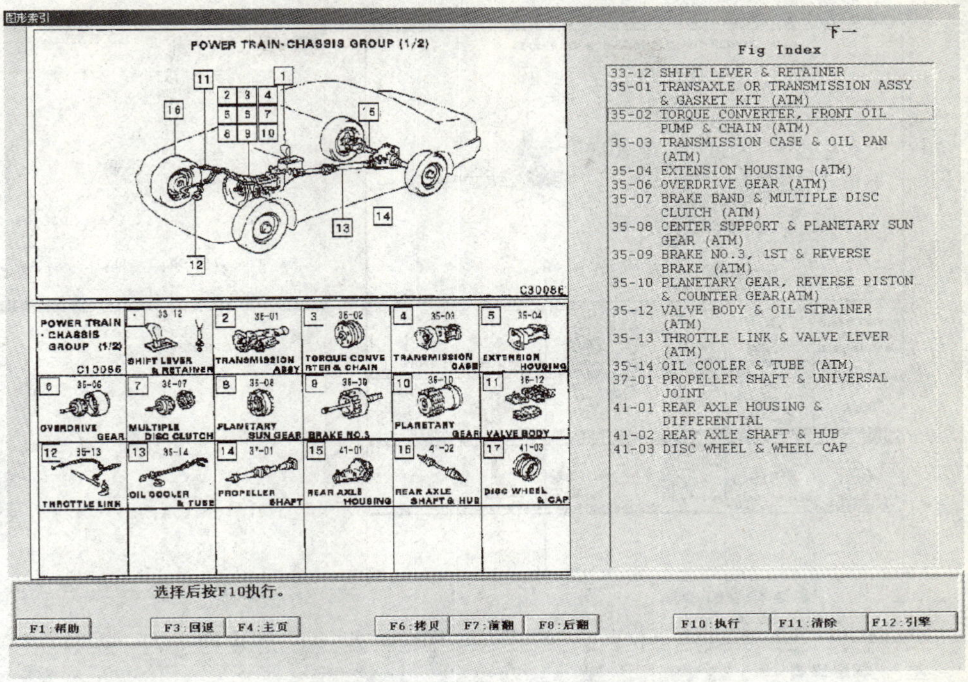

图 1-17　汽车配件查询界面（3）

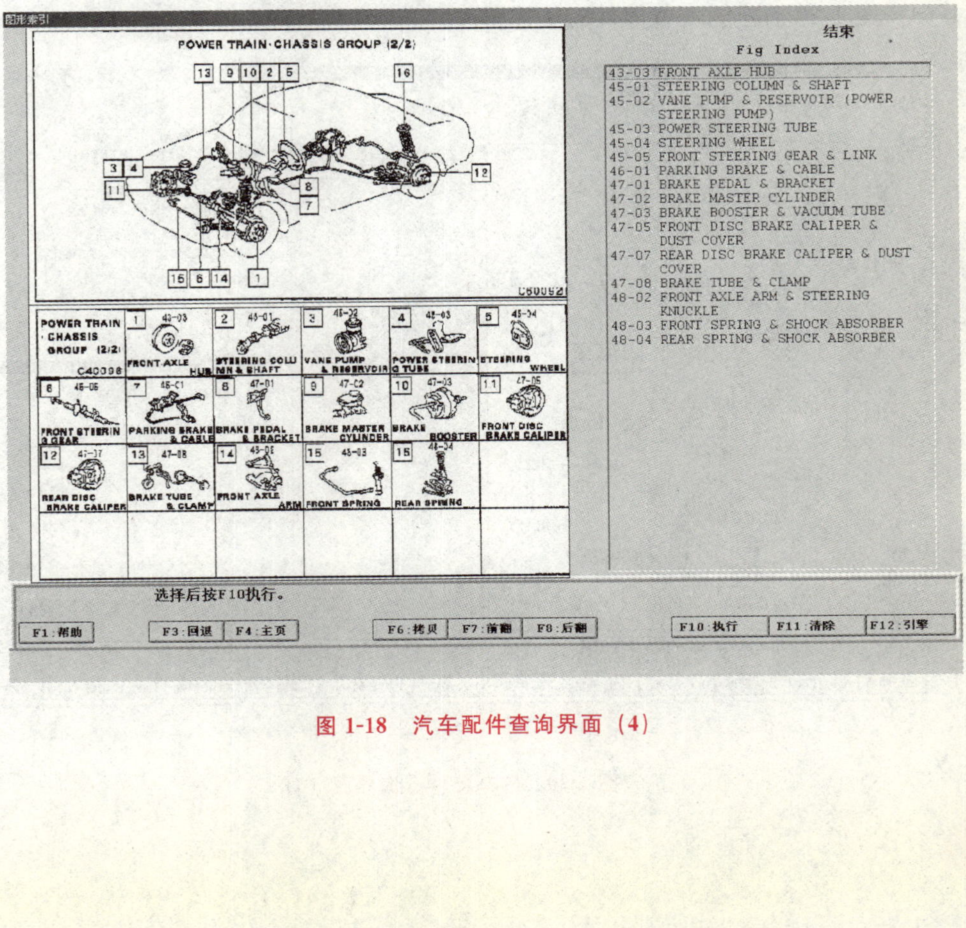

图 1-18　汽车配件查询界面（4）

（3）选择所查零件的整体图索引：如图 1-19 所示，选择零件的整体图索引，本例选择 48—02，选择完毕，点击【F10】执行按钮。

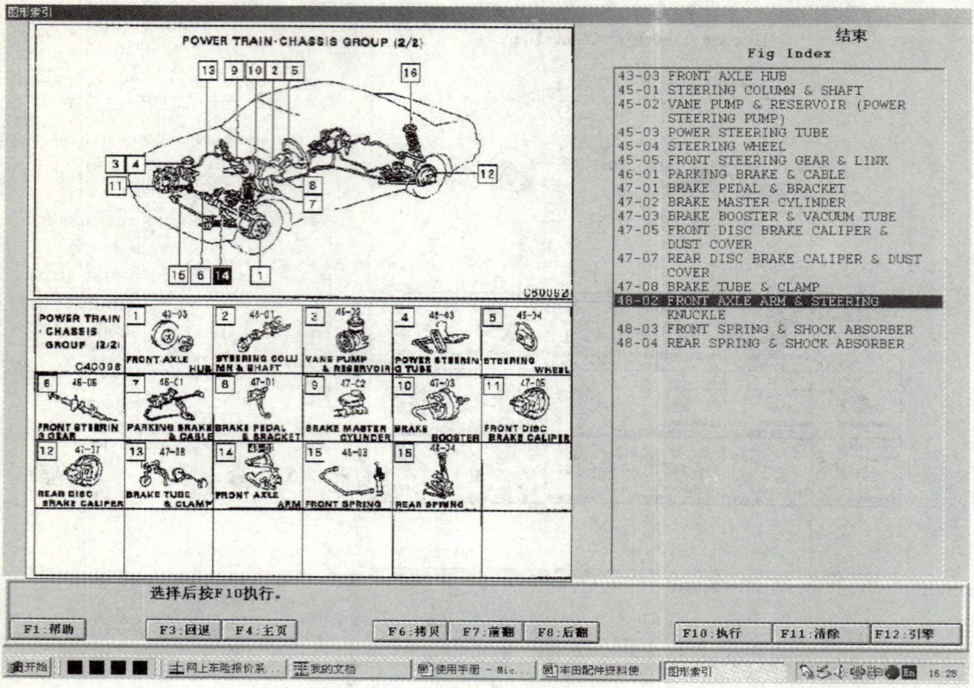

图 1-19　汽车配件查询界面（5）

（4）图 1-20 所示为所查零件的整体图。

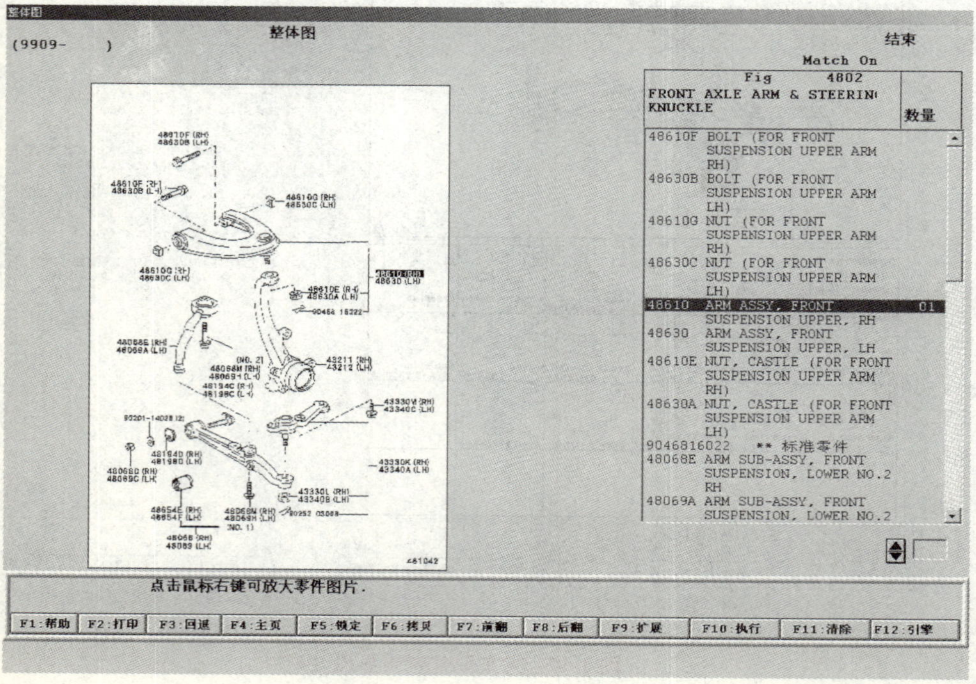

图 1-20　汽车配件查询界面（6）

2. 按配件图号索引

（1）如图 1-21 所示，在“图号查图片”栏中输入零件的准确图号，如输入 48－02，然后点击【F10】执行按钮。

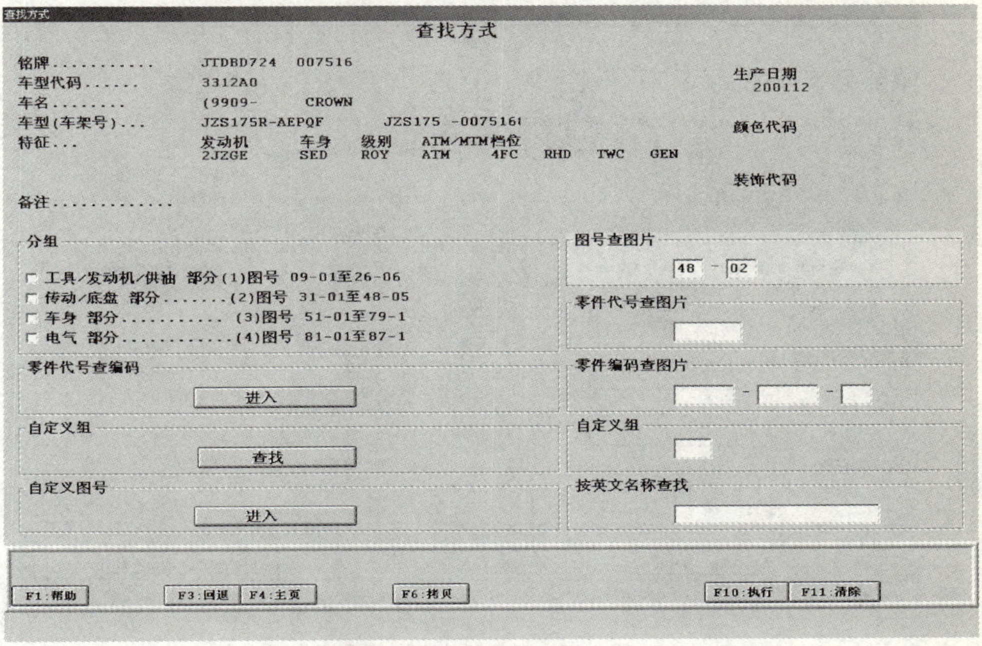

图 1-21　汽车配件查询界面（7）

（2）图 1-22 所示为所查零件的整体图。

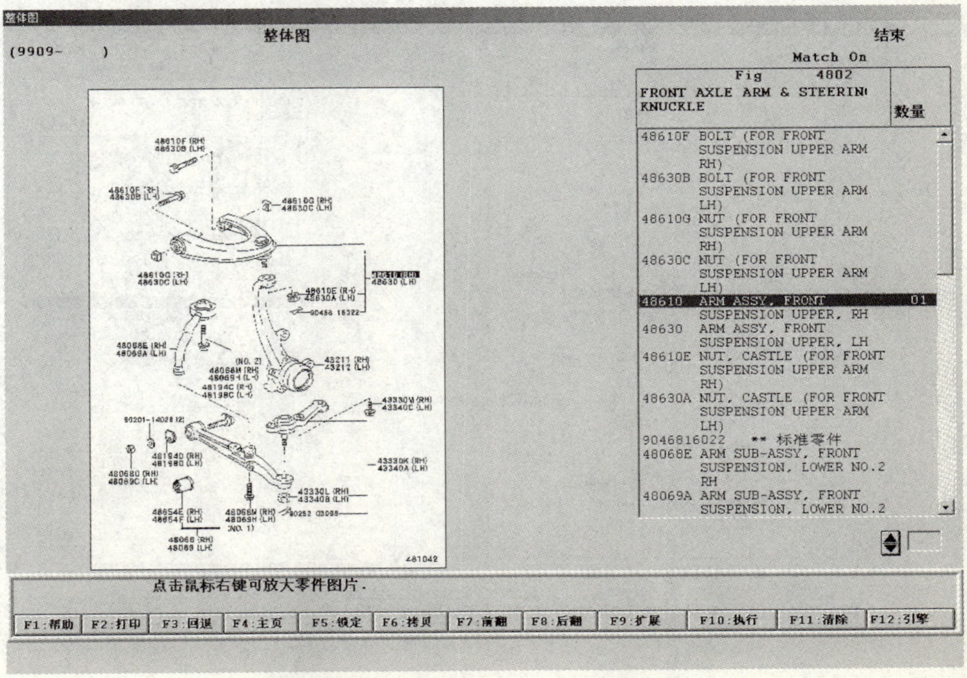

图 1-22　汽车配件查询界面（8）

3. 零件代码查找

（1）如图 1-23 所示，在“零件代号查图片”栏中输入所查零件的零件代号，如输入 48610，然后点击【F10】执行按钮。

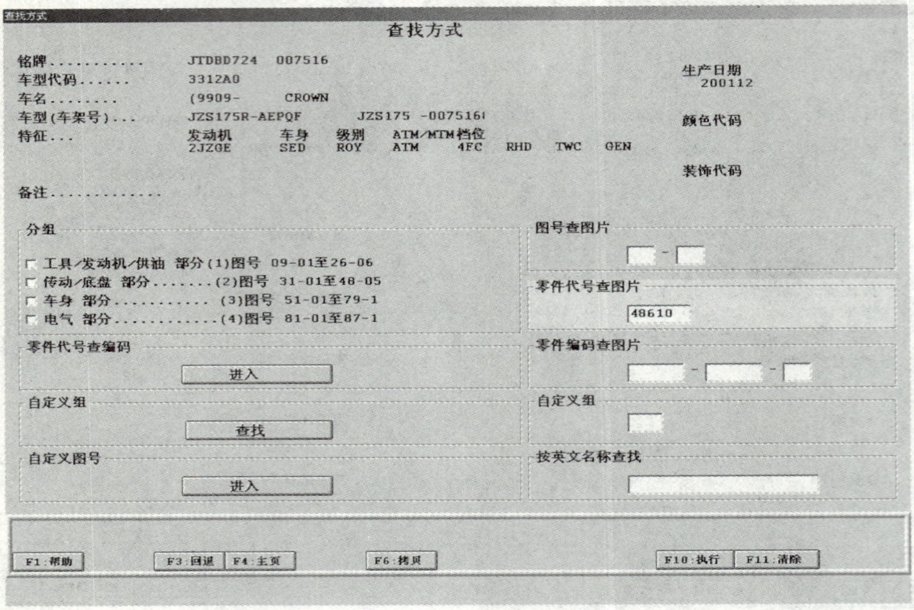

图 1-23 汽车配件查询界面（9）

（2）图 1-24 所示为所查零件的整体图。

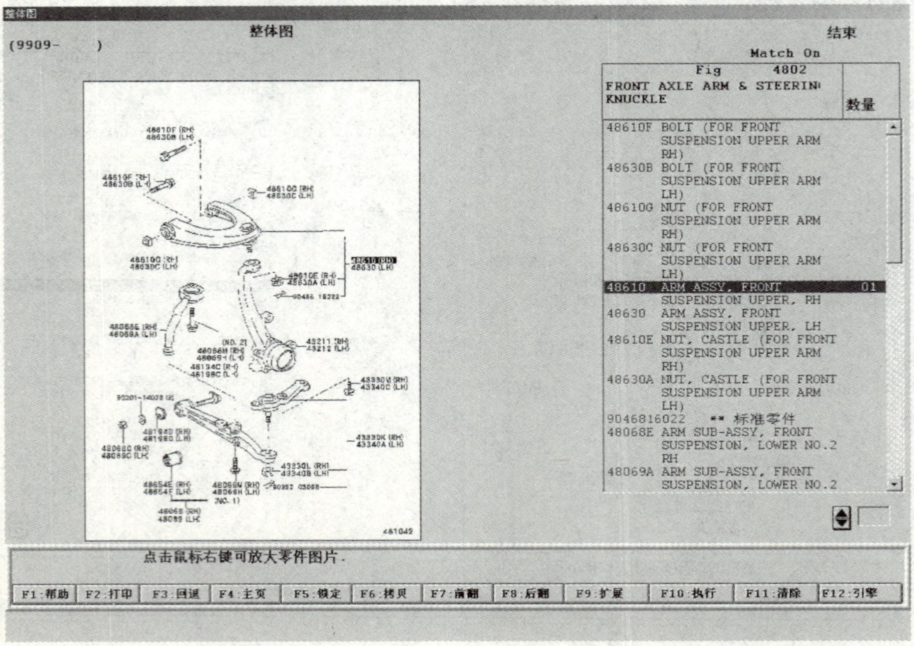

图 1-24 汽车配件查询界面（10）

4. 按汽车配件编号（件号）索引

(1) 如图 1-25 所示，在“零件编码查图片”栏中输入所查零件的零件编码，如输入 48610－59025，然后点击【F10】执行按钮。

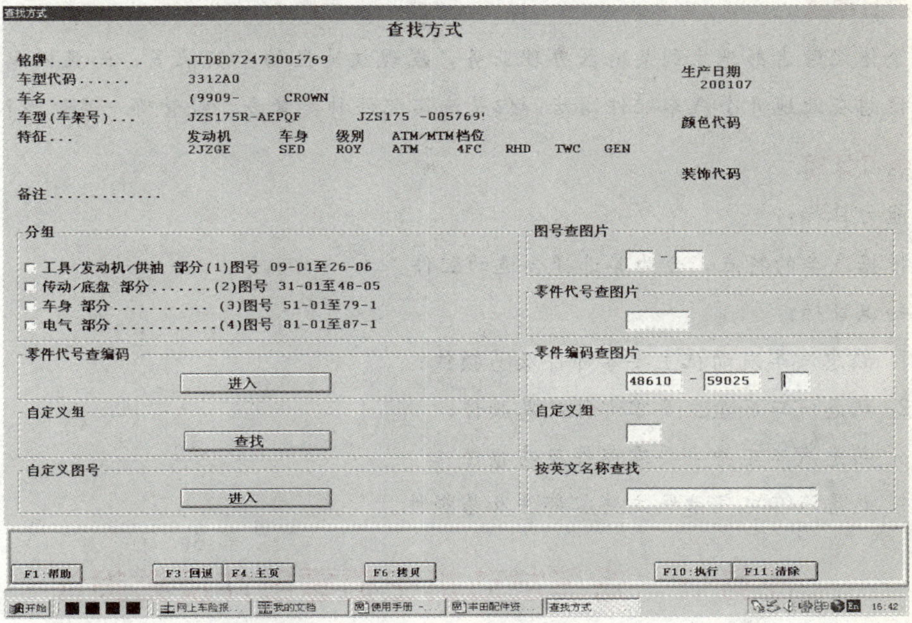

图 1-25　汽车配件查询界面（11）

(2) 图 1-26 所示为所查零件的整体图。

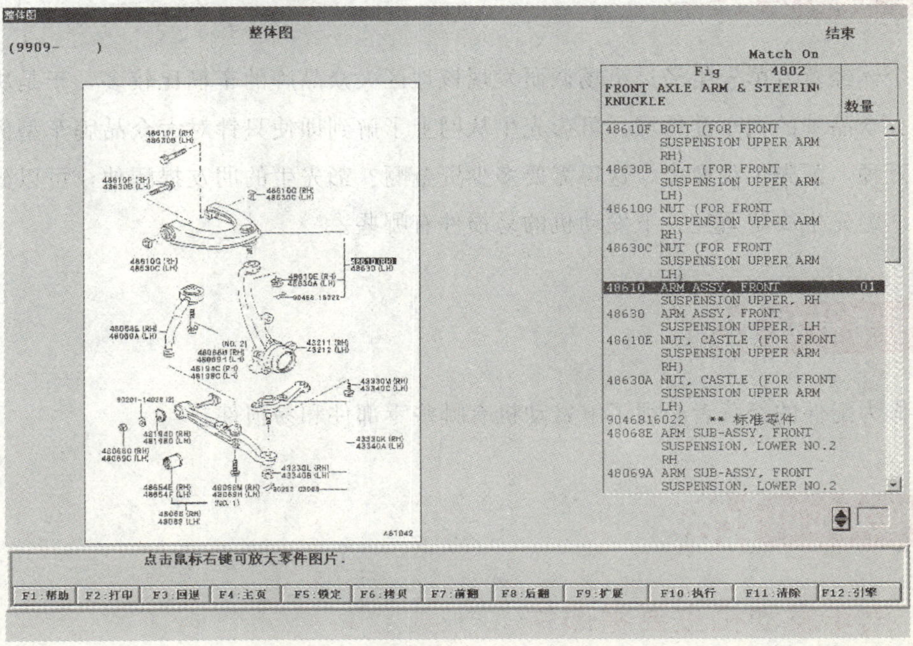

图 1-26　汽车配件查询界面（12）

项目二　汽车主要零部件及易损件

项目情境

个体经营者彭先生到某地区办理业务，发现该地区的车辆很多，而且以私家车居多，因此他想在此地开个汽车配件商店。但是汽车配件种类繁多，经营哪一类好呢？

学习目标

能力目标：

根据汽车的特点，会为其选择合适的配件。

知识目标：

1. 熟悉汽车发动机主要零部件及易损件；
2. 熟悉汽车底盘主要零部件及易损件；
3. 熟悉汽车车身主要零部件及易损件；
4. 熟悉汽车电气系统主要零部件及易损件。

任务一　汽车发动机主要零部件及易损件

任务情境

个体经营者彭先生经过市场调研发现该地区大众品牌的车辆比较多，于是决定开一家针对大众品牌的汽车配件城。可彭先生从网上了解到即使只针对大众品牌车型的配件也有几千万种，彭先生犹豫了，这得需要多少资金啊？彭先生的朋友提醒他，可以先进一些易损件。彭先生决定研究一下发动机的易损件有哪些。

任务分析

作为配件的经营者必须了解发动机有哪些零部件和易损件。

相关知识

一、汽车发动机主要零部件

汽车发动机是汽车的心脏，是汽车产生动力的装置，一般汽车发动机零部件都大同小异。发动机零部件主要包括以下几种：

1. 机体组

机体组主要由气缸体、气缸盖、气缸盖罩、气缸盖衬垫、主轴承盖和油箱底壳组成。

2. 曲柄连杆机构

曲柄连杆机构主要由气缸体、气缸盖、曲轴箱、气缸垫、油底壳、气缸套、活塞、活塞环、活塞销、连杆、曲轴和飞轮组成。

3. 配气机构

配气机构主要由气门、气门座、气门导管、气门弹簧、凸轮轴、正时传动装置、挺杆和摇臂总成组成。

4. 润滑系统

润滑系统主要由机油泵、机油滤清器、机油冷却器和集滤器组成。

5. 燃油供给系统

燃油供给系统主要由化油器总成及附件、汽油泵膜片、汽油软管、电动汽油泵、压力调节器、空气流量传感器、喷油器、三元催化装置、输油泵总成、喷油泵柱塞偶件、出油阀偶件和喷油器组成。

6. 冷却系统

冷却系统主要由散热器、节温器、水泵和风扇组成。

7. 点火系统

点火系统主要由点火线圈、分电器总成及附件、蓄电池、火花塞和电热塞组成。

8. 启动系统

启动系统主要由蓄电池、启动机、启动继电器、点火开关、安全开关、低温启动预热装置组成。

二、汽车发动机易损件

1. 气缸体

气缸体除气缸正常磨损可进行镗磨加大尺寸予以修理外，在冬季因缸体未放尽积水被冻裂，运行中因气缸缺少冷切冷却水被过热膨胀裂缝漏水，以及在行车事故中被碰撞损坏和孔径数次镗削扩大至极限等，都有一定的消耗量，应有一定的库存储备量。气缸体如图 2-1 所示。

2. 气缸套

气缸套常见故障有缸孔自然磨损、外径压配不当漏水（湿式缸套）、缸壁因敲缸损伤，或在突发情况下如连杆螺栓松脱被连杆击穿等。气缸套是必备品，消耗量较大，应有一定的库存储备量。气缸套如图 2-2 所示。

图 2-1　气缸体

图 2-2　气缸套

3. 气缸盖

除未发现的制造缺陷如隐藏裂纹、排气门座压配松弛等引起的漏水现象外，气缸盖主要是使用不当和自然疲劳损坏。如因缸盖紧固螺栓或螺栓拧紧力矩及拧紧顺序未按规定操作，造成缸盖平整度被破坏而产生翘曲变形。气缸盖也应有一定的库存储备量。气缸盖如图 2-3 所示。

4. 气缸盖罩盖

因气缸盖罩盖易于变形翘曲，故有一定消耗量，应有一定的库存储备量。气缸盖罩盖如图 2-4 所示。

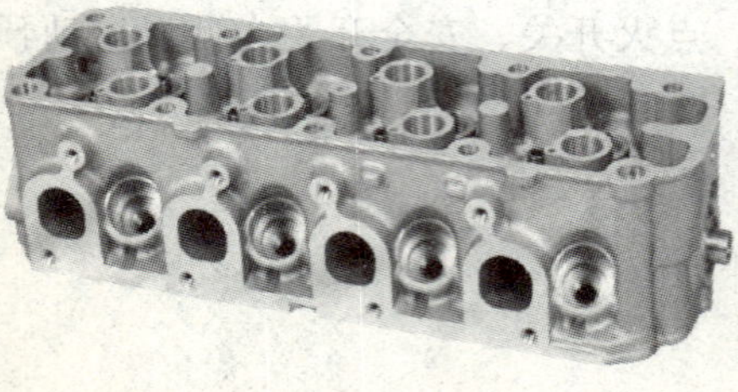

图 2-3　气缸盖

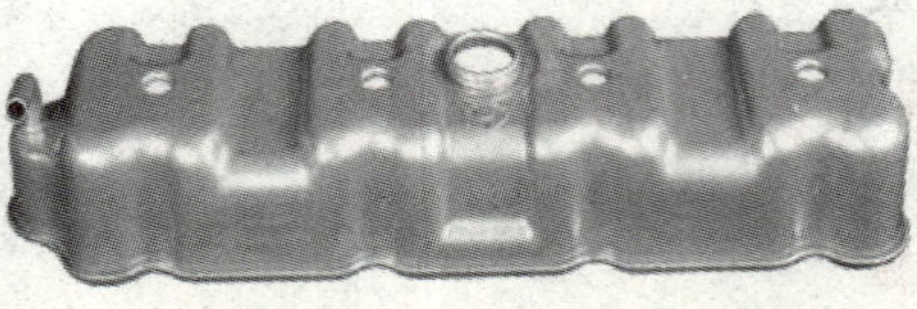

图 2-4　气缸盖罩盖

5. 气缸盖衬垫

气缸盖衬垫的常见故障有缸盖紧固螺栓或螺栓拧紧力失准或松弛，制造上的缺陷，漏水造成热化学腐蚀等，结果封闭气缸孔边缘部位烧蚀泄漏、水孔边缘部分热腐蚀缺损使封闭失效。气缸盖衬垫是一次性使用配件，消耗量很大，通常作为随车主要维修备用品，应有较多库存储备量。气缸盖衬垫如图 2-5 所示。

6. 活塞

活塞的常见故障有自然磨损，在发动机过热时造成部分铝合金金属熔蚀发生拉缸或咬死，磨损后配合间隙过大、积碳早燃时击伤、裂缝等。活塞是主要易损件，消耗量大、规格多，应有较多的库存储备量。活塞如图 2-6 所示。

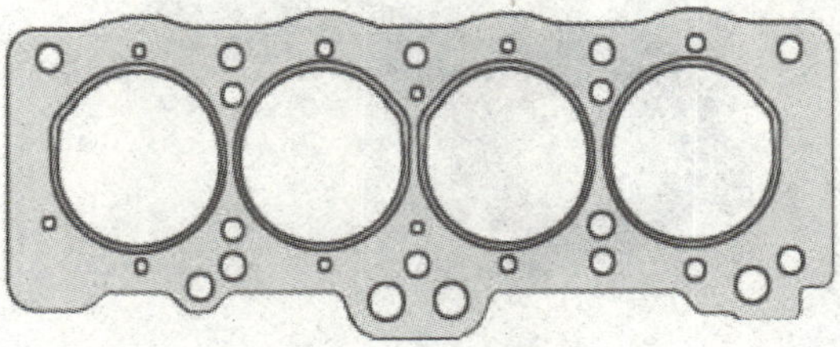

图 2-5　气缸盖衬垫

图 2-6　活塞

7. 活塞环

活塞环的常见故障有因活塞拉缸被折断、自然磨损、弹性衰减等。活塞环是主要易损件，消耗量大、规格多，应有较多的库存储备量。活塞环如图 2-7 所示。

8. 活塞销

活塞销的常见故障有外径自然磨损，在特殊工况下或制造上未检出的隐藏裂缝造成的折断。活塞销是主要易损件，消耗量大、规格多，应有较多的库存储备量。活塞销如图 2-8 所示。

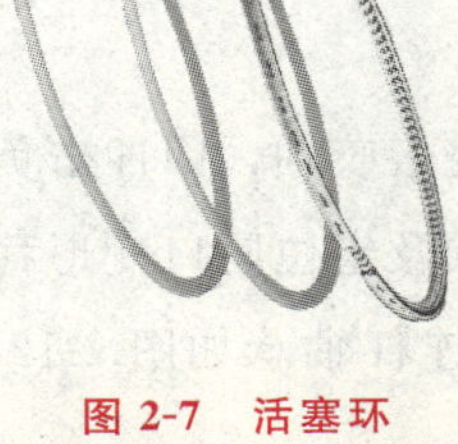

图 2-7　活塞环

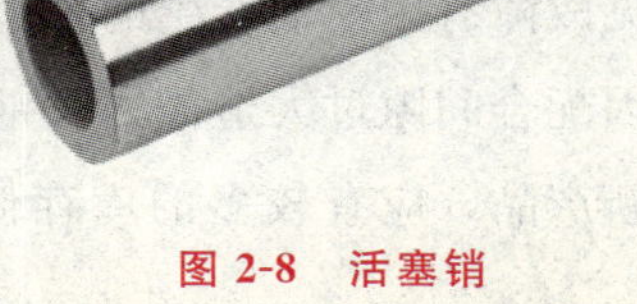

图 2-8　活塞销

9. 活塞销衬套

活塞销衬套的常见故障有自然磨损，因缺油高热烧损及压配合间隙过大引起衬套走外圆等。活塞销衬套是主要易损件，消耗量大、规格多，应有较多的库存储备量。活塞销衬套如图 2-9 所示。

10. 连杆

连杆的常见故障为受力矩杆体扭曲、大头小头孔座因轴孔磨损或断油造成的过度磨损松旷、螺栓孔螺纹损坏等。连杆虽属易损件，但消耗量相对较少，应有一定的库存储备量。连杆如图 2-10 所示。

图 2-9　活塞销衬套

图 2-10　连杆

11. 曲轴

曲轴的常见故障有主轴颈和连杆轴颈磨损，曲轴因受力扭曲变形导致同轴度失准，以及在突发工况下或材质缺陷、隐藏裂纹等造成个别折断的现象等。曲轴虽是非易损件，但仍有一定的消耗量，应有一定的库存储备量。曲轴如图 2-11 所示。

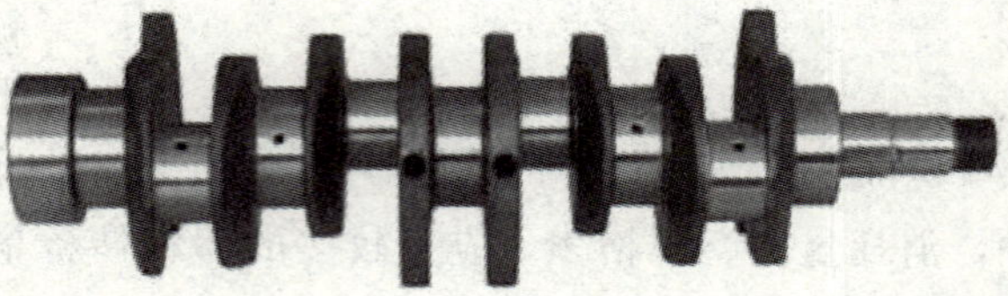

图 2-11　曲轴

12. 连杆轴承与曲轴轴承

这两个零件的常见故障有因断油产生的合金层合金烧熔咬轴，因冲击负荷所致合金层部分合金疲劳剥落，因配合间隙过大造成轴承钢衬走外圆及定位唇口变形移位等。它们均属易损件，需成组更新产品，应有较多的库存储备量。连杆轴承如图 2-12 所示，曲轴轴承如图 2-13 所示。

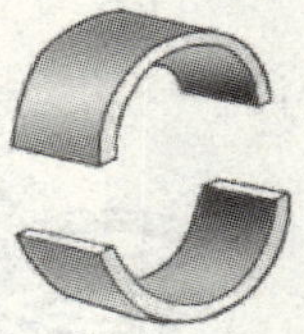

图 2-12　连杆轴承

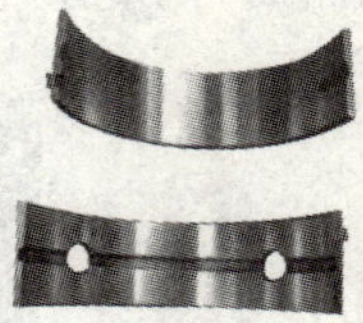

图 2-13　曲轴轴承

13. 飞轮

飞轮的常见故障有大端工作平面因离合器钢片损坏或磨损后被铆钉突出磨损形成的沟槽，使有效摩擦面积减小，造成离合器工作失效；飞轮齿圈端因起动机驱动齿轮的撞击崩块或齿面磨损过大，齿圈与飞轮外圆配合松弛等。飞轮应有一定的库存储备量。飞轮如图 2-14 所示。

14. 气门

气门的常见故障有自然磨损和胶粘咬死、断裂、腐蚀等，属易损件，应有较多的库存储备量。气门如图 2-15 所示。

图 2-14　飞轮

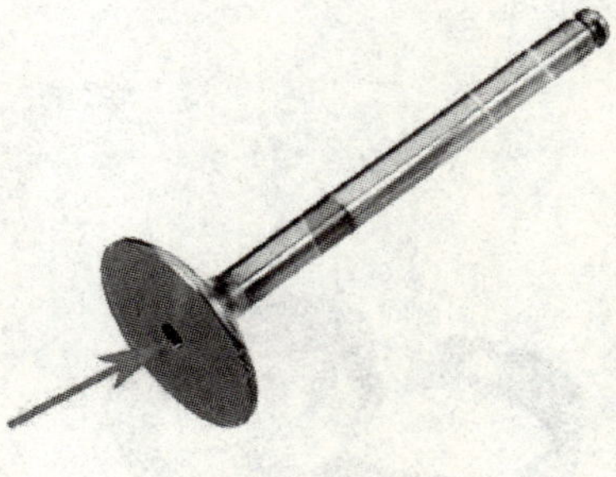

图 2-15　气门

15. 气门导管

气门导管的常见故障有自然磨损导致配合间隙过大，燃烧废气或润滑油杂质等侵入形成磨料，使气门杆咬死或内孔拉伤。气门导管属易损件，在发动机大修中，常需换用新品，应有一定的库存储备量。气门导管如图 2-16 所示。

16. 气门弹簧

气门弹簧的常见故障有变形、折断、弹性衰减等，属易损件，常供品，应有一定的库存储备量。气门弹簧如图 2-17 所示。

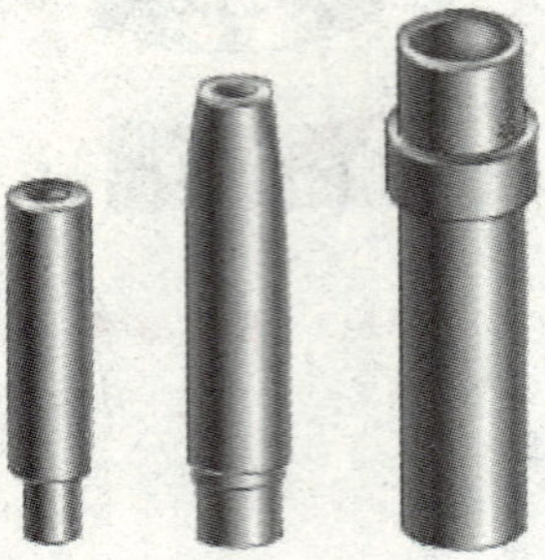

图 2-16 气门导管

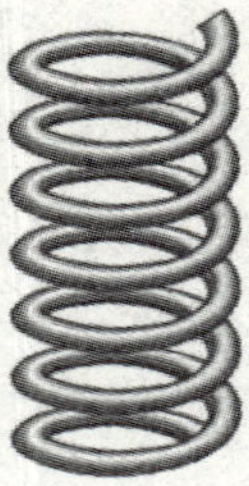

图 2-17 气门弹簧

17. 气门座圈

气门座圈的常见故障有因机械磨损和热腐蚀以致造成气门或座圈的密封面破坏，应有一定的库存储备量。气门座圈如图 2-18 所示。

18. 凸轮轴

凸轮轴的常见故障有主轴颈磨损、凸轮磨损。凸轮轴弯曲变形，同轴度变坏和机油泵驱动齿轮损坏也属常见。根据地区供需情况，应有一定的库存储备量。凸轮轴如图 2-19 所示。

图 2-18 气门座圈

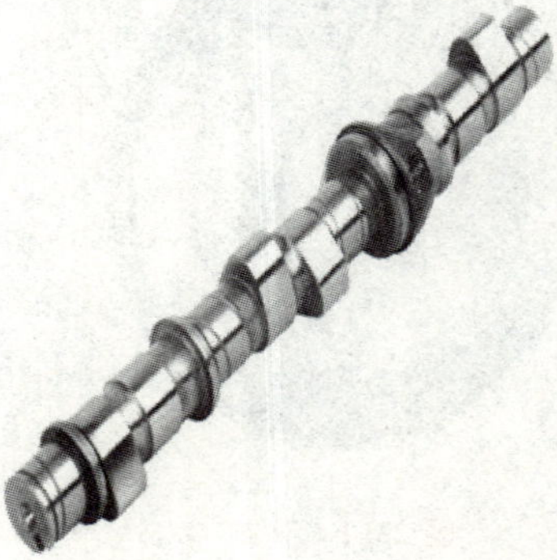

图 2-19 凸轮轴

19. 气门挺杆

气门挺杆的常见故障有杆部自然磨损、调节气门间隙螺钉螺纹损伤、与凸轮轴凸轮接触球形工作面磨损等。气门挺杆属易损件，但与其他品种相比消耗量小，应有一定的库存储备量。气门挺杆如图 2-20 所示。

20. 气门推杆

气门推杆的常见故障有两端头接触工作而导致的磨损及气门间隙调整过小而产生的弯曲变形，应有一定的库存储备量。气门推杆如图 2-21 所示。

图 2-20　气门挺杆

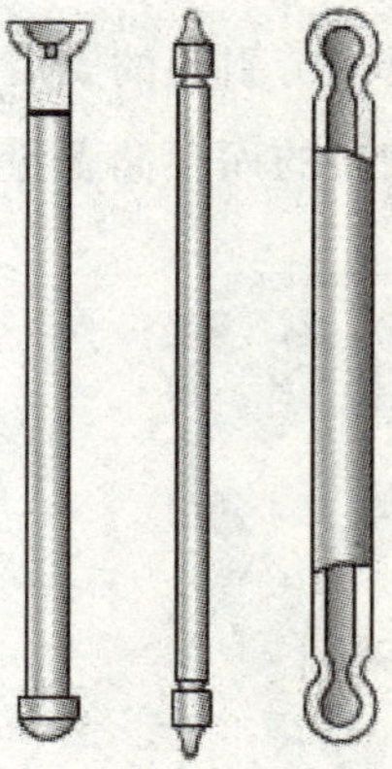

图 2-21　气门推杆

21. 气门摇臂

气门摇臂的常见故障有轴承孔磨损；圆弧工作面磨损；气门间隙调节螺栓与螺母或螺钉与螺母，以及螺孔螺纹的松旷和损坏。气门摇臂的消耗量较大，应有较多的库存储备量。气门摇臂如图 2-22 所示。

22. 凸轮轴正时齿轮

凸轮轴正时齿轮的常见故障有齿部因受冲击力矩被崩裂、断齿，铁心与胶木或尼龙的压配松动及齿面磨损超过允许值等。它属易损件，在维修作业中常被更换，应有较多的库存储备量。凸轮轴正时齿轮如图 2-23 所示。

图 2-22　气门摇臂

图 2-23　凸轮轴正时齿轮

23. 正时链条

正时链条的常见故障有链板疲劳，轴销、滚子磨损后伸长。工程塑料制齿形带的损坏现象为出现疲劳伸长、齿面磨损等。它属易损件，应有一定的库存储备量。正时链条如图 2-24 所示。

24. 进排气歧管总成

进排气歧管总成的常见故障有热疲劳裂纹，安装凸缘边缘因螺栓拧紧顺序及力矩不当造成的断裂，或受热疲劳引起的安装平面翘曲变形而导致的漏气等。它属易损件，接口垫消耗量较大，应有较多的库存储备量。进气歧管总成如图 2-25 所示。

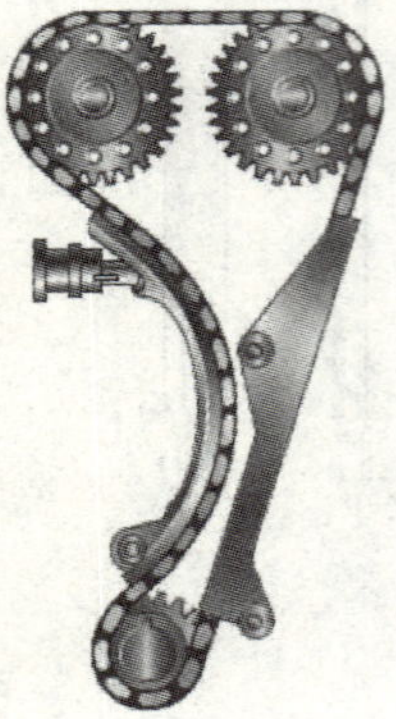

图 2-24　正时链条

图 2-25　进气歧管总成

25. 机油泵

机油泵的常见故障除制造质量外，运动件自然磨损、限压阀弹簧弹力疲劳衰减、密封衬垫损坏等也会造成供油压力不足甚至失效。机油泵属于维修易损件，应有一定的库存储备量。机油泵如图 2-26 所示。

26. 机油滤清器

机油滤清器的常见故障有滤芯被机油杂质污染阻塞，密封衬垫变形损坏，限压阀因弹簧压力衰减开启压力失准。机油滤清器属于易损件，应有较多的库存储备量。机油滤清器如图 2-27 所示。

图 2-26　机油泵

图 2-27　机油滤清器

27. 机油集滤器

机油集滤器的常见故障有滤网经多次阻塞清洁后变形或损坏、浮子泄漏及油管油垢阻塞、清除中变形等。机油集滤器属于维修易损件，应有较多的库存储备量。机油集滤器如图 2-28 所示。

28. 油底壳

油底壳属于易损件，应有一定的库存储备量。油底壳如图 2-29 所示。

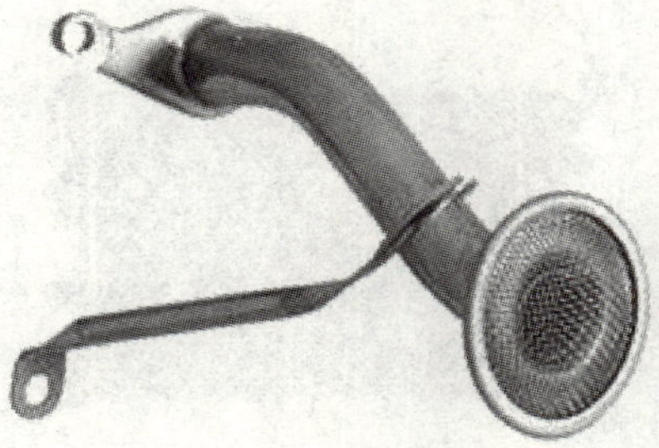

图 2-28　机油集滤器

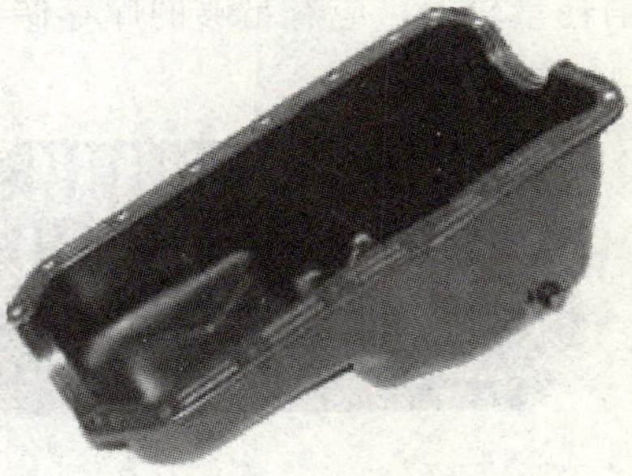

图 2-29　油底壳

29. 汽油泵

汽油泵的常见故障有膜片疲劳损伤裂缝，进、出油单向阀工作面磨损致其密封性破坏、摇臂工作面磨损量过大、膜片行程减小等，应有较多的库存储备量。汽油泵如图 2-30 所示。

30. 汽油滤清器

汽油滤清器的常见故障有漏气（不密封）或滤芯未及时维护而形成阻塞。汽油滤清器属于易损件，应有较多的库存储备量。汽油滤清器如图 2-31 所示。

图 2-30　汽油泵

图 2-31　汽油滤清器

31. 空气滤清器

空气滤清器的常见故障有滤芯被尘土阻塞。空气滤清器属于易损件，应有较多的库存储备量。空气滤清器如图 2-32 所示。

32. 散热器

散热器的常见故障除磕碰损伤外，还有因机械损伤而导致的漏水，水垢阻塞，温度过高、水气膨胀、压力增大导致水管裂纹漏水，冬季未放尽冷却水而被冻裂等。散热器属于易损件，消耗量较大，应有足够的库存储备量。散热器如图 2-33 所示。

图 2-32　空气滤清器

图 2-33　散热器

33. 节温器

节温器的常见故障有蜡式感温体热疲劳使感温性能变坏，机械损伤等。节温器属于易损件，应有足够的库存储备量。节温器如图 2-34 所示。

34. 水泵

水泵的常见故障有壳体裂纹，轴承损坏，水封及木垫片失效，壳体安装螺栓孔损裂等造成冷却水泄漏。因用户大多更换总成，故水泵总成应有较多的库存储备量。水泵如图 2-35 所示。

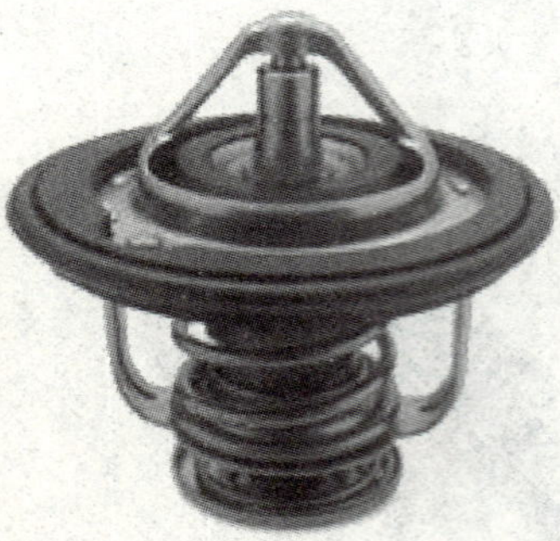

图 2-34　节温器

图 2-35　水泵

35. 风扇皮带

风扇皮带的常见故障有疲劳伸长后传动失效，或因包布脱层而导致的破损和断裂。风扇皮带属于易损件，需求量较大，并为行车备件之一，应有足量的库存储备。风扇皮带如图 2-36 所示。

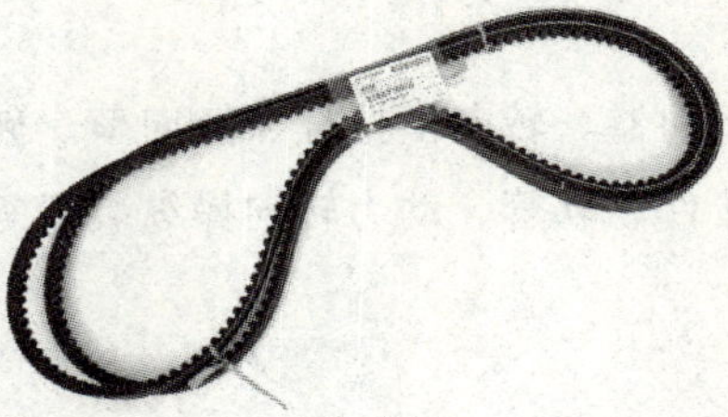

图 2-36　风扇皮带

任务二　汽车底盘主要零部件及易损件

任务情境

个体经营者彭先生经过市场调研发现该地区大众品牌的车辆比较多，于是决定开一家针对大众品牌的汽车配件城。可彭先生从网上了解到即使只针对大众品牌车型的配件也有几千万种，彭先生犹豫了，这得需要多少资金啊？彭先生的朋友提醒他，可以先进一些易损件。彭先生决定研究一下底盘的易损件有哪些。

任务分析

作为配件的经营者必须了解底盘有哪些零部件和易损件。

相关知识

一、汽车底盘主要零部件

汽车底盘由传动系、行驶系、转向系和制动系四大系统组成，其功用是支承、安装汽车发动机及其各部件、总成，形成汽车的整体造型，并接受发动机的动力，使汽车运动并保证汽车能够按照驾驶员的操纵而正常行驶。

下面以大众捷达轿车为例，介绍汽车底盘的主要配件。

1. 传动系

传动系配件包括变速器总成、齿轮与轴、换挡叉轴、换挡拉杆、换挡拨叉、变速器紧固件、传动轴、万向节总成、十字轴、差速器、从动锥齿轮、行星齿轮、半轴等。

2. 转向系

转向系配件包括前轴、转向器、转向横拉杆、转向节、转向盘、转向柱管、转向轴万向节、壳体、液压油罐及连接件、软管、动力转向操纵装置等。

3. 制动系

制动系的配件有钢质辐板式车轮、鼓式制动器、制动托盘、车轮制动轮缸、带翻动片的制动蹄、制动拉索、制动主缸、补偿罐、制动液、制动硬管、制动软管、制动助力器用真空软管组、制动助力器、攀钩式制动器、盘式制动器、制动钳、制动盘、修理组件等。

4. 行驶系

行驶系配件包括带安装件的后桥体，前、后悬架，弹簧装置，前、后减震器，前、后轮毂，车轮和轮毂螺栓及螺母等。

5. 手操纵和脚踏杠杆装置

手操纵和脚踏杠杆装置的配件包括换挡操纵装置、阻风门拉索、制动器、离合器踏板、离合器拉索、加速踏板、油门拉索等。

二、汽车底盘易损件

1. 离合器总成

离合器总成的常见故障有从动盘摩擦片磨损、钢片裂纹、面片铆钉突出或面片被油脂污染，分离轴承套筒、分离叉、分离杠杆等零件摩擦工作面的磨损等，摩擦片烧蚀、松脱。离合器总成在使用中必须进行定期维护，应有一定的库存储备量。离合器总成如图 2-37 所示。

2. 离合器从动盘总成

离合器从动盘总成的常见故障有波形弹簧钢片损裂、减振弹簧折断或弹性衰减，从动盘毂裂纹，而摩擦片磨损减薄破裂和烧损更为多见。离合器从动盘总成是离合器总成中的一个主要易损件，应有较多的库存储备量。离合器从动盘如图 2-38 所示。

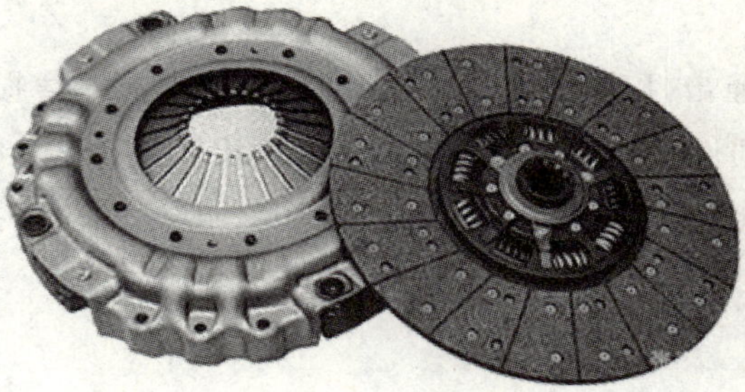

图 2-37 离合器总成

图 2-38 离合器从动盘

3. 离合器机械式操纵机构

离合器机械式操纵机构的常见故障是自然磨损，分离轴承的球头螺钉磨损。分离轴承属于易损件，应有较多的库存储备量。离合器机械式操纵机构如图 2-39 所示。

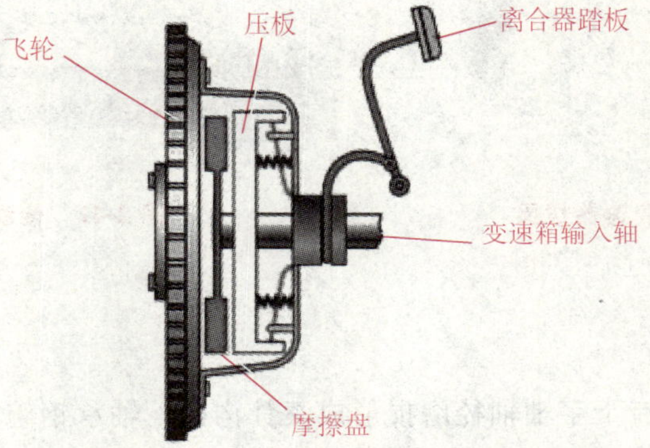

图 2-39 离合器机械式操纵机构

4. 离合器液压式传动机构

离合器液压式传动机构的常见故障有活塞、活塞的皮碗、皮圈磨损及橡胶老化，双向阀损坏，缸筒磨损等，应有一定的库存储备量。离合器液压式传动机构如图 2-40 所示。

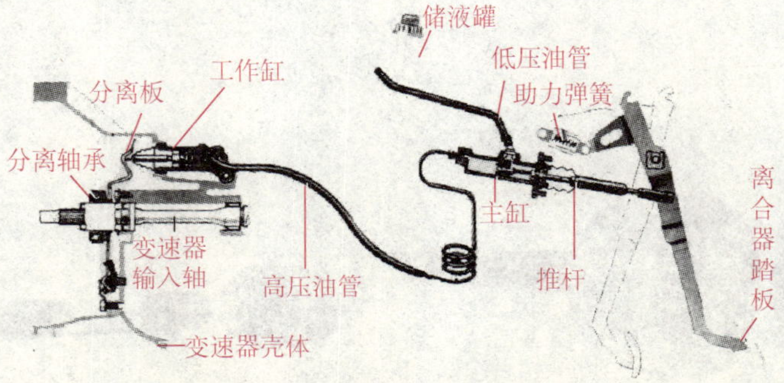

图 2-40 离合器液压式传动机构

5. 变速器

变速器在使用中的常见故障有齿顶撞击打毛、齿部崩裂、疲劳点蚀、齿厚磨损减薄、齿轮内磨损、间隙增大等。变速器的易损件为各挡变速齿轮及操纵机构的变速叉、变速叉轴等，应有一定的库存储备量。变速器拨叉如图 2-41 所示。

6. 传动轴

传动轴的常见故障有万向节叉十字轴座孔磨损扩大及配合松动，滑动叉及花键轴的键槽或键齿磨损松动，轴管变形弯曲，凸缘叉裂缝等，应有较多的库存储备量。传动轴如图 2-42 所示。

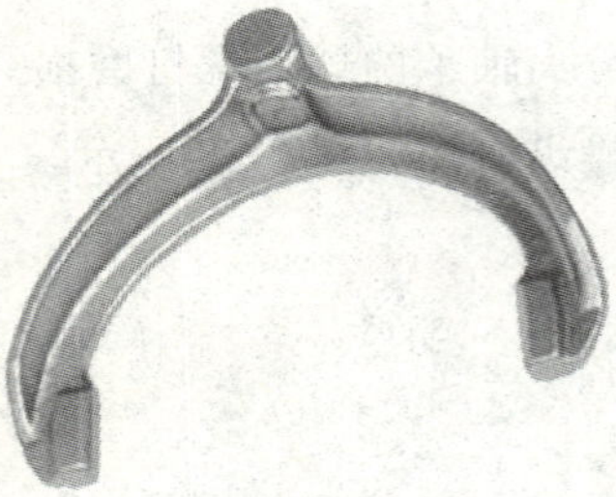

图 2-41　变速器拨叉

图 2-42　传动轴

7. 万向节

万向节的常见故障有十字轴轴径磨损形成滚针沟槽，轴承钢碗磨损使配合间隙超过规定值，应有较多的库存储备量。万向节如图 2-43 所示。

8. 半轴

半轴的常见故障有过载或因冲击导致杆部断裂、扭曲，花键磨损，安装螺栓孔因螺栓松旷造成的磨损扩大或裂纹等，应有一定的库存储备量。半轴如图 2-44 所示。

图 2-43　万向节

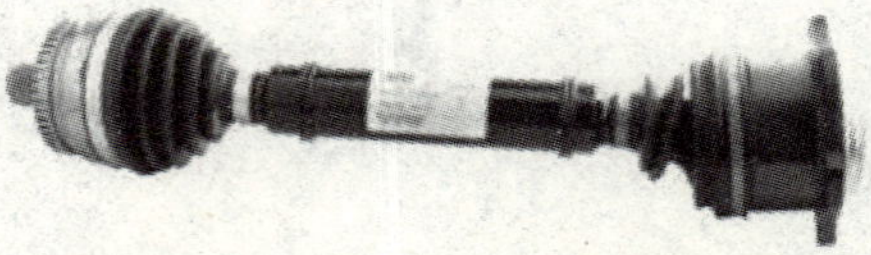

图 2-44　半轴

9. **前轴**

前轴的常见故障有受冲击负荷发生弯曲变形，主销承孔因磨损扩大。它应有一定的库存储备量。前轴如图 2-45 所示。

10. **转向节**

转向节的常见故障有主销孔、指轴及轴承径磨损，紧固螺纹损坏，指轴受冲击负荷弯曲变形、产生疲劳裂纹等。转向节主销和衬套易磨损，损耗量较大，应有较多的库存储备量。转向节如图 2-46 所示。

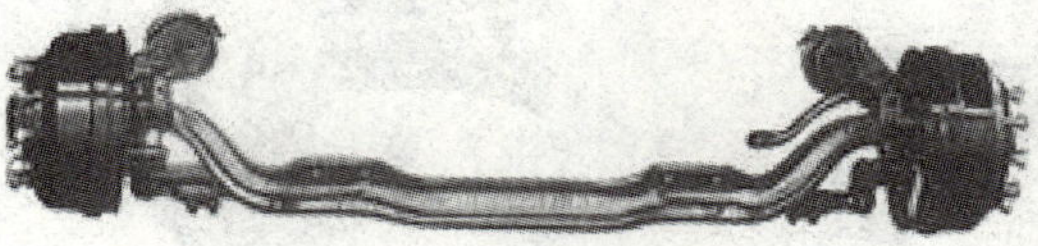

图 2-45　前轴

图 2-46　转向节

11. **轮毂**

轮毂常因未及时维护或锁紧螺母松动或缺少润滑脂，使轴承早期损坏，车轮晃动导致轴承孔座损伤松旷，影响汽车正常运行。轮毂属于易损件，应有较多的库存储备量。轮毂如图 2-47 所示。

12. **轮毂螺栓、螺母**

轮毂螺栓、螺母的常见故障有螺纹破坏缺损，甚至受冲击负荷而折断。轮毂螺栓、螺母属于易损件，应有较多的库存储备量。轮毂螺栓如图 2-48 所示。

图 2-47　轮毂

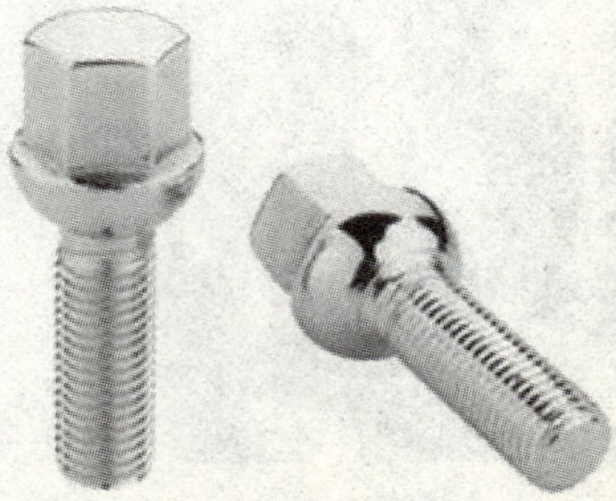

图 2-48　轮毂螺栓

13. 钢板弹簧

钢板弹簧的常见故障有弹性衰减（硬度过高或隐藏裂缝）或折断，应有一定的库存储备量。钢板弹簧如图 2-49 所示。

14. 螺旋弹簧

螺旋弹簧的常见故障有断裂、弹性衰减和变形。螺旋弹簧属于易损件，应有较多的库存储备量。螺旋弹簧如图 2-50 所示。

图 2-49　钢板弹簧

图 2-50　螺旋弹簧

15. 钢板弹簧衬套

钢板弹簧衬套的常见故障有自然磨损、破裂、压溃，应有较多的库存储备量。钢板弹簧衬套如图 2-51 所示。

16. 减震器

减震器的常见故障有阻尼减震性能衰减、变坏或失效。减震器属于易损件，应有充足的库存储备量。减震器如图 2-52 所示。

图 2-51　钢板弹簧衬套

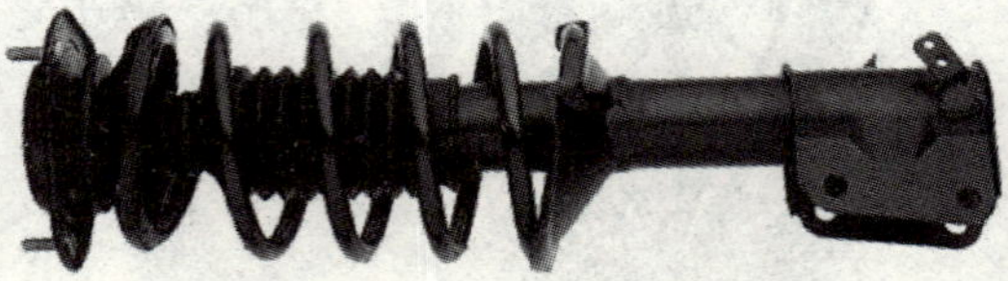

图 2-52　减震器

17. 转向盘

转向盘的常见故障有外包塑料老化产生裂缝，转向盘变形，中央轮毂内孔键槽或花键因工作疲劳或维修拆装的损伤，喇叭安装结构的损伤等。它应有一定的库存储备量。转向盘如图 2-53 所示。

18. 转向器

转向器的常见故障有转向柱管变形偏离中心、齿轮调整失准或磨损、支承轴承损坏、齿轮磨损、间隙增大等。它应有少量的库存储备量。转向器如图 2-54 所示。

图 2-53　转向盘

图 2-54　转向器

19. 空气压缩机（货车）

空气压缩机的常见故障有活塞组零件磨损，排气阀阀片磨损，连杆轴承磨损等。它应有一定的库存储备量。空气压缩机如图 2-55 所示。

图 2-55　空气压缩机

20. **液压制动主缸和轮缸**

除正常使用磨损、渗漏油液之外，制动主缸和轮缸往往因皮碗质量不好或配合尺寸选用不当，以及活塞与缸孔磨损后间隙过大，以至于皮碗刃口反向等造成制动失效。它应有一定的库存储备量。制动主缸如图 2-56 所示，制动轮缸如图 2-57 所示。

图 2-56　制动主缸

图 2-57　制动轮缸

21. **液压制动软管**

液压制动软管的常见故障有接头疲劳脱落、损伤、橡胶老化，内孔孔径膨胀缩小或阻塞。液压制动软管属于易损件，应有较多的库存储备量。液压制动软管如图 2-58 所示。

22. **动力转向装置**

动力转向装置的常见故障有动力泵油压不足、转向轴弯曲变形、转向器调整失准、控制阀卡住或失灵、液压系统泄漏或进入空气、动力泵零件磨损等。它应有一定的库存储备量。转向助力泵如图 2-59 所示。

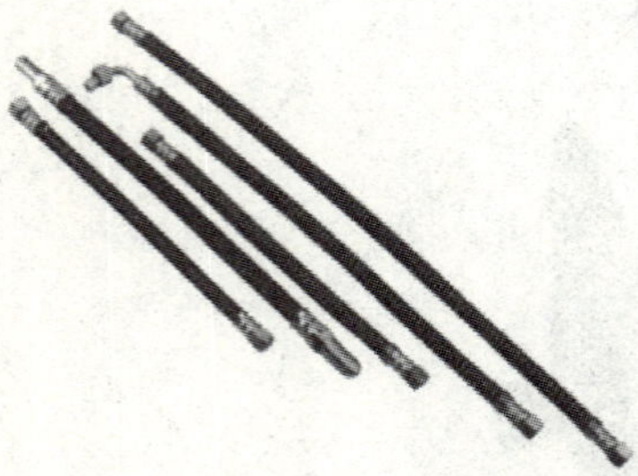

图 2-58　液压制动软管

图 2-59　转向助力泵

23. **纵向拉杆与横向拉杆**

纵向拉杆与横向拉杆的易损件为球销、球销碗、弹簧座、弹簧、防尘罩等，应有较多的库存储备量。纵向拉杆与横向拉杆应有较多的库存储备量。转向横拉杆如图 2-60 所示。

24. 气压制动软管

气压制动软管的常见故障有偶然发生脱头及起鼓分层等，以及轮胎胎面摩擦而磨损（前轮）及橡胶老化膨胀，内径阻塞或油污阻塞等。它应有一定的库存储备量。气压制动软管如图 2-61 所示。

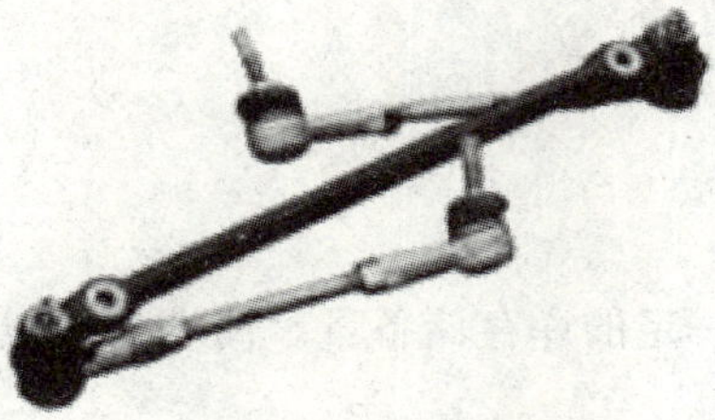

图 2-60　转向横拉杆

图 2-61　气压制动软管

25. 前、后制动片

前、后制动片的常见故障有磨损、烧蚀、破裂等。前、后制动片属于使用频繁、工作条件恶劣的易损件，应有较多的库存储备量。制动摩擦片如图 2-62 所示。

26. 盘式制动器

盘式制动器受粉尘侵袭，磨损较大。它应有一定库存储备量。盘式制动器总成如图 2-63 所示。

图 2-62　制动摩擦片

图 2-63　盘式制动器总成

27. 油封

油封是易损件，而且消耗量很大，应有较多的库存储备量。曲轴油封如图 2-64 所示。

图 2-64　曲轴油封

28. 离合器拉线、油门拉线

离合器拉线和油门拉线都属于易损件，应有一定的库存储备量。离合器拉线如图 2-65 所示，油门拉线如图 2-66 所示。

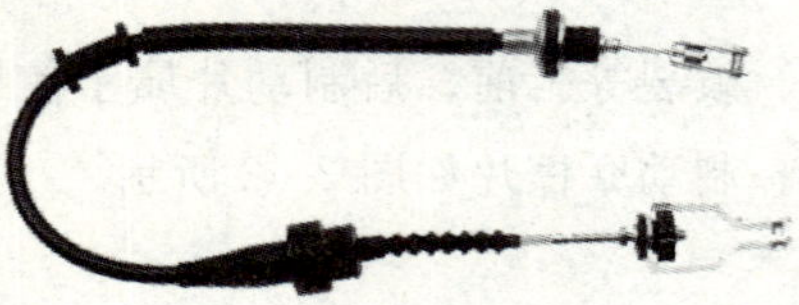

图 2-65　离合器拉线

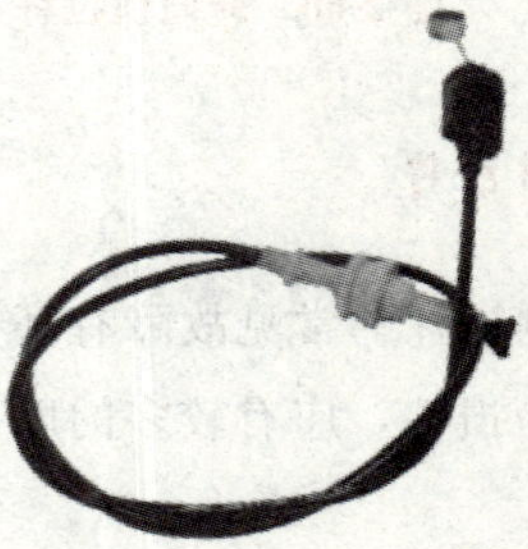

图 2-66　油门拉线

29. 滚动轴承

滚动轴承是受力很大的滚动摩擦零件。滚动轴承属于易损件，且通用性很广，应有较多的库存储备量。轮毂轴承如图 2-67 所示。

30. 汽车轮胎

汽车轮胎与地面滚动摩擦产生高热，其胎面磨耗快，也易被外物割伤或扎伤，使用不当就会爆胎。汽车轮胎属于易损件，应有较多的库存储备量。汽车轮胎如图 2-68 所示。

图 2-67　轮毂轴承

图 2-68　汽车轮胎

任务三　汽车车身主要零部件及易损件

任务情境

个体经营者彭先生经过市场调研发现该地区大众品牌的车辆比较多，于是决定开一家针对大众品牌的汽车配件城。可彭先生从网上了解到即使只针对大众品牌车型的配件也有几千万种，彭先生犹豫了，这得需要多少资金啊？彭先生的朋友提醒他，可以先进一些易损件。彭先生决定研究一下车身的易损件有哪些。

任务分析

作为配件的经营者必须了解车身有哪些零部件和易损件。

相关知识

一、汽车车身主要零部件

1. 车身外配件

车身外配件包括车壳、车顶、发动机盖、后备箱盖、保险杆、翼子板、轮罩衬壳、车轮罩、侧围件、纵梁、加油口、车外后视镜、出风口、通风设备饰板、散热器格栅、车轮罩侧面遮护、下梁扩展件、车轮罩侧面遮护、牌照板等。

2. 驾驶室内配件

驾驶室内配件有地板组、地毯、底板绝热、仪表盘、仪表盘内杂货箱、收音喇叭饰框、杂物盒、烟灰缸、车内后视镜、遮阳板、拉手、座椅、靠背、三点式安全带、杂物箱、车门、车门铰链、车门密封件、车门限位器、车门锁、车内操作机构、外车门拉手、车门玻璃升降器、玻璃升降导轨及车门玻璃密封条、车窗玻璃及密封件、装饰条、护板条组、车门槛嵌条等。

3. 车身其他配件

车身其他配件包括空气分流装置壳体、蒸发器壳体、蒸发器、鼓风机、脚坑出风口、真空罐、真空罐管组、后备箱底板、空气软管、V带盖板、侧围衬护、行李箱内衬护、立柱饰护板、后杂物架、车轮罩内护板、中间托架、换挡操纵杆、盖护、车门内衬护等。

二、汽车车身易损件

1. 纵梁

纵梁的常见故障为弯曲变形和裂缝，可根据情况有少量的库存储备量。纵梁如图 2-69 所示。

2. 蒸发器及蒸发器壳体

蒸发器及蒸发器壳体的常见故障是发生碰撞导致严重弯曲或破裂，可根据情况有少量的库存储备量。蒸发器如图 2-70 所示。

图 2-69　纵梁

图 2-70　蒸发器

3. 驾驶室

驾驶室的常见故障为钣金蒙皮锈蚀、碰撞变形、车门碰撞变形、玻璃破碎、玻璃升降器损坏、门锁损坏等，应有一定的库存储备量。

4. 翼子板和挡泥板

翼子板和挡泥板的常见故障为碰撞损坏、振动裂缝、泥水锈蚀。翼子板和挡泥板都属于易损件，应有较多的库存储备量。翼子板如图 2-71 所示，挡泥板如图 2-72 所示。

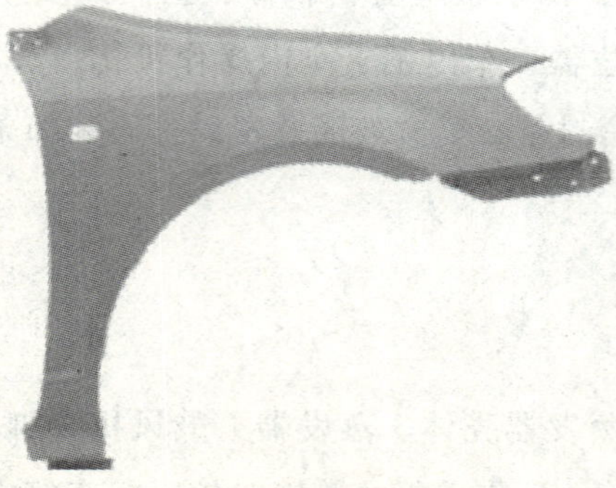

图 2-71　翼子板

图 2-72　挡泥板

5. 保险杠、车外后视镜

保险杠和车外后视镜常因碰撞而损坏，应有较多的库存储备量。保险杆如图 2-73 所示，车外后视镜如图 2-74 所示。

图 2-73　保险杆

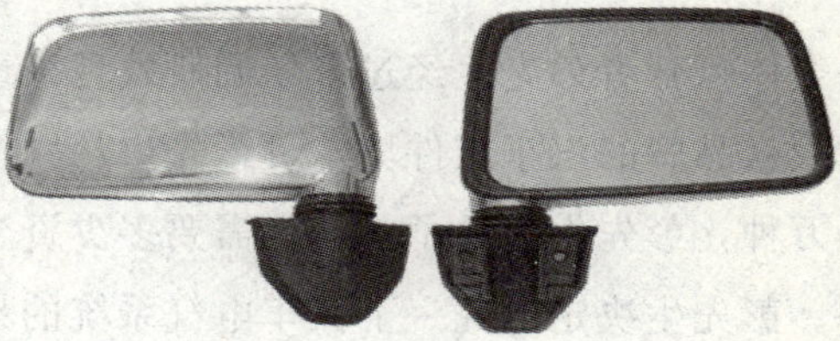

图 2-74　车外后视镜

6. 装饰条、车门槛嵌条、烟灰缸、立柱饰护板

此类零件均属易损件，应有较多的库存储备量。装饰条如图 2-75 所示，车门槛嵌条如图 2-76 所示，烟灰缸如图 2-77 所示，立柱饰护板如图 2-78 所示。

图 2-75　装饰条

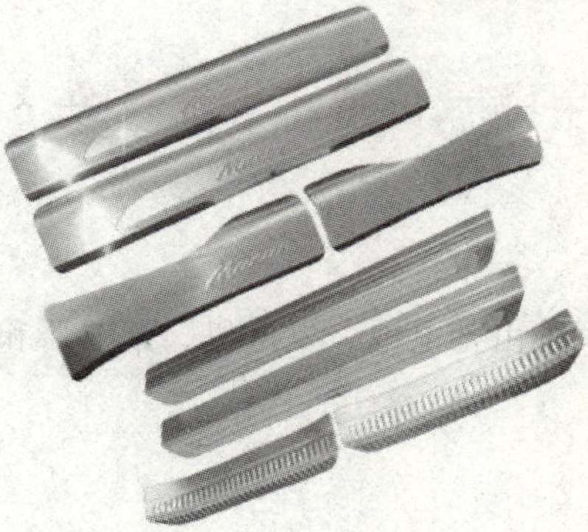

图 2-76　车门槛嵌条

图 2-77　烟灰缸

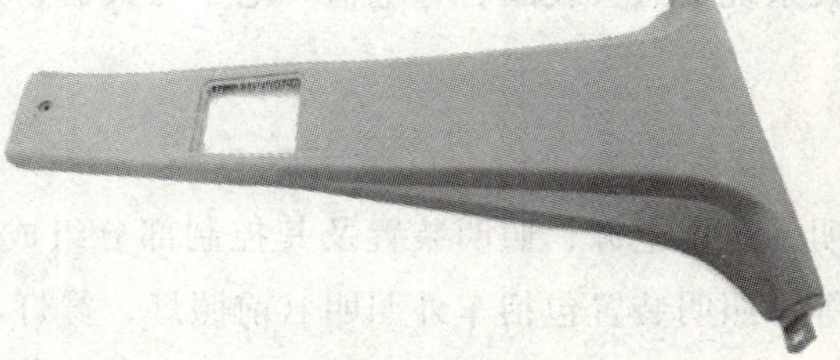

图 2-78　立柱饰护板

任务四　汽车电气系统主要零部件及易损件

任务情境

个体经营者彭先生经过市场调研发现该地区大众品牌的车辆比较多。于是决定开一家针对大众品牌的汽车配件城。可彭先生从网上了解到即使只针对大众品牌车型的配件也有几千万种，彭先生犹豫了，这得需要多少资金啊？彭先生的朋友提醒他，可以先进一些易损件。彭先生决定研究一下汽车电气系统的易损件有哪些。

任务分析

作为配件的经营者必须了解汽车电气系统有哪些零部件和易损件。

相关知识

一、汽车电气系统主要零部件

1. 电源系统

电源系统由蓄电池、发电机、调节器和充电指示装置组成。

2. 启动系统

启动系统由起动机、启动继电器、启动开关和启动装置组成。

3. 点火系统

点火系统由点火线圈、分电器、电子点火器、火花塞、点火开关和高压导线组成。

4. 照明系统

照明系统由电源、照明装置及其控制部分组成。其中，控制部分包括各种灯光开关、继电器等；照明装置包括车外照明（前照灯、雾灯、牌照灯）、车内照明（仪表灯、顶灯、阅读灯）和工作照明（行李箱灯、发动机罩灯）3 部分。

5. 信号系统

信号系统由示宽灯、转向信号灯、制动信号灯、尾灯、警告灯、指示灯、门灯等组成。

6. 仪表系统

仪表系统主要由电流表、电压表、机油压力表、冷却液温度表、燃油表、气压表、车速里程表、发动机转速表、空调、音响设备、风窗刮水清洁设备、电动车窗和电动座椅等组成。

7. 电子控制系统

电子控制系统主要由电控燃油喷射系统（EFI）、自动变速器（A/T）、防抱死制动系统（ABS）、安全系统、通信系统和舒适系统等组成。

二、汽车电气系统易损件

1. 发电机

发电机的常见故障有绕组断路、短路、电枢轴承磨损、机壳及盖损伤等，应有一定的库存储备量。发电机如图 2-79 所示。

2. 起动机

起动机的常见故障有起动开关触电烧蚀，电磁开关绕组及电枢、磁极励磁绕组断路、短路、整流子磨损，轴承损坏，移动叉行动调节距离失准，驱动齿轮损伤等。它应有一定的库存储备量。起动机如图 2-80 所示。

图 2-79　发电机

图 2-80　起动机

3. 蓄电池

蓄电池的常见故障有壳体碰击裂纹、漏液，极板活性物质脱落沉淀于壳底，隔板微孔为活性物质阻塞使内阻增加，单电池连接铅条脱焊松动，电池室因电液不足使极板硫酸铅化成为死片等。蓄电池属于易损件，冬季旺销，应有较多的库存储备量。蓄电池如图 2-81 所示。

4. 点火线圈

点火线圈的常见故障有绝缘胶木上盖被磕碰破损，高压电流击穿，绝缘破坏，绕组断路或过热烧坏，接线柱接线脱焊，潮气侵入罐内等所致的变压功能失效。它应有一定的库存储备量。点火线圈如图 2-82 所示。

图 2-81　蓄电池

图 2-82　点火线圈

5. 有触电分电器

有触电分电器的常见故障有传动轴磨损、配合间隙增大、传动轴旋转晃动、分电胶木盖或分火头绝缘破坏击穿、高压电窜接、断电器（白金副）触电烧蚀、电阻增大、凸轮角磨损、离心块弹簧失效、电容器击穿漏电等。它应有一定的库存储备量。有触电分电器如图 2-83 所示。

6. 火花塞

火花塞为消耗量很大的易损零件，因电极在燃烧的混合气中长期工作，易受高温及化学腐蚀，容易被燃烧废气污染，使点火间隙增大或绝缘体裙部损伤，造成短路等而失效。它应有较多的库存储备量。火花塞如图 2-84 所示。

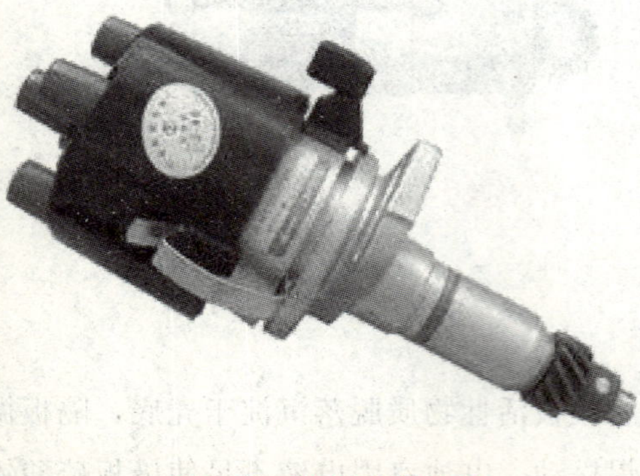

图 2-83　有触电分电器

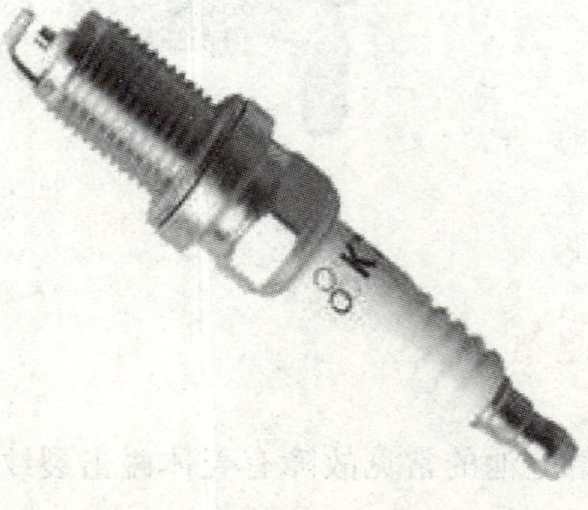

图 2-84　火花塞

7. 电热塞

电热塞为柴油发动机易损件，在柴油汽车较多的地区应有较多的库存储备量。电热塞如图 2-85 所示。

8. 高压线、汽车线束

高压线和汽车线束的故障与损坏现象均为绝缘层老化破裂，或受硬物划伤漏电或短路。它们应有较多的库存储备量。高压线如图 2-86 所示，汽车线束如图 2-87 所示。

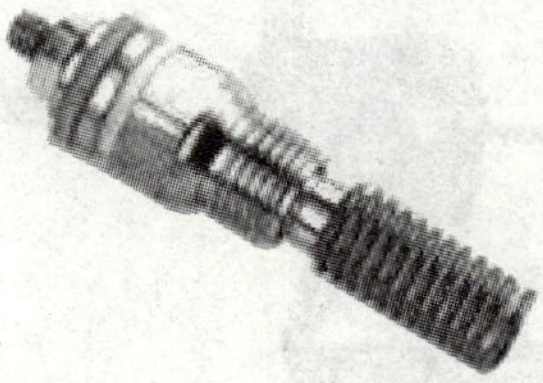

图 2-85　电热塞

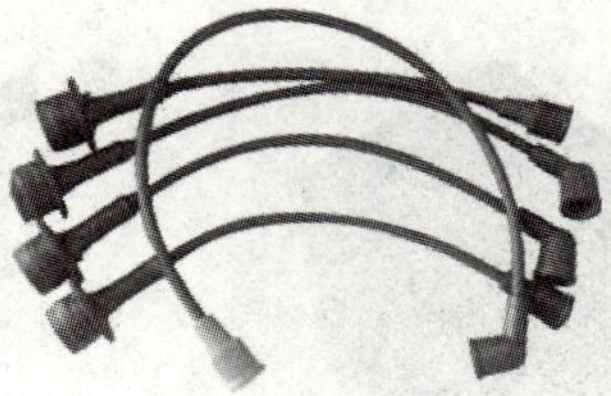

图 2-86　高压线

9. 汽车灯具

前照灯、制动灯、转向灯等的灯泡都是易损件，有一定的使用寿命，还常由于受行车振动或受到高峰电压冲击产生灯丝断路、烧毁等而导致照明失效；灯具因外露受到泥水浸渍、锈蚀，使外观和照度变差，都必须更换。前照灯、制动灯、转向灯、尾灯都应有较多的库存储备量。前照灯灯泡如图 2-88 所示，制动灯灯泡如图 2-89 所示，转向灯灯泡如图 2-90 所示。

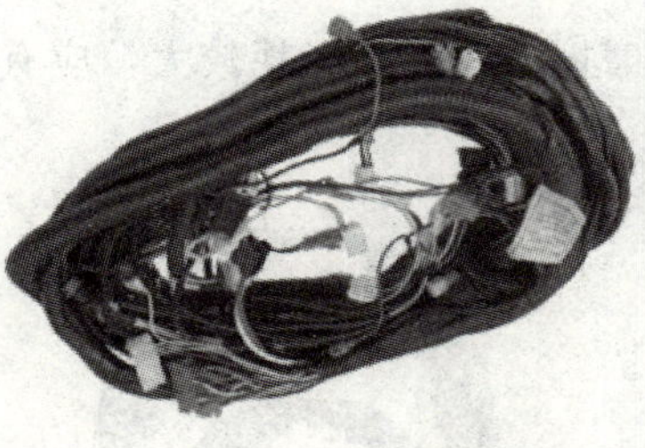

图 2-87　汽车线束

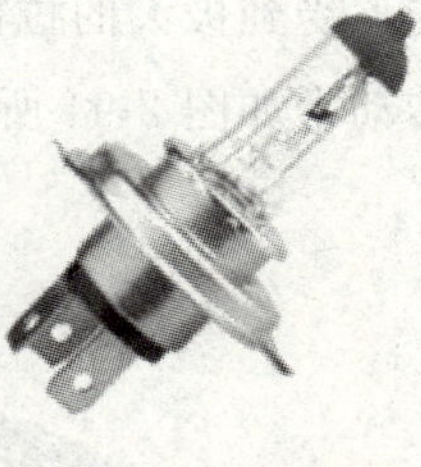

图 2-88　前照灯灯泡

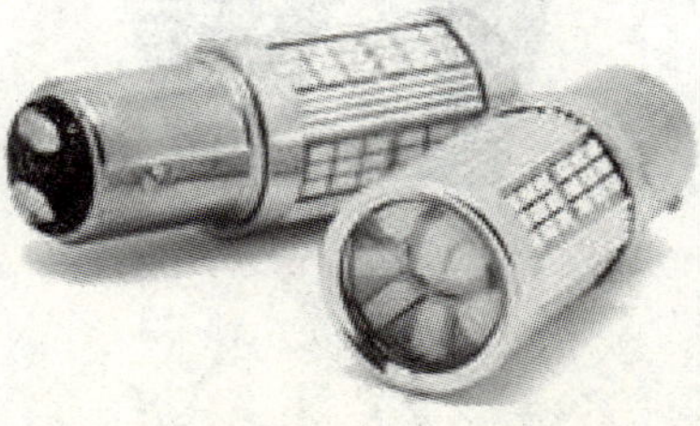

图 2-89　制动灯灯泡

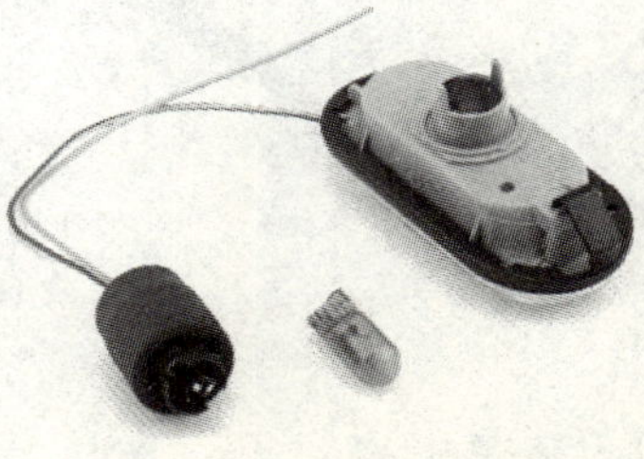

图 2-90　转向灯灯泡

10. 继电器

灯光继电器、喇叭继电器、空调继电器、组合继电器等都是易损件，都应有较多的库存储备量。继电器如图 2-91 所示。

11. 温度开关、倒车灯开关、转向组合开关

温度开关、倒车灯开关、转向组合开关等因使用频繁，都属于易损件，且都应有较多的库存储备量。转向组合开关如图 2-92 所示。

图 2-91　继电器

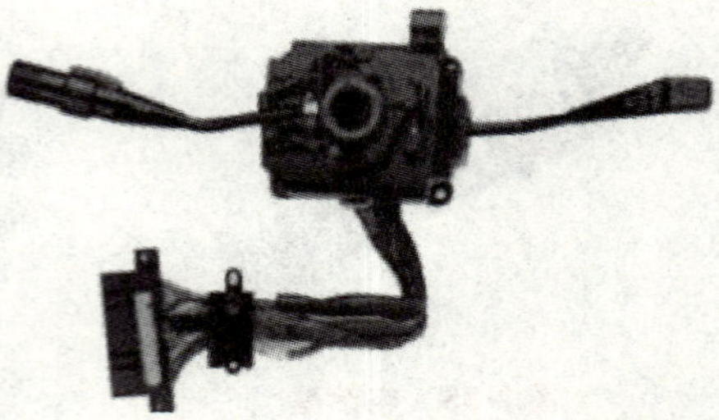

图 2-92　转向组合开关

12. 刮水器

刮水器属于易损件，特别是刮水臂及刮片的损耗量更大，应有较多的库存储备量。刮水器如图 2-93 所示。

13. 风扇传动带

在高速运转下受到极大的拉伸力、扭曲力、摩擦力，因而损耗较大，应有较多的库存储备量。风扇传动带如图 2-94 所示。

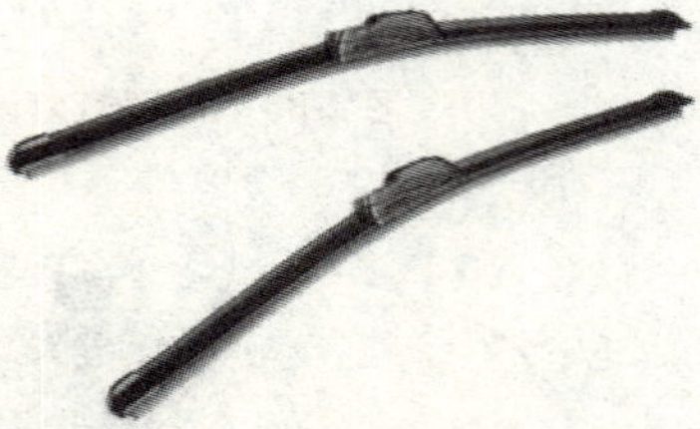

图 2-93　刮水器

图 2-94　风扇传动带

14. **喇叭**

喇叭的常见故障有：①喇叭不响，多是触点烧结，不能分开所致；②喇叭长鸣，常由于按钮卡死、继电器触点烧结、喇叭至继电器按钮之间绝缘层破损搭铁等引起；③喇叭变声，是由于膜片破裂、膜片锁紧螺母松动、铁心间隙失调、触点烧蚀和各紧固螺钉松动等引起。喇叭出现上述故障应修复，修复不了的应更换。喇叭应有一定的库存储备量。喇叭如图 2-95 所示。

15. **电流表、温度表、机油压力表、燃油表及其传感器**

电流表、温度表、机油压力表、燃油表及其传感器都属于易损件，应有较多的库存储备量。温度表、机油压力表、燃油表如图 2-96 所示。

图 2-95　喇叭

图 2-96　温度表、机油压力表、燃油表

项目三　汽车配件采购

项目情境

个体经营者彭先生拟定好了需要购进的配件清单，在采购过程中需要注意哪些事项呢？

学习目标

能力目标：

1. 能采购所需的配件；
2. 能确定采购配件的数量；
3. 能按要求验收所采购的配件。

知识目标：

1. 掌握汽车配件采购的原则和方式；
2. 掌握汽车成本的核算方法；
3. 掌握标准库存量和订货量的计算方法；
4. 掌握汽车配件采购流程；
5. 了解配件验收的项目。

任务一　汽车配件采购的原则和方式

任务情境

小张所在的汽车配件经销店需要购进一批进口活塞，很多汽车配件供应商得知此消息后，纷纷前来洽谈。小张要确定一家汽车配件进口经销商，并做进一步洽谈。小张应该怎样从众多厂家中选择合作伙伴，怎样对供应商进行评估？

任务分析

采购员要能够对供应商进行选择和评估，以确定进货方式。

相关知识

一、汽车配件采购的原则

1. 合理库存的原则

该原则只能限于确保供应和满足需求的程度上，库存过大只能增加成本和市场风险，库存过小又会给企业自身带来经济损失。

2. 要贯彻“五进、四不进、三坚持”的原则

（1）五进

所购进的配件要符合“优、廉、新、缺、特”。

（2）四不进

一是进货成本价格高于本地零售价的不进；

二是倒流的配件不进；

三是搭配配件、质次价高或因滞销而大量积压的配件不进；

四是本地批发企业同时向同地大批量购进的配件不进。

（3）三坚持

一是坚持看样选购；

二是坚持签订购销合同；

三是坚持验收后支付货款的原则。

3. 采购管理原则

（1）勤进管理原则

勤进管理是加速资金周转，避免配件积压，提高经济效益的重要条件。勤进快销，就是采购次数要适当，批量要少一些，采购间隔期要适当缩短。要在采购适销对路的前提下，选择能使采购费用、保管费用最省的采购批量和采购时间，以降低成本，降低商品价格，使顾客能买到价廉物美的商品。

勤进快销还要求随时掌握市场行情，密切注意销售去向，勤进、少进、进全、进对，以勤进促快销，以快销促勤进，不断适应消费需要，调整更新商品结构，力求加速商品周转。在销售上，供应要及时，方式要多样，方法要灵活，服务要周到，坚持薄利多销。

（2）以销定进原则

以销定进原则是指按照销售状况决定采购。通常，计算进货量主要用到以下参数：

日平均销售量（*DMS*）＝昨日的 *DMS*×0.9＋当日销售量×0.1

建议订货量＝日平均销售×（距下次订货量天数＋下次交货天数＋厂商交货前置期＋商品安全天数＋内部交货天数）－已订货未交量－库存量

最小安全库存量＝陈列量＋日平均销售量×商品运送天数

订货量是一个动态的数据，根据销售状态的变化（季节性变化、促销活动变化、供货厂商生产状况变化、客观环境变化）决定订货量的多少，才能使商品适销对路、供应及时、库存合理。

（3）以进促销原则

以进促销原则是与以销定进原则相联系的，单纯地讲以销定进，进总是处于被动局

面。因此，扩大采购来源，积极组织适销商品，能主动地促进企业扩大销售，通过少量采购试销，刺激消费，促进销售。

(4) 保管保销原则

销售企业要保持一定的合理库存，以保证商品流通连续不断。汽车配件的流通等级是指汽车配件在流通过程中周转速度的快慢程度，根据汽车零件寿命周期长短可以把它们分为快流件、中流件、慢流件三大类，也有些公司分得更细一些，有五六类甚至达十类之多。汽车制造商、汽车零配件经销商的统计结果表明，占零件总数仅10%的快流件的销售收入占销售总额的70%，占零件总数20%的中流件的销售收入仅占销售总额的20%，而占零件总数70%的慢流件的销售收入只占销售总额的10%。

4. 配件采购原则

(1) 坚持数量、质量、规格、型号、价格综合考虑的购进原则，合理组织货源，保证配件适合用户的需要。

(2) 坚持依质论价，优质优价，不抬价，不压价，合理确定配件采购价格的原则；坚持按需进货，以销定购的原则；坚持"钱出去，货进来，钱货两清"的原则。

(3) 购进的配件必须加强质量的监督和检查，防止假冒伪劣配件进入企业，流入市场。在配件采购中，不能只重数量而忽视质量，只强调工厂"三包"而忽视产品质量的检查，对不符合质量标准的配件应拒绝购进。

(4) 购进的配件必须有产品合格证及商标。实行生产认证制的产品，购进时必须附有生产许可证、产品技术标准和使用说明。

(5) 购进的配件必须有完整的内、外包装，外包装必须有厂名、厂址、产品名称、规格型号、数量、出厂日期等标志。

(6) 要求供货单位按合同规定按时发货，以防应季不到货或过季到货，造成配件缺货或积压。

二、汽车配件进货的方式

汽车配件经营企业在组织进货时，要根据企业的类型、各类型配件的进货渠道及汽车配件的不同特点，合理安排汽车配件的进货方式。

1. 集中进货

(1) 含义

汽车配件经营企业设置专门机构或专门采购人员统一进货，然后分配给各销售部门(销售组、分公司) 销售。

(2) 优点

①人力、物力集中；

②可降低进货价格。

2. 分散进货

含义：由汽车配件经营企业内部的配件经营部门（销售组、分公司）自设进货人员，在核定的资金范围内自行采货。

3. 集中进货与分散进货相结合

含义：一般是外埠采购及非固定进货关系的一次性进货，方法是由各销售部门（销售组、分公司）提出采购计划，由业务部门汇总审核后集中采购；本地及有固定进货关系的采取分散进货。

4. 联购合销

（1）含义

由几个配件零售企业联合派出人员，统一向生产企业或批发企业进货，然后由这些零售企业分销。

（2）适用范围

适合小型零售企业之间，或中型零售企业与小型零售企业联合组织进货。

（3）优点

①节省人力，化零为整，拆整分销；

②降低进货费用。

上述几种进货方式各有所长，企业应根据实际情况扬长避短，选择适合自己的进货方式。

任务二 汽车配件成本核算

任务情境

经理要求小张完成库存配件成本的清查工作，并且需在月底完成。面对如此多的配件，小张应该如何核算呢？

任务分析

小张要想快速完成库存配件成本的清查工作，需要对每种配件选对核算方法。

相关知识

商品成本包括采购成本、加工成本和其他成本。

采购成本包括购买价款、相关税费、运输费、装卸费、保险费及其他可以归属于商品采购成本的费用。其中，商品的购买价款和相关税费比较直观，适合在进销存过程中用计算机软件直接计算，而其他的成本项目一般要经过财务人员对发生的费用进行分摊。

在经营汽车配件的企业中，常见的配件成本核算方法有月末一次加权平均法、移动加权平均法、先进先出法等。

一、月末一次加权平均法

1. 月末一次加权平均法的含义

月末一次加权平均法是指在期末计算存货的平均单位成本时，用期初存货数量和本期各批收入的数量作为权数来确定存货的平均单位成本，从而计算出期末存货和已销存货成本的一种计价方法。

2. 月末一次加权平均法的计算公式

商品单位成本＝［月初库存成本＋∑（本月各批进货实际单位成本×本月各批进货数量）］/（月初库存数量＋本月各批进货数量之和）

本月发出商品的成本＝本月发出商品的数量×商品单位成本

本月月末库存成本＝月末库存数量×商品单位成本

＝月初库存成本＋本月入库实际成本－本月发货实际成本

3. 月末一次加权平均法的计算例题

例 1 在采用月末一次加权平均法的企业，假设火花塞月初库存为 10 件，单价为 40 元。本月 5 号购进该配件 28 件，单价为 45 元；15 号购进该配件 12 件，单价为 45 元；20 号发出该配件 10 件，求该配件的库存余额。

解 商品单位成本＝［月初库存成本＋∑（本月各批进货实际单位成本×本月各批进货数量）］/（月初库存数量＋本月各批进货数量之和）

＝［10×40＋（28×45＋12×45）］/（10＋28＋12）

＝44（元/件）

本月月末库存成本＝月末库存数量×商品单位成本

＝（10＋28＋12－10）×44

＝1760（元）

例 2 在采用月末一次加权平均法的企业，假设某配件月初库存为 5 件，单价为 10 元。在本月内采购进货四次，价格分别是每件人民币 5，10，15，20 元，四次的进货数量分别是 6，5，2，2 件。月末发出该配件 12 件，求该配件的库存余额。

解 商品单位成本＝［月初库存成本＋∑（本月各批进货实际单位成本×本月各批进货数量）］/（月初库存数量＋本月各批进货数量之和）

=［5×10+（6×5+5×10+2×15+2×20）］/（5+6+5+2+2）

=10（元/件）

本月月末库存成本=月末库存数量×商品单位成本

=（5+6+5+2+2−12）×10

=80（元）

4. 月末一次加权平均法的优缺点

优点：每月只进行一次成本核算，工作量小，有利于简化成本计算工作。

缺点：由于平时无法从账上看出发出和结存配件的单价和金额，因此不利于配件成本的日常管理和控制。

二、移动加权平均法

1. 移动加权平均法的含义

移动加权平均法是指在每次收到存货以后，以各批收入数量与各批收入前的结存数量为权数，为存货计算出新的加权平均单位成本的一种方法。

2. 移动加权平均法的计算公式

商品单位成本=原有库存的实际成本/原有库存数量

本次发货成本=本次发货数量×本次发前存货的商品单位成本

本月月末库存成本=（原有库存的实际成本+本次进货的实际成本）/（原有库存数量+本次进货数量）

3. 移动加权平均法的计算例题

例 3　在采用移动加权平均法的企业，假设 A 配件在本月内采购进货五次，价格分别是每件人民币 5，8，10，15，20 元，五次的进货数量分别是 8，5，3，2，2 件，如果 A 配件卖掉 5 件，出库成本金额是多少？再以 13 元的单价进货 5 件，现在成本单价是多少？

解　（1）商品单位成本=原有库存的实际成本/原有库存数量

=（5×8+8×5+10×3+15×2+20×2）/（8+5+3+2+2）

=9（元/件）

（2）本次发货成本=本次发货数量×本次发前存货的商品单位成本

=5×9

=45（元）

（3）本月月末库存成本＝（原有库存的实际成本＋本次进货的实际成本）/（原有库存数量＋本次进货数量）

＝（5×8＋8×5＋10×3＋15×2＋20×2＋13×5－45）/（8＋5＋3＋2＋2－5＋5）

＝10（元/件）

例 4 在采用移动加权平均法的企业，假设 A 配件在本月内采购进货四次，价格分别是每件人民币 5，10，15，20 元，四次的进货数量分别是 6，5，2，2 件。如果把 A 配件卖掉 5 件，出库成本金额是多少？再以 16 元的单价进货 5 件，现在成本单位是多少？

解 （1）商品单位成本＝原有库存的实际成本/原有库存数量

＝（5×6＋10×5＋15×2＋20×2）/（6＋5＋2＋2）

＝10（元/件）

（2）本次发货成本＝本次发货数量×本次发前存货的商品单位成本

＝5×10

＝50（元）

（3）本月月末库存成本＝（原有库存的实际成本＋本次进货的实际成本）/（原有库存数量＋本次进货数量）

＝（5×6＋10×5＋15×2＋20×2＋16×5－5×10）/（6＋5＋2＋2－5＋5）

＝12（元/件）

4. 移动加权平均法的优缺点

优点：能够使企业经营者及时了解存货的结存情况，计算的平均单位成本及发出、结存的存货成本比较客观。

缺点：每次收货都要计算一次平均成本，计算工作量较大。

三、先进先出法

1. 先进先出法的含义

先进先出法是指以先购入的配件存货应该先发出这样一种存货实务流动假设为前提，对发出配件的成本进行计价的一种方法。

2. 先进先出法的计算例题

例 5 在采用先进先出法的企业，假设 A 配件本月进货五次，数量分别为 8，5，3，2，2 件，单价分别为 5，8，10，15，20 元，现在第一次销售 6 件 A 配件，第二次销售8 件 A 配件，问：这两次销售配件的成本金额分别是多少？剩下的配件成本金额又是多少？

解　列表如下：

批次	单价	进货数量	第一次销售	第一次销售后	第二次销售	第二次销售后
1	5	8	−6	2	−2	0
2	8	5	0	5	−5	0
3	10	3	0	3	−1	2
4	15	2	0	2	0	2
5	20	2	0	2	0	2
合计		20	−6	14	−8	6

第一次销售成本＝6×5＝30（元）

第二次销售成本＝2×5＋5×8＋1×10＝60（元）

剩下的配件成本＝2×10＋2×15＋2×20＝90（元）

例6　在采用先进先出法的企业，假设A配件本月进货四次，数量分别为5，6，4，2件，单价分别为6，5，7，6元，现在第一次销售6件A配件，第二次销售8件A配件，问：这两次销售配件的成本金额分别是多少？剩下的配件成本金额又是多少？

解　列表如下：

批次	单价	进货数量	第一次销售	第一次销售后	第二次销售	第二次销售后
1	6	5	−5	0	0	0
2	5	6	−1	5	−5	0
3	7	4	0	4	−3	1
4	6	2	0	2	0	2
合计		17	−6	11	−8	3

第一次销售成本＝6×5＋5×1＝35（元）

第二次销售成本＝5×5＋7×3＝46（元）

剩下的配件成本＝7×1＋6×2＝19（元）

任务三　汽车配件采购量的确定

任务情境

小王是一家汽车4S店的汽车配件订货员。在每月的25日前，他要根据需要制订一份汽车配件订货计划，作为订货员，要对公司的库存情况、销售情况进行充分了解，他如何制订订货计划才能通过公司领导的审批呢？

任务分析

小王需要掌握订货数量和订货品种确定方法，并能够制订订货计划。

相关知识

一、月均需求量计算

1. 计算方法

通常建议采用前六个月的需求量的平均数来计算月均需求量（*MAD*）。

2. 月均需求量的计算例题

例 1 某配件 1—12 月份销售量如下：29，31，20，35，35，30，27，31，34，28，36，30，求月均需求量。

解 $MAD=(29+31+20+35+35+30)/6=30$

二、标准库存量计算

1. 公式

$$SSQ=MAD\times(O/C+L/T+S/S)$$

式中：*SSQ*——标准库存量，是针对每个配件件号，在考虑订货周期、在途配件和安全库存的前提下，保证及时供应配件的最大库存数量。

MAD——月均需求量，通常采用前六个月的需求量的平均数来计算月均需求量。

O/C——订货周期，指相邻的两次订货所间隔的时间，单位为月。如订货周期为 5 天，则$O/C=5/30=1/6$（月）。

L/T——到货周期，是指从配件订货到搬入仓库为止的时间，单位为月。如到货周期为 10 天，则 $L/T=10/30=1/3$（月）。

S/S——安全库存周期，是考虑到货期延迟和特殊需求两个因素的影响，必须在仓库中保有一定量的安全库存而定的，单位为月。

$$S/S=(O/C+L/T)\times0.7$$

2. 标准库存量的计算例题

例 2 某配件 1—12 月份销售量如下：90，110，80，80，170，70，90，90，80，70，60，50，每月订货两次，订货日为每月 15 日、30 日，到货周期 1 个月，求标准库存量。

解 (1) $MAD=(90+110+80+80+170+70)/6=100$

(2) $O/C=15/30=0.5$，$L/T=30/30=1$

$S/S=(O/C+L/T)\times 0.7=(0.5+1)\times 0.7=1.05$

(3) $SSQ=MAD\times(O/C+L/T+S/S)$

$=100\times(0.5+1+1.05)$

$=255$

例3 某配件月均需求量是30个，订货日为每月30号，到货周期为30天，求标准库存量。

解 (1) $O/C=30/30=1$，$L/T=30/30=1$

$S/S=(O/C+L/T)\times 0.7=(1+1)\times 0.7=1.4$

(2) $SSQ=MAD\times(O/C+L/T+S/S)$

$=30\times(1+1+1.4)$

$=102$

三、订货量计算

1. 公式

$$SOQ=MAD\times(L/T+O/C+S/S)-(O/H+O/O)+B/O$$
$$=SSQ-(O/H+O/O)+B/O$$

式中：SOQ——订货量。

O/H——在库数，指订货时的现有库存数量。

O/O——在途数，指已订货尚未到货的配件数量。

B/O——客户预订数，指无库存、客户预订的配件数量。

2. 订货量的计算例题

例4 某配件1—12月份销售量如下：16，18，14，13，12，17，18，19，20，21，22，23，每月订货两次，订货日为每月15日、30日，到货周期为15天，在途数8个，在库数10个，客户预订数8个。试计算该配件订货数为多少？

解 (1) $MAD=(16+18+14+13+12+17)/6=15$

(2) $O/C=15/30=0.5$，$L/T=15/30=0.5$

$S/S=(L/T+O/C)\times 0.7=(0.5+0.5)\times 0.7=0.7$

(3) $SOQ=MAD\times(L/T+O/C+S/S)-(O/H+O/O)+B/O$

$=15\times(0.5+0.5+0.7)-(10+8)+8$

≈ 16

例5 某配件的标准库存量27个，在途数8个，在库数12个，客户预订数5个。试计算该配件订货量为多少？

解　$SOQ = SSQ - (O/H + O/O) + B/O$

$= 27 - (12 + 8) + 5$

$= 12$

任务四　汽车配件订货程序

任务情境

彭经理给小张一张采购清单，让小张完成本次配件的采购工作，小张该如何采购这批配件？

任务分析

小张想要完成这次采购任务，需要认真研究汽车配件采购流程。

相关知识

一、汽车配件进货渠道

采购应立足于以优质名牌配件为主的进货渠道，但为了适应不同层次消费者的需求，也可以进一些非名牌厂家的产品，可按 A，B，C 类厂的顺序选择，但 4S 店的进货渠道只能是主机厂。

A 类厂是全国有名的主机配套厂，这类厂知名度高，产品质量优，多是名牌产品，这类厂应是采购的重点渠道。其合同签订形式，可采取先订全年需要量的意向协议，以便于厂家安排生产，具体按每季度、每月签订供需合同，双方严格执行。

B 类厂虽生产规模知名度不如 A 类厂，但配件质量还是有保证的，配件价格也比较适中。其订货方法与 A 类厂不同，可以只签订短期供需合同。

C 类厂是一般生产厂，配件质量尚可，价格较前两类厂低。这类厂的配件可作为采购中的补缺。其订货方式也与 A，B 类厂有别，可以电话、电报要货，若签订供需合同，则合同期应短。

二、汽车配件订货程序

1. 汽车配件订货流程

汽车配件订货流程如图 3-1 所示。

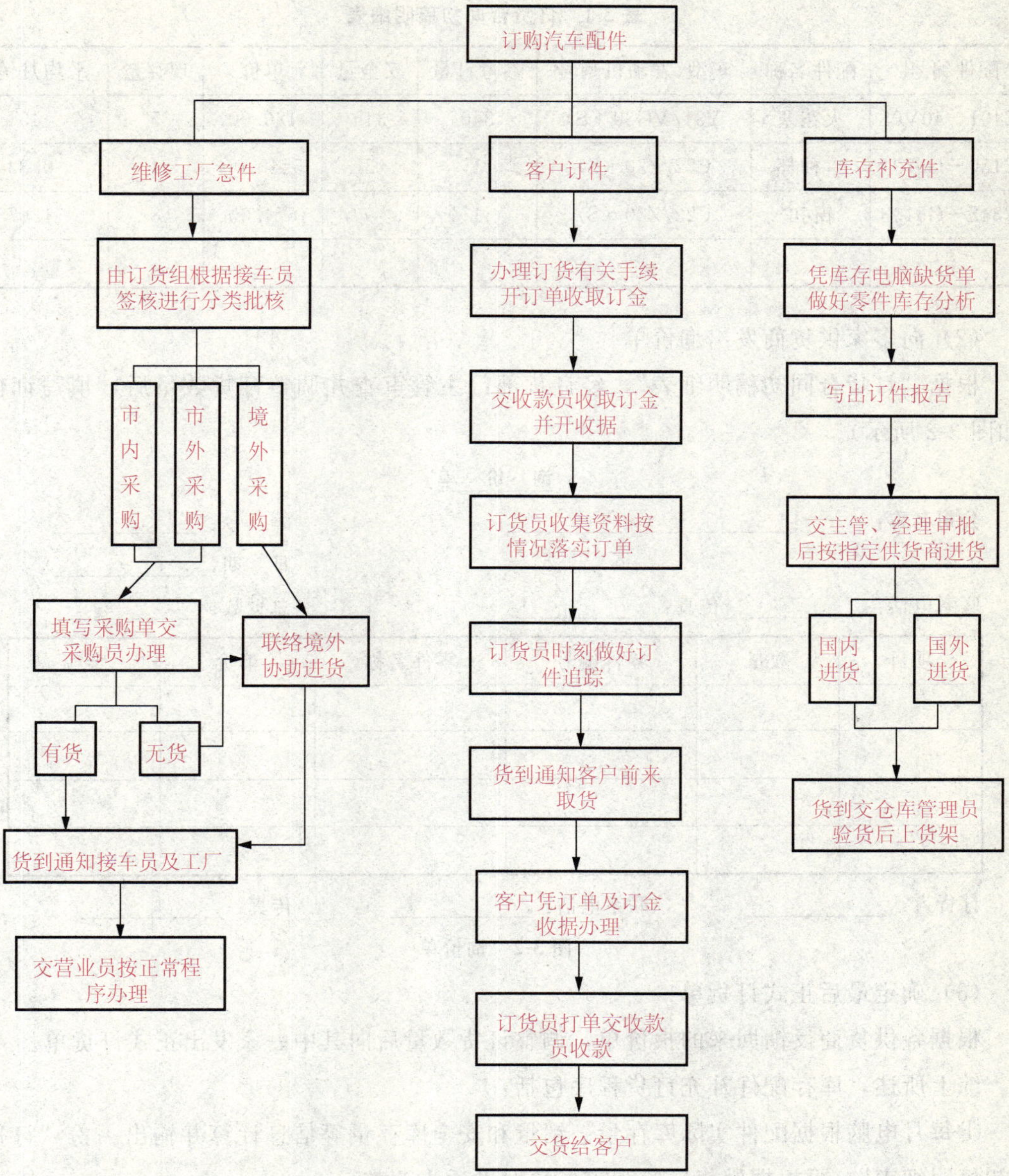

图 3-1　汽车配件订货流程

2. 库存补充件订货程序

（1）拟定订货合同初稿

每个月根据配件实际库存量、半年内销售量及安全库存量等信息，计算出一份配件订货数量，再根据实际情况进行适当调整，形成订货合同初稿明细表（如表 3-1 所示）。订货的原则：先市内后市外，先国内后国外。国内订货应向信誉好的大公司或向原汽车制造厂配套单位订购。

表 3-1　订货合同初稿明细表

配件编号	配件名称	车型/发动机型号	参考订量	安全量	单价	现存量	平均月销量
22401－40V05	火花塞	Y31/VG30（S）	340	345	126.00	5	45
92130－G5701	雪种杯	C22/Z20（S）	1	2	5440.00	1	0.33
82342－G5103	窗扣	C22/Z20（S）	1	9	674.00	8	1.67

（2）向多家供货商发出询价单

根据“订货合同初稿明细表”，经订货部门主管审查并调整订货数量后，填写询价单（如图 3-2 所示）。

询　价　单

公司名称：________________　　编　号：__________

日　期：__________

联系电话：__________传真：__________　　总页数：__________

项目	数量	零件编号	零件名称	单价	金额

订货人：__________　　联系电话：__________　　传真：__________

图 3-2　询价单

（3）确定最后正式订货单

根据各供货商反馈回来的报价单，调整订货数量后向其中一家发出正式订货单。

综上所述，库存配件补充订货程序包括：

①每月电脑根据配件实际库存量、销量和安全库存量等信息计算并输出一份“订货合同初稿明细表”，再根据销售经验和市场情况做适当调整。

②向邻近地区如深圳、广州、香港等地供货商发出询价单，一般先国内后国外。

③根据各供货商反馈回来的报价单，再次调整订货数量，确认后发出正式订货单。

3. 即购即销（急需）配件订货程序

（1）填写缺件报购通知单或配件请购单

修理部门或客户所需配件如果库存缺货，由营业部开出“缺件报购通知单”（如图 3-3 所示）或“零配件请购单”（如图 3-4 所示），交订货部门。

缺件报购通知单

单位：深圳市×××			工作卡号	
车牌号码		车型：RZH114	发动机型号	4Y
报购单号：				年　月　日
零件名称	规格	零件编号	数量	备注
链条	双排	92600－G5700	1	公务车
凸轮齿轮	Z＝36	11828－V6501	1	公务车
曲轴齿轮	Z＝18	99810－14C26	1	公务车

图 3-3　缺件报购通知单

零件部经办人：__________　修理工：__________　报购员：__________

深圳×××汽车服务有限公司

零配件请购单

款接员		订件人		日期　年　月　日		
工作卡号		底盘号码		VQ20		
车牌号码		车身编号		JNICAUA32110064484		
序号	零件编号	名称	数量	报价	期限	订件
1	B0552－5F700	左前门锁马达	1	750		√
零件部签收		月　日　时　分	经办人		月　日　时　分	
备注			第一次到货签收		月　日　时　分	
			第二次到货签收		月　日　时　分	
			第三次到货签收		月　日　时　分	
			全部到货签收		月　日　时　分	

图 3-4　零配件请购单

(2) 询价与报价

如果所在地区为深圳，订货部门可以先通过电话、E-mail或传真与深圳市场联系；如果深圳市场没有，再与邻近的广州市场联系；若仍然没有，则与香港或国外有关公司联系，询问价格和供货时间。

(3) 签订急需配件订购合同并收取订金

得到反馈信息后，应将价格和供货时间及时向客户通报，由客户确认价格和供货时间，并签定订购合同和缴纳订金后，才能正式下订单。

（4）跟踪并及时提货交货

订单发出后要注意跟踪询问，时刻掌握供货动态，货到后及时通知客户前来取货。

任务五　汽车配件采购合同

任务情境

A 地乙公司要从 B 地甲公司购买捷达发动机活塞环配件 80 套，每套价格 285 元，双方约定由甲公司代办托运，运抵日期最晚为 6 月 10 日，乙公司先预付 10000 元，余款货到付清。作为汽车配件销售员应怎样制订购销合同，当发生争议时，应怎样解决？

任务分析

熟悉汽车合同，对汽车配件的销售进行规范化，能够拟定汽车配件购销合同。

相关知识

一、合同的概念和特点

1. 合同的含义

合同是双方当事人之间设立、变更、终止双方债权关系的协议。

2. 合同的作用

合同有利于维护当事人的合法权益和明确当事人的权利、义务。

3. 合同的特征

（1）平等性

签订合同的双方或多方的法律地位是平等的，合同是协商协作的产物。

（2）自愿性

合同的签订是一个协商一致的过程。只有合同的内容表达当事人彼此一致的意愿，其条款才能成立。

（3）合法性

合同的撰写要严格遵守《中华人民共和国合同法》的规定。合同内容必须是合法的，否则合同无效。

（4）规范性

依法成立的合同对当事人具有法律约束力，合同的写法和格式需要规范。

二、汽车配件采购合同样本

××××××采购合同

合同编号：__________

甲方：（需方） 乙方：（供方）

地址： 地址：

电话： 电话：

传真： 传真：

邮编： 邮编：

本着互利互惠共同发展的原则，根据《中华人民共和国合同法》的有关规定及其他法令、法规，甲乙双方平等友好协商，经双方协商一致，特制定本协议，具体条款如下：

第一条 乙方须提供产品的名称、品种、规格和质量，产品名称、原厂编号、型号、数量、金额、供货时间及数量；产品名称、牌号商标、规格型号、计量单位、数量、单价、金额、交提货时间及数量等，如下所示。

所采购配件具体情况

序号	产品名称	原厂编号	规格/型号	数量	单位	单价	总价（元）	交提货时间	备注
1									
2									
3									
4									
5									
合计									
合计人民币金额（大写）									

第二条 产品的质量要求、技术标准：

（1）按国家标准执行。

（2）无国家标准而有部颁标准的，按部颁标准执行。

（3）无国家和部颁标准的，按企业标准执行。

（4）没有上述标准的，或虽有上述标准，但甲方有特殊要求的，按甲乙双方在合同中商定的技术条件、样品或补充的技术要求执行。

（5）乙方应当在自己的产品上标注商品标识以便于识别，标识样式、内容及产品编号以甲方的要求为准。

（6）乙方对原装、原封、原标记完好无异状的产品质量负责三包，三包期限为____年。

第三条 产品的交货期限以甲方月度订货传真或单据要求为准，本协议所指交货期限指乙方在甲方仓库交货的时间，逾期交货或提前交货要事先经甲方同意，否则，甲方有权拒绝接收货物和要求因乙方违约造成的损失，并追究乙方的违约责任。

第四条　乙方应负责产品的运托手续，按甲方指定交货点的有关托运手续办理，乙方办妥托运手续视为产品已交付；如在运输过程中出现产品毁损、短缺问题，由运输公司或承运方负责赔偿，甲方对此概不负责，但甲方可协助乙方办理有关索赔事宜。

第五条　甲方收到货品后，按外观是否完整或是否短缺验收，若有异议在收货时立即提出，以便乙方及时向运输公司索赔。

第六条　甲方应凭运单、随货同行单、产品合格证及合同验收。甲方收货后如有异议，必须在收货后 7 日内以书面形式通知乙方（在紧急情况下，先行电话通知并承诺在特定时间内提出书面异议的，视为已提出书面异议），并附产品检验报告，否则即视为收货无误；若产品检测出质量问题，乙方应及时免费更换不合格产品。

第七条　产品的价格在本协议期内，如遇交易产品市场价格发生较大变化，幅度超过±____%时，双方协商适当调整价格。

第八条　甲方应在每月的 10 号前向乙方书面提供下一个月订货计划单，以便乙方组织生产。甲方临时追加订货计划，交货日期由甲乙双方临时协商再定。

第九条　甲乙双方的任何一方由于不可抗力的原因不能履行合同时，应及时向对方通报不能履行或不能完全履行的理由，在取得有关主管机关证明以后，允许延期履行、部分履行或者不履行合同，并在事件发生后 15 个工作日内，及时以书面形式通知；同时根据情况可部分或全部免予承担违约责任。

第十条　甲方自提产品未按供方通知的日期或合同规定的日期提货的，应比照中国人民银行有关延期付款的规定，按逾期提货部分货款总值计算，向乙方偿付逾期提货的违约金。

第十一条　甲乙双方因本协议产生争议应友好协商解决，若解决不妥则甲乙双方一致同意在本协议签订所在的人民法院提起诉讼解决。

第十二条　以上协议如有未尽事宜，甲乙双方协商解决，补充协议与本协议具有同等法律效力。

第十三条　本协议经双方盖章或签字后生效，协议期限自签订之日起一年，即自________年____月____日起至________年____月____日止。本协议一式两份，甲乙双方各执一份。

甲方（公章）：	乙方（公章）：
法人代表：	法人代表：
委托代理人：	委托代理人：
开户银行：	开户银行：
账号：	账号：
税号：	税号：
本协议签订地点：	签订日期：

任务六　汽车配件货源鉴别

任务情境

张先生在保修期内到定点4S店维修汽车手动变速器。维修中需要更换变速器3挡同步器齿轮及齿圈，张先生为待更换的齿轮质量与4S店师傅和配件经理发生了分歧，经过张先生有条有理的分析，对方默认该齿轮配件非原厂件，涉嫌假冒。4S店无条件为张先生另订配件，并赔偿张先生误工等损失，约定下次更换。

任务分析

汽车配件涉及的车型多，品种规格复杂，仅一种车型的配件品种就不下数千种。配件经营企业一般没有完备的检测手段，配件管理营销人员应具备相关知识，不断积累经验，练就一双识别真假配件的“火眼金睛”。

相关知识

一、汽车配件货源鉴别

汽车配件质量的优劣关系到销售企业的经营大计。但汽车配件产品涉及范围广泛，要对全部零配件做出正确和科学的质量结论，其所需的全部测试手段是中小型汽配销售企业难以办到的，然而这些企业又不能因此不进行这项工作。因此，要根据企业的实际情况，添置必备的技术资料和通用检测仪具，如自己所经营的主要车型的主机厂的图样或汽车配件目录，各类汽车技术标准等，这些资料都是检验工作的依据。此外，购置通用量具，如游标卡尺、千分尺、百分表、千分表、量块、V形架、平板、粗糙度比较块、硬度计等，以便具有一般通用检测能力。

另外，为提高工作效率和达到择优采购的目的，可以把产品分成以下几种类型检验。

（1）对全国名牌和质量信得过产品基本免检，但铭牌也不是终身制，有时也会被仿冒，所以应对这些厂家的产品十分了解，并定期进行抽检。

（2）对多年多批采购并经使用未发现质量问题的产品，可抽检几项关键项目，以检查其质量稳定性。

（3）对以前未经营过的配件，应按标准规定的抽检数进行抽检。在技术项目上尽可能做到全检，以求对其产品质量得出一个全面结论，作为今后采购的参考。

（4）对一些小厂的产品，由于其合格率低，而且一旦兑付货款后很难索赔，因此往往尽量不进这类产品，如确需采购，在检验时要严格把关。

（5）对以前用户批量退货或少量、个别换货的产品，应采取尽可能全检，并对不合格部位采用重点检验的办法。对再次发现问题的，不但要拒付货款，还要注销合同，不再进这种货。

由于汽车配件销售企业经营的车型较多、品种复杂，例如，仅一个东风车型的维修配件就有不少于2000个品种，需测试的技术项目就更无法统计，所以销售企业的检验人员不像生产厂单品种的检验人员那样精专，他们的知识面应宽一些，要熟悉汽车结构及一段制造工艺和材质等知识，能正确运用检验标准，凭多年积累的经验鉴别汽车配件质量。

二、汽车配件的检验方法

汽车维修企业和配件经营企业一般没有完备的检测手段，但只要熟悉汽车结构及制造工艺、材质等方面的知识，正确运用检验标准，凭借积累的经验和一些简单的检测方法，也能识别配件的优劣。

下面介绍一些常用的方法以供参考，可归纳为“四法”“五看”。

1. 四法

（1）检视法

①表面硬度是否达标

配件表面硬度都有规定的要求，在征得厂家同意后，可用钢锯条的断茬去试划（注意，试划时不要划伤工作面）。划时打滑无划痕的说明硬度高；划后稍有浅痕的说明硬度较高；划后有明显划痕的说明硬度低。

②总成部件有无缺件

正规的总成部件必须齐全完好，才能保证顺利装配和正常运行。若一些总成件上的个别小零件漏装，则总成部件无法工作，甚至报废。

③几何尺寸有无变形

有些零件因制造、运输、存放不当等产生变形。检查时，可将轴类零件沿玻璃板滚动一圈，通过观察零件与玻璃板贴合处有无漏光来判断其是否弯曲。选购离合器从动盘钢片或摩擦片时，可将钢片、摩擦片举在眼前观察其是否翘曲。选购油封时，带骨架的油封端面应呈正圆形，能与平板玻璃贴合无挠曲；无骨架油封外缘应端正，用手握使其变形，松手后应能恢复原状。选购各类衬垫时，也应注意检查其几何尺寸及形状。

④结合部位是否平整

零配件在搬运、存放过程中，由于振动、磕碰，常会在结合部位产生毛刺、压痕、破损等，影响零件使用，选购和检验时要特别注意。

⑤转动部件是否灵活

在检验机油泵等转动部件时，用手转动泵轴，应感到灵活无卡滞。检验滚动轴承时，一手支撑轴承内环，另一手打转外环，外环应能快速自如地转动，然后逐渐停转，如图3-5所示。若转动零件时发卡、转动不灵，说明内部锈蚀或产生变形。

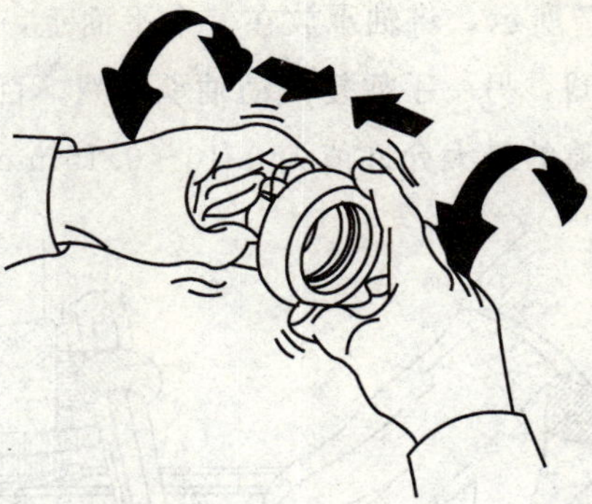

图 3-5　检验转动部件是否灵活

⑥接合零件有无松动

由两个或两个以上的零件组合成的配件，零件之间是压装、胶接或焊接的，它们之间不允许有松动现象。如油泵柱塞与调节臂是通过压装组合的；离合器从动毂与钢片是铆接结合的；摩擦片与钢片是铆接或胶接的；纸质滤清器滤芯骨架与滤纸是胶接而成的；电器设备是焊接而成的。检验时，若发现松动应予以调换。

⑦装配记号是否清晰

为保证配合件的装配关系符合技术要求，有一些零件，如正时齿轮表面均刻有装配记号。若无记号或记号模糊无法辨认，将给装配带来很大的困难，甚至导致装错。

⑧配合零件表面有无磨损

若配合零件表面有磨损痕迹，或涂漆配件拨开表面油漆后发现旧漆，则多为旧件翻新。当表面磨损、烧蚀，橡胶材料变质时在目测看不清的情况下，可借助放大镜观察。

（2）测量法

①检验滚动轴承

检验轴向间隙：如图 3-6 所示，将轴承外座圈放置在两块垫块上，并使内座圈悬空，再在内座圈上放一块小平板，将百分表触针抵在平板的中央，然后上下推动内座圈，百分表触针指示的最大值与最小值之差，即是轴承的轴向间隙。轴向间隙的最大允许值为 0.20～0.25 mm。

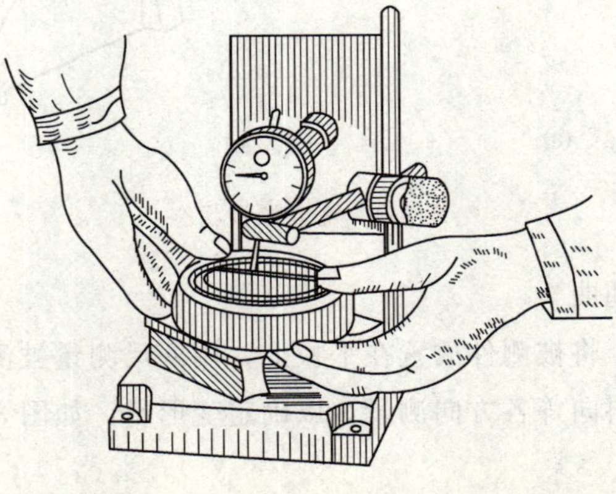

图 3-6　测量轴承的轴向间隙

检验径向间隙：如图 3-7 所示，将轴承放在一个平面上，使百分表的触针抵住轴承外座圈，然后一手压紧轴承内圈，另一手往复推动轴承外圈，百分表触针所指示的数值差即为轴承的径向间隙。径向间隙的最大允许值为 0.10～0.15 mm。

图 3-7 测量轴承的径向间隙

②检验螺旋弹簧

汽车上使用的压缩弹簧有气门弹簧、离合器弹簧、制动主缸弹簧、轮缸弹簧等；拉伸弹簧有制动蹄片回位弹簧等。弹簧的自由长度（如图 3-8 a 所示）可用钢直尺或游标卡尺测量；弹力的大小可用弹簧试验器检测。弹簧歪斜度可用直角尺检查，以钢直尺为基准，歪斜不得超过 2°，如图 3-8 b 所示。

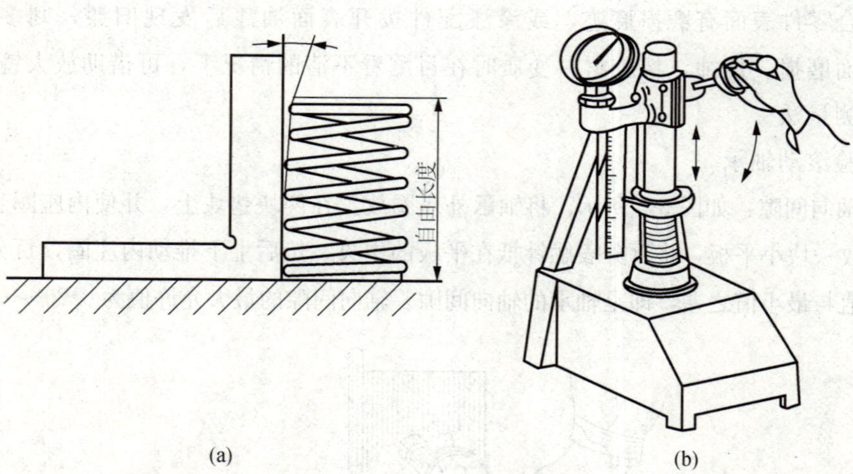

图 3-8 检查弹簧状态

③检查结合平面的翘曲

取平板作为基准面，将被测件放置在平板上，用塞尺测量被测件与基准面的间隙。检查时应从纵向、横向、斜向等各方向测量，以确定变形量，如图 3-9 所示。

1-钢直尺；2-塞尺

图 3-9　检查平面翘曲

④检查轴类零件

检查弯曲度。将轴的两端用V形架水平支承，用百分表触针抵在中间轴颈上，转动轴一周，表针摆差的最大值反映了轴的弯曲程度（摆差的1/2即为实际弯曲度），如图3-10所示。

测量曲轴轴颈尺寸的误差，如图3-11所示。一般用外径千分尺测量，除了要测量外径，还需测量其圆度和圆柱度。测量时，先在轴颈油孔两侧测量，然后转90°再测量。轴颈同一横断面上直径差数最大值的1/2为圆度误差，轴颈不同纵断面上差数最大值的1/2为圆柱度误差。

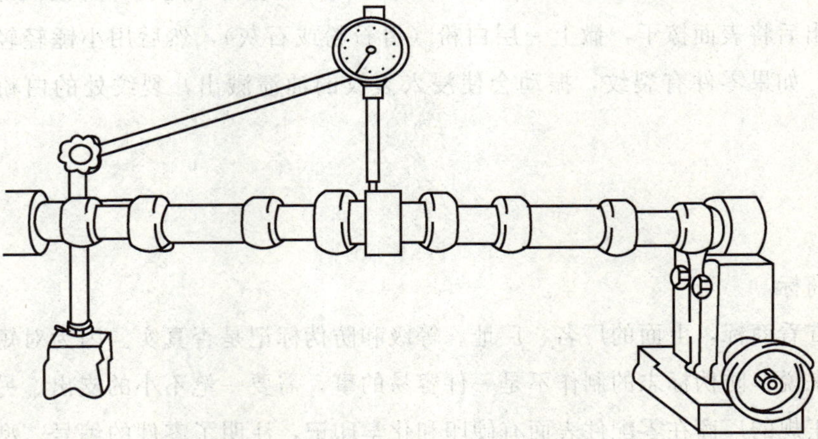

图 3-10　测量凸轮轴的弯曲度

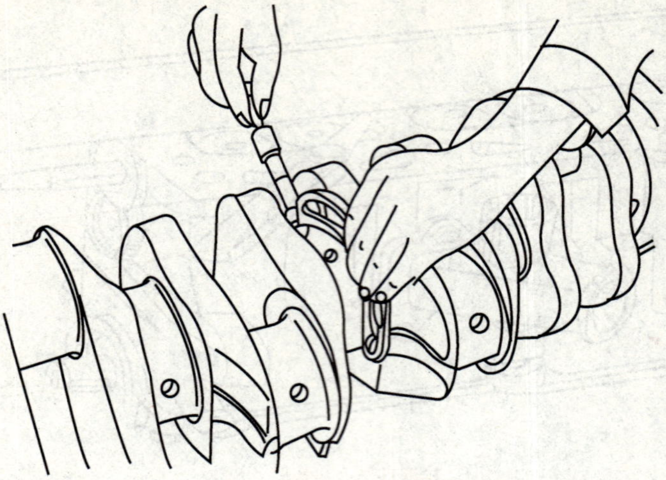

图 3-11　测量曲轴的轴颈尺寸

（3）比较法

用标准零件与被检零件做比较，从中鉴别被检零件的技术状况。例如，气门弹簧、离合器弹簧、制动主缸弹簧和轮缸弹簧等，可以用被检弹簧与同型号的标准弹簧（最好用纯正部件，即正厂件）比较长短，即可判断被检弹簧是否符合要求。

（4）敲击法

判定部分壳体和盘形零件是否有裂纹、用铆钉连接的零件有无松动，以及轴承合金与钢片的结合是否良好时，可用小锤轻轻敲击并听其声音。如发出清脆的金属声音，说明零件状况良好；如果发出的声音沙哑，可以判定零件有裂纹、松动或结合不良。

浸油锤击是一种探测零件隐蔽裂纹最简便的方法。检查时，先将零件浸入煤油或柴油中片刻，取出后将表面擦干，撒上一层白粉（滑石粉或石灰），然后用小锤轻轻敲击零件的非工作面。如果零件有裂纹，振动会使浸入裂纹的油渍溅出，裂纹处的白粉呈现黄色油迹。

2. 五看

（1）看商标

要认真查看商标，上面的厂名、厂址、等级和防伪标记是否真实。因为对短期行为的仿冒制假者来说，防伪标志的制作不是一件容易的事，需要一笔不小的支出。另外，在商品制作上，正规的厂商在零配件表面有硬印和化学印记，注明了零件的编号、型号和出厂日期，一般采用自动打印的方式，字母排列整齐，字迹清楚，小工厂和小作坊一般是做不到的。

（2）看包装

汽车零配件互换性很强，精度很高，为了能较长时间存放不变质、不锈蚀，需在产品出厂前用低度酸性油脂涂抹。正规的生产厂家对包装盒的要求也十分严格，要求无酸性物质，不产生化学反应，有的采用硬型透明塑料真空包装。考究的包装能提高产品的附加值和身价，箱、盒大都采用防伪标记，常用的有激光、条码、暗印等。在采购配件时，查看这些很重要。

（3）看文件资料

首先要查看汽车配件的产品说明书，产品说明书是生产厂进一步向用户宣传产品，为用户做某些提示，帮助用户正确使用产品的资料。通过产品说明书可增强用户对产品的信任感。一般来说，每个配件都应配一份产品说明书（有的厂家配用户须知）。如果交易量相当大，还必须查询技术鉴定资料。进口配件还要查询海关进口报关资料。国家规定，进口商品应配有中文说明，一些假冒进口配件一般没有中文说明，且包装上的外文有的文法不通，甚至写错单词，一看便能分辨真伪。

（4）看表面处理

鉴别金属机械配件，可以查看表面处理。所谓表面处理，即电镀工艺、油漆工艺、电焊工艺、高频热处理工艺。汽车配件的表面处理是配件生产的后道工艺、商品的后道工艺，尤其是表面处理涉及很多现代科学技术。国际和国内的名牌大厂在利用先进工艺上投入的资金是很大的，特别对后道工艺更为重视，投入资金少则几百万元，多则上千万元。一些制造假冒伪劣产品的小工厂和手工作坊有一个共同特点，就是采取低投入掠夺式的短期经营行为，很少在产品的后道工艺上投入技术和资金，事实上也没有这样的资金投入能力。

①油漆工艺

现在一般都采用电浸漆、静电喷漆，有的还采用真空手段和高等级静电漆房喷漆。采用先进工艺生产的零部件表面，与采用陈旧落后工艺生产出的零部件表面有很大差异。目测时可以看出，前者表面细腻、有光泽、色泽鲜明；后者则色泽暗淡、无光亮，表面有气泡和“拖鼻涕”现象，用手抚摸有砂粒感。相比之下，真假非常分明。

②镀锌技术和电镀工艺

汽车配件的表面处理中，镀锌工艺占的比重较大，一般铸铁件、铸钢件、冷热板材冲压件等大都采用表面镀锌。质量不过关的镀锌，表面一致性很差；镀锌工艺过关的，表面一致性好，而且批量之间一致性也没有变化，有持续稳定性。明眼人一看，就能分辨真伪优劣。电镀的其他方面，如镀黑、镀黄等，大工厂在镀前处理的除锈酸洗工艺比较严格，清酸比较彻底，这些工艺要看其是否有泛底现象。镀钼、镀铬、镀镍可看其镀层、镀量和镀面是否均匀，以此来分辨真伪优劣。

③电焊工艺

在汽车配件中，减震器、钢圈、前后桥、大梁、车身等均有电焊焊接工序。汽车厂专业化程度很高的配套厂电焊工艺技术大都采用自动化焊接，能定量、定温、定速，有的还使用低温焊接法等先进工艺。产品焊缝整齐、厚度均匀，表面无波纹形、直线性好，即使是点焊，焊点、焊距也很规则，这一点哪怕再好的手工操作也无法做到。

④高频热处理工艺

汽车配件产品经过精加工以后才进行高频淬火处理，因此淬火后各种颜色都原封不动地留在产品上。如汽车万向节内、外球笼经淬火后，就有明显的黑色、青色、黄色和白色，其中白色面是受摩擦面，也是硬度最高的面。目测时，凡是全黑色和无色的，肯定不是高频淬火。工厂要配备一套高频淬火成套设备，其中包括硬度、金相分析测试仪器和仪表的配套，它的难度高、投入资金多，还要具备供、输、变电设备条件，供电电源在 3 万伏以上。小工厂、手工作坊是不具备这些设备条件的。

(5) 看非使用面的表面伤痕

从汽车配件非使用面的伤痕，也可以分辨是正规厂生产的产品，还是非正规厂生产的产品。表面伤痕是在中间工艺环节由于产品相互碰撞留下的。

优质的产品是靠先进科学的管理和先进的工艺技术制造出来的。生产一个零件要经过几十道甚至上百道工序，而每道工序都要配备工艺装备，其中包括工序运输设备和工序安放的工位器具。高质量的产品有很高的工艺装备系数作保障，所以高水平工厂的产品是不可能在中间工艺过程中互相碰撞的。凡在产品非接触面留下伤痕的产品，肯定是小工厂、小作坊生产的劣质品。

三、订购进口汽车配件应注意的问题

进口汽车配件可从多方面进行鉴别，一般是从包装、内在质量、产品价格和进货渠道来鉴别。

1. 根据包装进行鉴别是检验进口配件真伪的重要程序

纯正配件及国外专业配套厂配件的包装制作精美，色彩、花纹、样式都有一定的规则，一般是很难仿制的。仿制配件的包装制作比较粗糙，较容易辨别。但有些仿制者依靠现代先进的印刷技术，将零件包装制作得很逼真，如不仔细辨认，也很难区别。进口汽车配件一般都有外包装和内包装，外包装有包装箱和包装盒，内包装一般是带标识的包装纸、塑料袋或纸袋。纯正进口配件的外包装箱（盒）印刷清晰、纸质优良，并印有 GENUINE PARTS（纯正部品）标记，且标有零件编号、名称、数量及生产厂和国家。

而仿制的标签印刷不精细，色彩非轻即重，很难与纯正件包装一致，使用计算机打印的零件编号及生产厂商标记的色彩非轻即重，仔细辨认，就能区分真伪。从包装箱（盒）来看，进口的包装箱（盒）质地紧挺，图案清晰，包装盒上一般都印有生产厂和纯正部品标记，如小松公司在整个包装盒上印有“小松（KOMATSU）”和“纯正部品（GENUINE PARTS)”字样，三菱公司在整个包装盒上印有“三菱（MITSUBISHI）”和“纯正部品(GENUINE PARTS)”字样，而仿制的包装虽然也印有这些标识，但色彩不正，图案不清晰。有的国外公司为防止伪造，在其包装标签上设有防伪标记，可在鉴别时加以注意。内包装一般多为包装纸、纸袋或塑料袋，包装上印有纯正部品字样和公司标记，仿制品包装纸的花纹、色彩和图案很难与其相同。

鉴别进口配件包装时还应注意，工程机械及汽车制造厂都有自己的专业配套厂零部件供应商。在进口厂家配件时，包装盒上既有整机厂的标记，也有配套厂的标记。如三菱重工，其活塞环由日本理研公司（RIKEN CORPORATION）配套，外包装箱印制的是RIK标记，但里面单个的活塞环的盒却是三菱标记的花盒包装，其标记为MITSUBISHI。活塞环说明书既标明了三菱机动车工业株式会社，也注有理研股份公司，因此不要误以为内外不一致就不是纯正部品了。

2. 从产品质量来鉴别是识别纯正部件真伪最关键的环节

受利益驱动，有的经销商将进口的纯正零件组装成整机后，再用纯正部品的包装装上非纯正件向市场销售，故必须对产品的内在质量进行检验，才能确认进口配件的真伪。对产品质量的鉴别主要包括观察、检查和试验。

（1）从外观上进行检查，看其产品外表的加工是否精细，颜色是否正常。如果有纯正部件的样品，可进行对照检查，一般仿制品表面都比较粗糙，产品颜色也不正。

（2）检查产品上的标识，纯正进口零件上都打印有品牌标记、零件编号和特定代码等。有些产品上还铭刻有制造厂及生产国。如日本三菱柴油发动机的活塞，在其顶部刻有零件编号、分组目标记A、B、C和UP↑方向标记；活塞裙部内侧铸有机型和三菱标识，并有配套厂的标识，铸字清楚，容易辨认。仿制品不是漏铸就是字迹模糊不清，很难达到正品的效果。

（3）对产品进行性能试验。有些零件从外观检测还无法辨别真伪，需用专用仪器进行检测。如喷油器、柱塞要在试验台上进行性能试验，检测其喷油压力、喷油量、喷油角度等。

（4）通过专用工具测量产品的尺寸，看其是否符合要求。有些厂商还专门为客户提供了测量工具以防假冒。

（5）对产品进行理化性能试验。这种情况一般是在对产品内在质量产生怀疑，或使用中出现问题，为向厂家寻求索赔时才使用的方法。

3. 从产品价格上进行辨别

同样的配件，纯正部件、专业厂件、国产件和仿制品的价格差别很大。纯正部件的价格最高，专业厂次之，国产件、仿制品价格最低。一般纯正部件的价格可达到仿制件的1～2倍，有的甚至更多。国外专业配套厂件比整机厂纯正件略低。定期批量进口的配件执行外商谈判的协议价，平时零星采购的配件则执行外商每年的统一目录价。有时外商还有定期处理配件的优惠价。这些配件的报价（日元或美元）是按照当时的进口汇率计算的，再加上关税、运输费等，然后将其换算成配件单价，这是行业人士共知的常规价。价格低于常规价的配件，即可判断为非纯正件或专业厂件。要注意的是，在进口环节中减税和中间经销商加价也会使配件价格偏离常规价。

4. 根据进货渠道进行分析

目前进货渠道较多，一般包括两个方面：一是直接从国外进口，二是从经销商那里购买。直接从国外整机厂和零部件配套厂进口的配件，质量都有保障。如果是从经销商那里购买或从港澳进口来的配件，就要根据上述方法进行鉴别。此外，所有直接从国外进口的机械配件，均有订购合同、提单、运单、装箱单及发票。如果从进口公司采购配件，可让其出示上述单据，否则，可判断为非进口正品。

总之，鉴别汽车配件的方法是多种多样的，不要使用单一的方法，根据不同的配件种类采取不同的鉴别方法，并综合运用，定能识别配件的真伪。

任务七 汽车配件的验收

任务情境

某销售公司购进一批汽车配件，包括汽油滤清器、空气滤清器、机油滤清器、氙气灯、倒车雷达。经理要求小李接到入库单后 2 天内完成这些配件的验收工作。小李需要完成哪些验收项目？

任务分析

小李想要完成这批配件的验收工作，需要了解汽车配件需要验收哪些项目。

相关知识

一、汽车配件的检验

处在社会主义初级阶段的汽车配件市场，尤其是进口汽车配件市场，受经济利益的驱动，制假贩假现象非常严重。进水货、假货，甚至利用仿造的进口配件包装，将国产劣质配件在市场上出售，严重危害了汽车驾驶人员的安全。所以，作为进口汽车配件的采购人员，必须熟悉国外主机厂、配套厂、纯正件生产厂，以及配件专业厂的产品、商标、包装及其标记，并掌握一般的检测方法。

一般进口汽车配件的包装精致，在各层包装，尤其是包装箱外表和零件的醒目位置都有厂名和商标（也有的零件上刻印工厂代号和商标）。进口配件到货后，应由外到里、由大包装到小包装、由外包装到内包装、由包装到产品标签、由标签到封箍、由零件编号到实物、由产品外观质量到内在质量，逐步进行详细的检查验收。

1. 检查外包装

一般原装进口配件的外包装多为 7 层胶合板木箱的，或选材较好、做工精细、封装牢固的木板箱。若为纸箱，则质地细密、坚挺，不易弯折、变形，封签完好。包装外表面印有用英文注明的产品名称、零件编号、数量、产品商标、生产国别、公司名称。有的则在外包装箱上贴有反映上述数据的产品标签。

2. 检查小包装

国外产品的小包装盒（指每个配件的单个小包装盒），一般都用印有该公司商标图案的专用包装盒。例如，日本五十铃汽车公司的纯正件均用印有白底红色“纯正部品”字样、白色的“ISUZU”字样及五十铃标志图案的小包装盒包装配件。日本日野汽车公司的纯正件，则用棕红底白色“Hino”字样的包装盒。日产柴油机机器公司（尼桑）的纯正件，用蓝底、红色圆内有白色字母“UD”或橘黄底、红色圆内有橘黄色字母“UD”的专用包装盒。日本柴油机机器公司（英文缩写为 DKK）的喷油泵及柱塞、出油阀、喷油嘴三部件，均用带有特色标志图案及英文字样的小包装盒。日本大同金属株式会社的各种轴瓦，均用印有特色标志及英文“DAIDO METAI”方块图案的专用包装盒包装。日本活塞环株式会社（NPR）的活塞环，均用黄底、黑色圆内有“NPR”及“NIPPON-PISTONRING”黑字的专用包装盒包装。德国奔驰汽车公司的纯正件，均用蓝底白字印有“Mercedes-Benz”及奔驰汽车商标的专用小包装盒包装。德国弗里特坦希·街轮厂有限公司（缩写为 ZF）生产的变速器内各种齿轮及同步器的小包装盒，以不规则几何图形为底纹，并用深蓝色的“ZF”标记特征图案，很容易识别。

3. 检查产品标签

日本的日野、五十铃、三菱、尼桑等汽车公司的纯正件的标签，一般印有本公司商标、中英文纯正件字样及中英文生产公司名称、英文或日文配件名称及配件编号，并印有英文“MADE IN JAPAN”及数量的长方形或正方形标签。

日本配件专业厂的配件标签无“纯正部品”字样，但一般用英文标明其适用的发动机型号或车型、配件名称、数量及规格、公司名称、生产国别。同时，标签形状也不限于长方形或正方形。在我国进口汽车配件市场上，经常可以看到日野汽车公司、五十铃汽车公司、三菱汽车公司、日产柴油机机器公司（尼桑）、丰田汽车公司、德国奔驰汽车公司等的纯正件标签，以及日本活塞环株式会社的活塞环配件标签、日本大同金属株式会社的各种轴瓦的标签、德国莫娜柴油机公司的配件标签等。

4. 检查包装封签

早期的进口配件小包装盒的封口封签一般使用透明胶带。目前大多用印有本公司商标或检验合格字样的专用封签封口。例如，五十铃汽车公司纯正件的小包装封签，大同金属株式会社的曲轴轴承的小包装盒封签，尼桑公司的纯正件的小包装盒封签，德国 ZF 公司的齿轮、同步器等配件的小包装盒封签。也有一些公司的配件小包装盒直接用配件标签作为小包装盒的封签，一举两得。

5. 检查内包装纸

日本的日野、五十铃、三菱、尼桑等汽车公司的纯正部件及配套厂生产的配件内包装纸均印有本公司标志，并且一面带有防潮塑料薄膜。例如，日野汽车公司纯正件的背面带有防潮塑料薄膜的内包装纸；五十铃汽车公司纯正件的背面带有防潮塑料薄膜的内包装纸；三菱汽车公司纯正件的正面带有防潮塑料薄膜的内包装纸；日本活塞环株式会社生产的缸套活塞组件的背面带有防潮塑料薄膜的内包装纸；德国奔驰汽车公司生产的金属配件一般用带有防锈油的网状包装布进行包裹。

6. 配件外观质量和产品上的永久性标记

从德国、日本进口的纯正部件及配套厂的配件和专业厂生产的配件，外观做工精细、铸铁或铸铝零件表面光滑、致密、无毛刺，油漆均匀光亮。而假冒产品则铸件粗糙，不光滑、不平整、有毛刺、喷漆不均匀、无光泽。真假两种配件在一起对比，差别比较明显。更重要的是，原装进口配件一般都在配件上铸有或刻有本公司的商标或名称标记及配件编号。例如，奔驰汽车公司的纯正配件上都有奔驰标记及零件编号；日野纯正部品上刻有 H 标记；日本理研株式会社的活塞环在开口处平面上一边刻有 R，另一边刻有 S（表示标准环 STD）或 25、50（表示加大 0.25 或 0.50）的字样；日本活塞环株式会社的活塞环在开口平面上，一边刻有 N，另一边刻有 INK、2NK、3NK、4NK 字样；日本自动车工业株式会社生产的活塞在活塞内表面铸有凸出的 IZUMI 字样；大同金属株式会社生产的曲轴瓦在瓦背上刻有商标标记及尺寸代号；日本柴油机机器公司生产的喷油泵柱塞导臂上，一边刻有 O 标记，另一边刻有柱塞型号的刻印代号；日野 ZM443 车 EK100 发动机用柱塞尾部导臂的刻印代号为 P25，而 6D22 发动机的柱塞导臂刻印代号为 A43，在喷油嘴上除刻有标记外，还刻有喷油嘴的型号，如 EK100 发动机的喷油嘴刻有 NP－D11A1505374N464；德国 K·S 公司生产的活塞环在开口平面上刻有 K·S 字样；奔驰公司生产的纯正的活塞环，在第二道气环表面有镀铝层，从外观看，环的外侧上、下两部分为发亮的白颜色，中间为藏黑色；德国 WABCO（瓦布柯）公司生产的气制动阀件上均铆有铝合金标牌；德国 FAG 公司生产的气制动件则在外壳上铸有 FAG 字样。

同时，配件编号也是合同签订和验货的重要内容。一般与国外大的汽车生产公司或大的配套厂或他们的代理商直接签订的进口合同，每种配件都标有配件编号。当配件编号有新旧变更时，合同上同时标明新旧两个配件编号。各大配套厂及专业生产厂都有自己生产的配件与主机厂配件编号的对应关系资料。配件编号一般都刻印或铸造在配件上或标明在产品的标牌上，而假冒产品一般无刻印或铸造的配件编号。验货时应根据合同要求的配件编号或对应资料进行认真核对。

经过以上几个方面的认真检查和辨认，基本上就可以确定配件的真假了。但是，近年来随着科学技术的发展，制假者的制假手段也在不断翻新，仿真能力越来越强，真假配件的外观越来越接近。所以对一般经销商和用户来说，除对进口汽车配件的包装、标签、封签及产品外观进行检查和辨认外，对有些可以直接测量的配件，如气缸套、活塞、曲轴等，还可以按原厂资料数据和测量方法进行实际检测，获取第一手资料。

在检查辨认的同时，最重要的还是理顺采购渠道，选择资金雄厚、信誉可靠的专业代理汽配件公司长期合作，推敲合同条款的要求，避免使用“进口配件”或“某国进口”等含混不清的语句，必须注明所供配件的国家名称、公司名称、某某编号的什么配件，由此减少很多不必要的麻烦和纠纷。同时，必须实行质量保证、售后“三包”服务。对发现的假冒配件逐级原路退回、索赔损失，这样才能杜绝假冒进口汽车配件的泛滥。

总之，配件入库前应当由具有汽车常用材料和配件质量控制技能的检验人员进行验收、检查。一是检查配件包装，通过外包装辨别其属正厂产品还是副厂产品，属进口配件还是国产配件，杜绝质量不可靠的非配套厂生产的配件；二是检查配件外观，对各类铸造件、冲压件、磨加工件、焊接件及各类非金属件的加工表面质量予以评价，从中发现质量问题；三是检查配件材质，根据各种材料的理化、机械及工艺性能，鉴别配件材料的真假和优劣，提出质疑。对汽车配件质量有怀疑时，应当采用测试、诊断仪器对其力学性能，几何尺寸、形状和位置公差及是否具有内部缺陷等方面进行检验。

二、汽车配件的验收

汽车配件采购员在确定了采购渠道及货源，并签订了采购合同书之后，在约定的时间、地点对配件的名称、规格、型号、数量、质量等进行检验无误后，方可接受。

1. 对配件品种的检验

应按合同规定的要求，对配件的名称、规格、型号等认真查验，如果发现产品品种不符合合同规定的要求，应一方面妥善保管，另一方面在规定的时间内向供方提出异议。

2. 对配件数量的检验

对照采购发票。先点收大件，再检查包装及其标识是否与发票相符。一般整箱配件先点件数，后抽查细数；零星散装汽车配件点细数；贵重配件逐一点数；对原包装汽车配件有异议的，应开箱开包点验细数。接收方应注意查验配件的分批交货数量和商品的总货量。无论是自提还是供方送货，均应在交货时当面点清；供方代办托运的，应按托运单上所列数量清点，超过国家规定合理损耗范围的，应向有关单位追索。如果发货数与实际验收数之间的差额、实际交货数量与合同规定的交货数量之间的差额不超过有关部门规定的，双方互不退补。超过规定范围的，按照国家规定计算多交或少交的数量。双方对验收有争议的，应在规定的期限内提出异议，超过规定期限的，视为履行合同无误。

3. 对配件质量的检验

采用国家规定的质量标准的，按国家规定的质量标准验收；采用双方协商标准的，按照封存的样品或按记录下来的样品详细标准验收。接收方对配件质量提出异议的，应在规定的期限内提出，否则视为验收无误。当双方在检验或试验中对质量发生争议时，按照《中华人民共和国标准化管理条例》规定，由标准化部门的质量监督检验机构执行仲裁检验。

在数量庞大、品种规格极其繁杂的汽车配件生产、销售中，发现不合格品、数量短少或污残损坏等是难以避免的。如果在提货时发现上述问题，应当场联系解决。如果货到后发现问题，验收人员应分析原因，判明责任，做好记录。一般问题填写“运输损益单”“汽车配件销件查询单”查询，问题严重或牵涉数量较多、金额较大时，可要求对方派人来查看处理。

汽车配件从产地到销地，要经过发货单位、收货单位（或中转单位）和承运单位三方共同协作来完成，所以必须划清三方面的责任范围。责任划分的一般原则是：汽车配件在铁路、公路交通运输部门承运前发生的损失和由于发货单位工作差错、处理不当发生的损失，由发货单位负责；从接受中转汽车配件起，到交付铁路、公路交通运输部门转运止，所发生的损失和由于中转单位工作处理不善造成的损失，由中转单位负责；汽车配件到达收货地，并与铁路、公路交通运输部门办好交接手续后，所发生的损失和由于收货单位工作问题发生的损失，由收货单位负责；自承运汽车配件时起［承运前保管的车站（港）从接收汽车配件时起］，至汽车配件交付给收货单位或依照规定移交其他单位止发生的损失，由承运单位负责。但由于自然灾害，汽车配件本身性质和发、收、中转单位的责任造成的损失，承运单位不负责任。

项目四　汽车配件仓库管理

项目情境

顾客王先生的捷达车进行发动机修理，急需购买活塞组件。他来到位于修配厂附近的沈阳市汽配城购买。新员工小张先是检索到有活塞组件。账面显示它放置在4—1—3货位。可是小张来到库房，面对众多的货架，找了半天，也无法确定活塞组件的放置位置，最终顾客王先生不耐烦地离开了。第二天，汽配城购进一批汽车零部件，经理让小张把经过验收的配件堆码好，并进行盘点库存。面对如此多的一批发动机配件，小张感到无从下手。作为汽配城工作人员，为了满足顾客的需求，应该怎样快速找到汽车配件呢？汽车配件的分区分类、货位编写、货物堆码、盘点和库存调整是汽车配件仓库管理的常规性工作，具体到每一个环节，又该如何操作呢？

学习目标

能力目标：

1. 能按要求布置汽车配件仓库；
2. 能给汽车配件合理堆码；
3. 能按时入库；
4. 能快速出库。

知识目标：

1. 掌握汽车配件的货位编号；
2. 掌握入库验收的程序；
3. 掌握出库流程；
4. 掌握配件管理七原则。

任务一　仓库管理的作用与任务

任务情境

张磊是汽车技术服务与营销专业的应届毕业生，由于他比较内向，自认为比较适合配件保管工作，于是决定到沈阳汽配城应聘汽车配件保管员。张磊应该在应聘前了解哪些内容？

任务分析

作为汽车配件保管员，首先需要了解仓储管理的任务。

相关知识

一、仓库管理的基本概念

汽车配件的仓储管理，就是以汽车配件的入库、保管、保养和出库为中心而开展的一系列活动，具体包括汽车配件的入库验收、保管、维护保养、发货、账册、单据与统计管理等工作。另外，科学管理要渗透到仓储管理的各个方面，要以最少的劳动力、最快的速度、最省的费用取得最佳的经济效益，以达到保质、保量、安全、低耗地完成仓储管理的各项工作和任务的目的。

二、汽车配件仓库管理的作用

（1）仓储管理是汽车配件实用价值的重要手段

汽车配件销售企业的仓库是服务于用户的，是为本企业创造经济效益的物资基地。仓储管理的好坏是汽车配件能否保持使用价值的关键之一。如果严格地按照规定加强对配件的科学管理，就能保证其原有的使用价值；否则，就会造成配件的锈蚀、霉变或残损，使其部分甚至是全部失去使用价值。所以加强仓储科学管理，提高保管质量，是保证所储存的汽车配件价值的重要手段。

（2）仓储管理是企业为用户服务的一个重要内容

用户需要各种类型的汽车配件，汽车配件销售企业在为用户服务的过程中，要做大量的工作，最后一道工序就是要通过仓库管理员，将用户所需的配件交给用户，满足用户的需求，以实现企业服务用户的宗旨。

三、仓库管理的任务

仓库管理的基本任务，就是做好汽车配件的进库、保管和出库工作，在具体工作中，要求做到保质、保量、及时、低耗、安全地完成仓库保管工作的各项任务，并节省保管费用。

1. 保质

保质就是要保持库存配件原有的使用价值，为此，必须加强仓库的科学管理。在配件入库和出库的过程中要严格把关，凡是配件有质量问题或其包装不合规定的，一律不准入库和出库；对库存配件，要进行定期或不定期检查和抽查，凡是需要进行保养的配件，一定要及时进行保养，以保证库存配件的质量随时都处于良好状态。

2. 保量

保量是指仓库保管按照科学的储存原则，实现合理的库存储备量。在汽车配件保管过程中，变动因素较多，比如配件的型号、规格、品种众多，批次不同，数量不一，长短不齐，包装有好有坏，进出频繁且不均匀，不同性能的配件的保管要求不同。因此要按不同的方法分类存放，既要保证配件方便进出库，又要保证仓库的库存储备量，这就要求仓库管理员进行科学合理的规划，充分利用有限的空间，提高仓库容量的利用率。

同时要加强对配件的动态管理，配件在入库和出库过程中，要严格执行交接点验制度，不但要保证配件质量完好，而且要保证配件数量准确无误。对库存配件一定要坚持“有动必对，日清月结，定期盘存，认真查实”，随时做到库存配件账、卡、物三者相符。

3. 及时

在保证工作质量的前提下，汽车配件在入库和出库的各个环节中，都要体现一个“快”字。在配件入库验收过程中，要加快接货、验收、入库的速度；在配件保管过程中，要安排好便于配件进出库的场地和空间，规划好货位和垛型，为快进快出提供便利条件；在配件出库过程中，组织足够的备货力量，安排好转运装卸设备，为出库创造有利条件。对一切烦琐的可要可不要的手续要尽量简化，要千方百计压缩配件和单据在库的停留时间，加快资金周转，提高经济效益。

4. 低耗

低耗指将配件在保管期间的损耗降到最低限度。配件在入库前，由于制造或运输、中转单位的原因，可能会发生损耗或短缺，所以应严格进行入库验收把关，剔除残次品，发现数量短缺，并做好验收记录，明确损耗或短缺责任，以便为降低保管期间的配件损耗或短缺创造条件。配件入库后，要采取有效措施，如装卸搬运作业时，要防止野蛮装卸，爱护包装，包装损坏了要尽量维修或者更换；正确堆码苫垫，合理选择垛型及堆码高度，防止压力不均倒垛或挤压坏产品及包装。对上架产品，要正确选择货架及货位。散失产品能回收尽量回收，以减少损失，千方百计降低库存损耗。同时要制订各种产品保管损耗定额，限制超定额损耗，把保管期间的损耗降到最低。

5. 安全

安全指做好防火、防盗、防霉变残损及防工伤事故，防自然灾害等工作，确保配件、设备和人身安全。

6. 节省费用

节省配件的进库费用、保管及出库费用等成本。为此必须加强仓库的科学管理，挖掘现有仓库和设备的潜力，提高劳动生产率，把仓库的一切费用成本降到最低水平。

四、仓库管理的原则

仓库因为其库存物品的不同有其个性的管理原则，例如食品类仓库、产品类仓库、工业设备类仓库等各类型仓库的管理原则是不同的。此处介绍的仓管原则是汽车配件的管理原则，仅供参考。

1. 面向通道进行保管

为使物品出入库方便，且容易在仓库内移动，基本条件是将配件面向通道保管。

2. 尽可能地向高处码放，提高保管效率

有效利用库内容积，应尽量向高处码放，为防止破损，保证安全，应当尽可能使用棚架等保管设备。

3. 根据出库频率选定位置

出货和进货频率高的物品应放在靠近出入口、易于作业的地方；流动性差的物品放在距离出入口稍远的地方；季节性物品则依其季节特性来选定放置的场所。

4. 同一品种在同一地方保管

为提高作业效率和保管效率，同一物品或类似物品应放在同一地方保管，汽车配件保管员对库内物品放置位置的熟悉程度直接影响出入库的时间，将类似的物品放在邻近的地方也是提高效率的重要方法。

5. 根据物品重量安排保管的位置

安排放置场所时，当然要把重的东西放在货架的下边，把轻的东西放在货架的上边。需要人工搬运的大型物品则以腰部的高度为基准。这对于提高效率、保证安全是一项重要的原则。

6. 依据形状安排保管方法

依据物品形状来保管也是很重要的，如标准化的商品应放在托盘或货架上保管。

7. 依据先进先出的原则

保管的一条重要原则是对于易变质、易破损、易腐败的物品，对于机能易退化、老化的配件，应尽可能按先进先出的原则加快周转。

任务二　配件仓库的布置

任务情境

沈阳汽配城购进一批汽车零部件，经理让新来的小张把经过验收的配件入库，并希望小张重新规划汽车配件存储区的布局，优化仓库空间。小张应该如何规划呢？

任务分析

小张想要重新规划汽车配件存储区的布局，必须先了解汽车配件仓库布置的要求。

相关知识

一、汽车配件仓库布置的要求

1. 要适应仓储企业生产流程，有利于仓储企业生产正常进行

（1）单一的物流方向

仓库内配件的卸车、验收、存放地点之间的安排，必须适应仓储生产流程，按一个方向流动。

（2）最短的运距

应尽量减少迂回运输，专运线的布置应在库区中部，并根据作业方式、仓储配件品种、地理条件等，合理安排库房、专运线与主干道的相对位置。

（3）最少的装卸环节

减少在库配件的装卸搬运次数和环节，配件的卸车、验收、堆码作业最好一次完成。

（4）最大的利用空间

仓库总平面布置是立体设计，应有利于配件的合理储存和充分利用仓容。

2. 有利于提高仓储经济效益

（1）要因地制宜

充分考虑地形、地质条件，满足配件运输和存放上的要求，并能保证仓容充分利用。

（2）平面布置应与竖向布置相适应

所谓竖向布置是指建设场地平面布局中每个因素，如库房、货场、专运线、道路、排水、供电、站台等，在地面标高线上的相互位置。

（3）总平面布置应能充分、合理地利用

我国目前普遍使用门式、桥式起重机一类的固定设备，应合理配置这类设备的数量和位置，并注意与其他设备的配套，便于开展机械化作业。

3. 有利于保证安全生产和文明生产

（1）库内各区域间、各建筑物间，应根据《建筑设计防火规范》的有关规定，留有一定的防护间距，并有防火、防盗等安全设施，经过消防部门和其他管理部门验收。

（2）总平面布置应符合卫生和环境要求，既要满足库房的通风、日照等，又要考虑环境绿化、文明生产，有利于增进职工的身体健康。

二、汽车配件仓库的构成

1. 仓库结构分类

（1）平房仓库

平房仓库一般构造简单、建筑费用低，适宜人工操作，如图 4-1 所示。

（2）楼房仓库

楼房仓库是指二层楼以上的仓库，它可以减少占地面积，出入库作业则多采用机械化或半机械化作业，如图 4-2 所示。

图 4-1　平房仓库

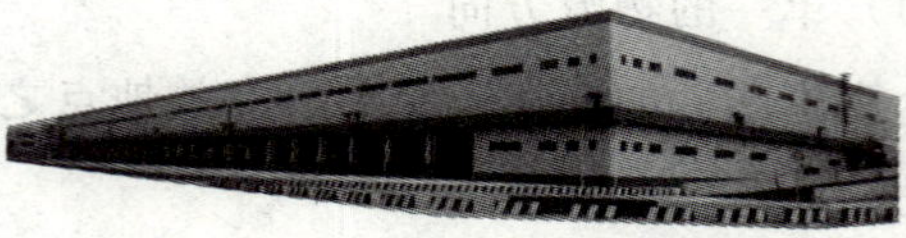

图 4-2　楼房仓库

（3）货架仓库

货架仓库（如图 4-3 所示）采用钢结构货架贮存货物，通过各种输送机、水平搬运车辆、叉车、堆垛机（如图 4-4 所示）进行机械化作业。货架仓库按货架的层数可分为低层货架仓库（货物堆放层数不大于 10 层）和高层货架仓库（货物堆放层数在 10 层以上）。

图 4-3　货架仓库

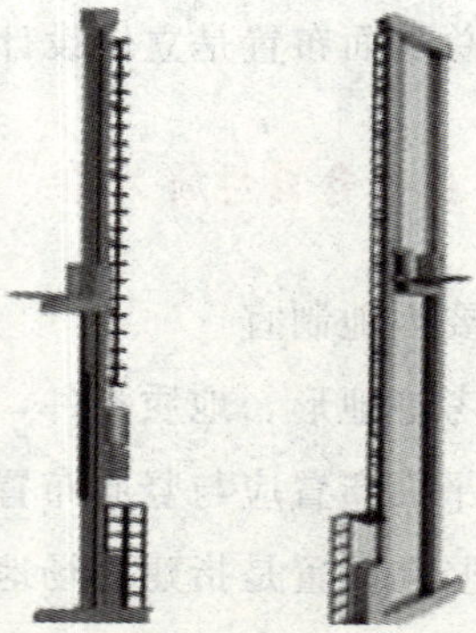

图 4-4　堆垛机

2. 仓库的空间布局

仓库的布局是指一个仓库的各个组成部分，如库房、货棚、货场、辅助建筑物、库内道路、附属固定设备等。应在规定的范围内，对仓库进行平面和立体的全面合理安排。

3. 汽车配件仓库的构成

一个配件仓库通常由配件存储区、配件卸货区和行政管理区三大部分组成。

(1) 配件存储区

配件存储区是配件存储的主要场所，具体分为货架、主通道、货架间通道，如图 4-5 所示。

货架（如图 4-6 所示），是汽车配件放置的基础设施，可存放配件，同时还起着配件的周转和调剂、出入库作业等作用。

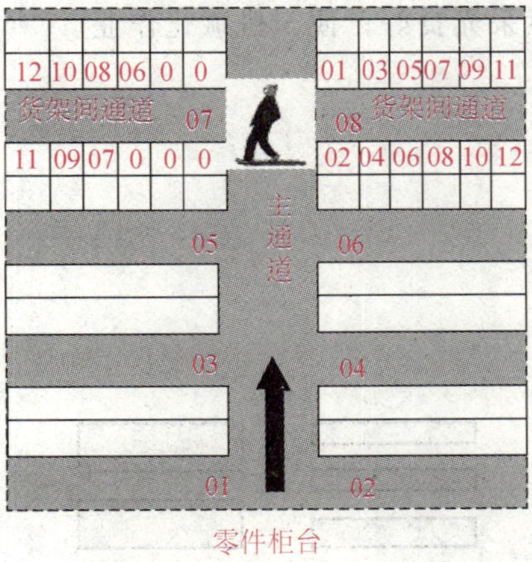

图 4-5　配件存储区

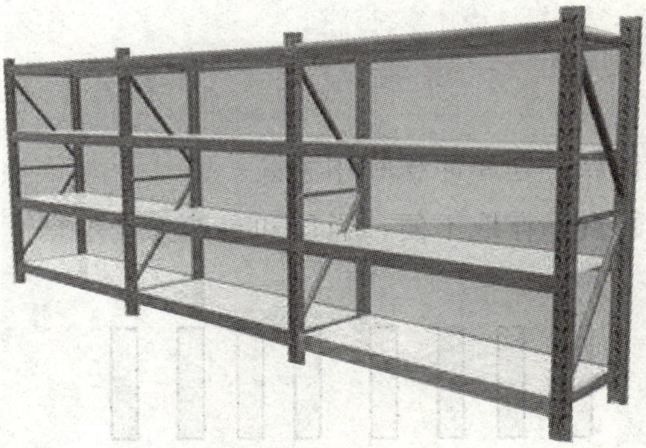
图 4-6　货架

仓库内至少设一个主通道（专运线），主通道能清楚地从一端看到另一端，正对着仓库的大门，保证至少 2 米的宽度。因为零部件的数量很多，所以进货与出货的时候，有可能需要利用叉车来进行运送。主通道如图 4-7 所示。

在货架之间设有货架间通道，也称辅助通道。货架间通道要保证至少 1.2 米的宽度。这是因为在配件入库与出库时，要用到手推车，其宽度要能够保证手推车可以在两货架之间掉头，如图 4-8 所示。

图 4-7　主通道

图 4-8　货架间通道

(2) 配件卸货区

配件卸货区是供配件运输车辆装卸配件的场地，为利于仓储配件入库，卸货区一般设在仓库大门的一侧，便于运送配件的车辆停靠。卸货区要求有一定大小的空间，用于配件卸货而未入库上架前暂时的堆放，其高度和宽度应根据运输工具和作业方式而定。

(3) 行政管理区

行政管理区是仓库行政管理机构区域。对于汽车配件存储仓库而言，行政管理区一般设在仓库与维修车间衔接的地方，是业务接洽和管理的办公区域及仓库对维修车间发货的窗口，主要设有仓库前台和配件管理主管办公室。

三、汽车配件存储区的布局

1. 横列式布局（见图 4-9）

优点：整齐美观，查点、存取方便；通风和自然采光良好；便于机械化作业。

缺点：主通道占地多，利用率低。

2. 纵列式布局（见图 4-10）

优点：仓库面积利用率高。

缺点：存取不便；通风和自然采光不良。

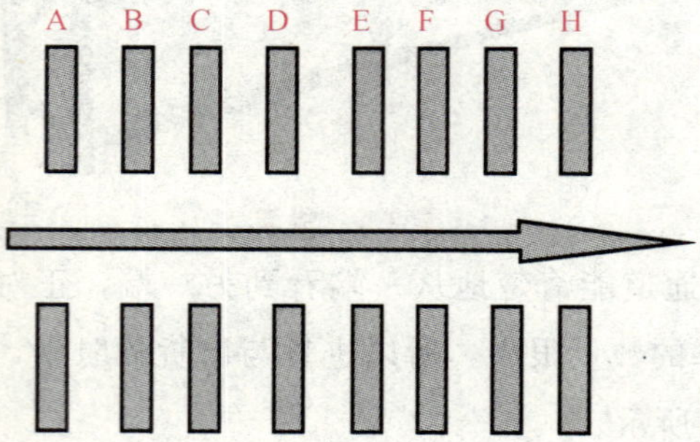

图 4-9　横列式布局

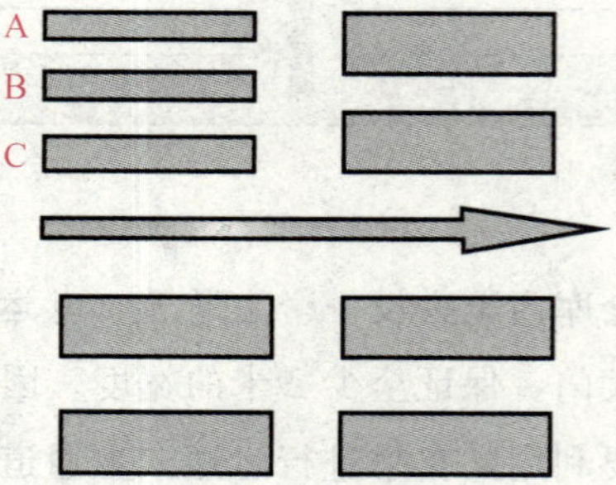

图 4-10　纵列式布局

3. 纵横式布局（见图 4-11）

优点：综合利用横列式布局和纵列式布局的优点。

4. 料垛倾斜式布局（见图 4-12）

优点：叉车配合托盘作业，提高装卸搬运效率。

缺点：造成死角，仓库面积不能充分利用。

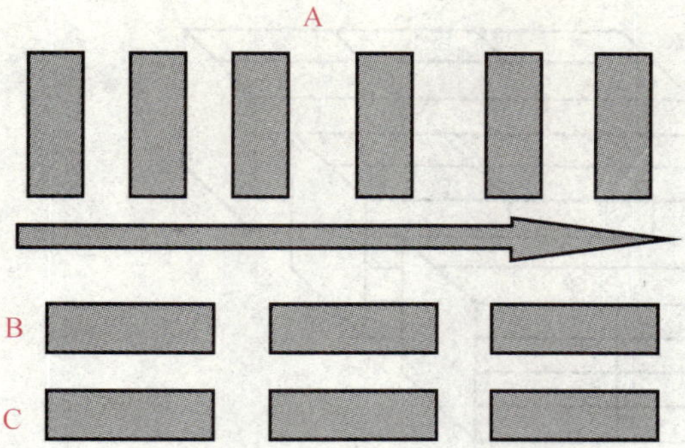

图 4-11　纵横式布局

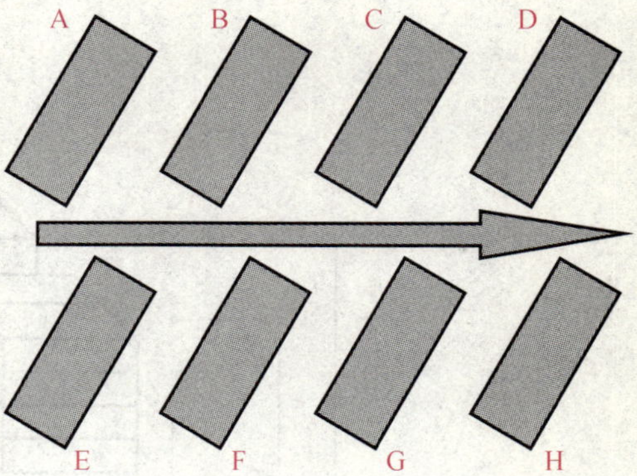

图 4-12　料垛倾斜式布局

5. 通道倾斜式布局（见图 4-13）

优点：可以通过通道进行仓库分区，便于物品分类管理。

缺点：仓库内布局较为复杂。

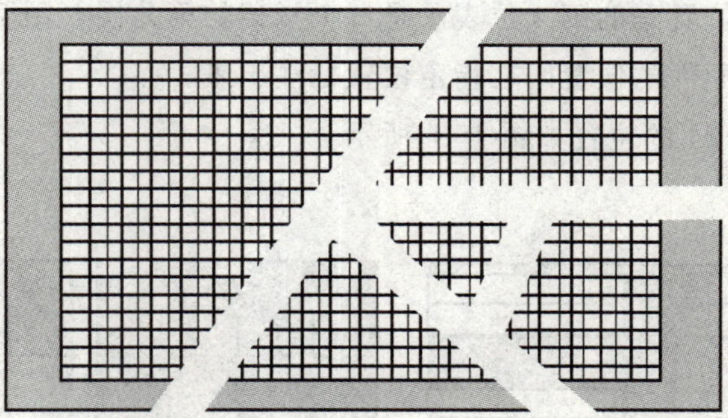

图 4-13　通道倾斜式布局

四、汽车配件的货位编号

1. 汽车配件的货位编号的方法

汽车配件的货位编号常为四位，主要根据“区、列、架、层”的原则进行编排，如图 4-14 所示。

（1）按区分类：位置码第一位表示仓库中的分区，用 A，B，C，…表示。

（2）按列编排：位置码第二位表示第几列货架，用 1，2，3，…表示。

（3）按货架号编排：位置码第三位表示每列货架的第几个货架，用 A，B，C，…表示，也可用 1，2，3，…表示。

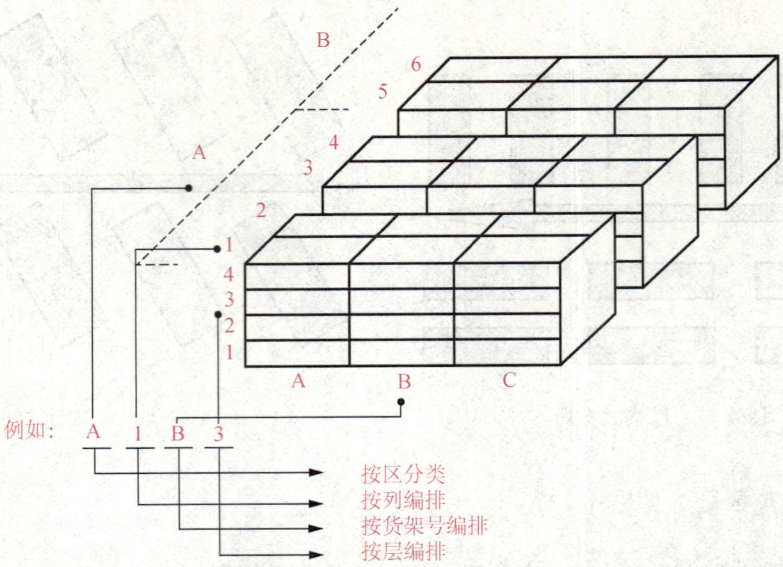

图 4-14　汽车配件的货位编号示意

（4）按层编排：位置码的第 4 位表示是每个货架的第几层，用 1，2，3，…表示。

（5）最后把所有配件的位置码在指定位置标注出来。

例如，A03－C－24 的位置如图 4-15 所示。

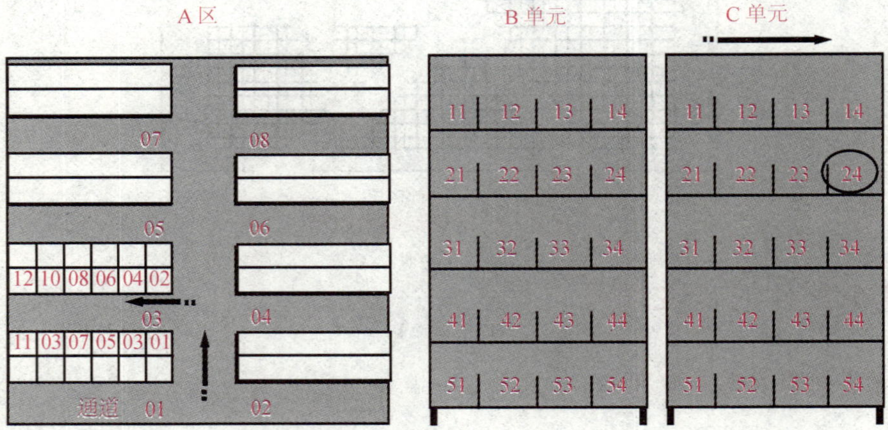

图 4-15　A03－C－24 的位置

2. 汽车配件使用货位编号的原因

（1）便于增加新的汽车配件

如果想增加或改变一个新零件号码，使用零件号码编排需要调整，而使用货位号码编排不需要调整，如图 4-16 所示。

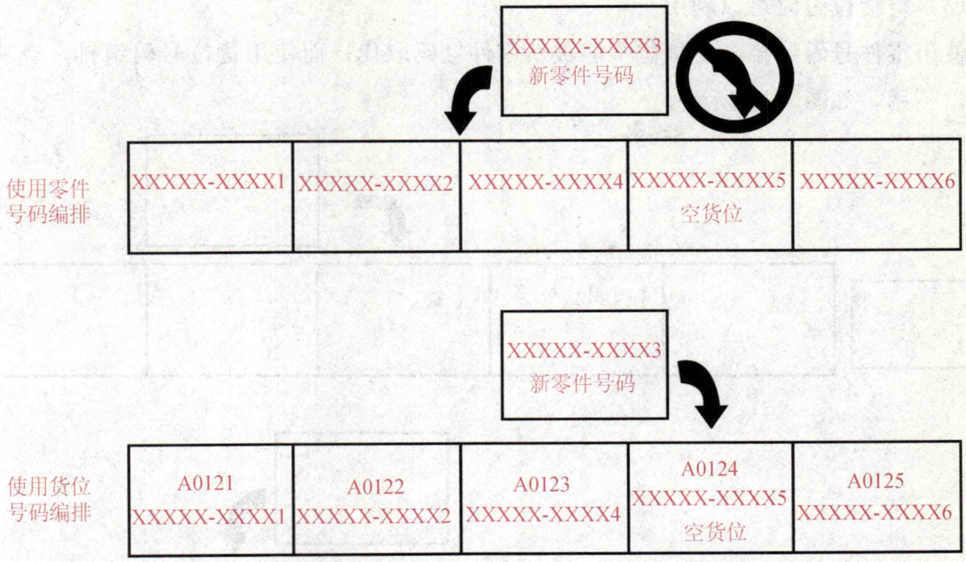

图 4-16　便于增加新的汽车配件

(2) 便于合理放置汽车配件

按零件号码排序，连续号码的零件会有不同大小；按零件尺寸和重量摆放，才能达到合理的效果，如图 4-17 所示。

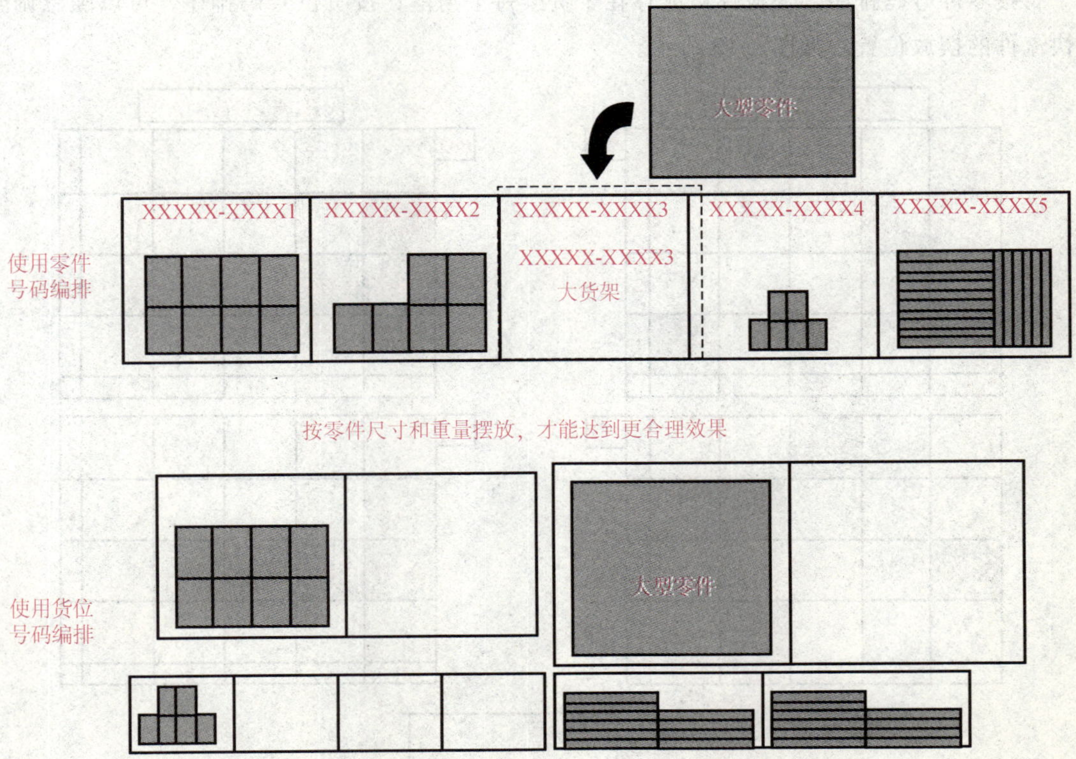

图 4-17　便于合理放置汽车配件

（3）空货位随时可以利用

使用零件号码编排，空货位不能被新零件号码取代；而使用货位号码编排，空货位随时可以利用，如图 4-18 所示。

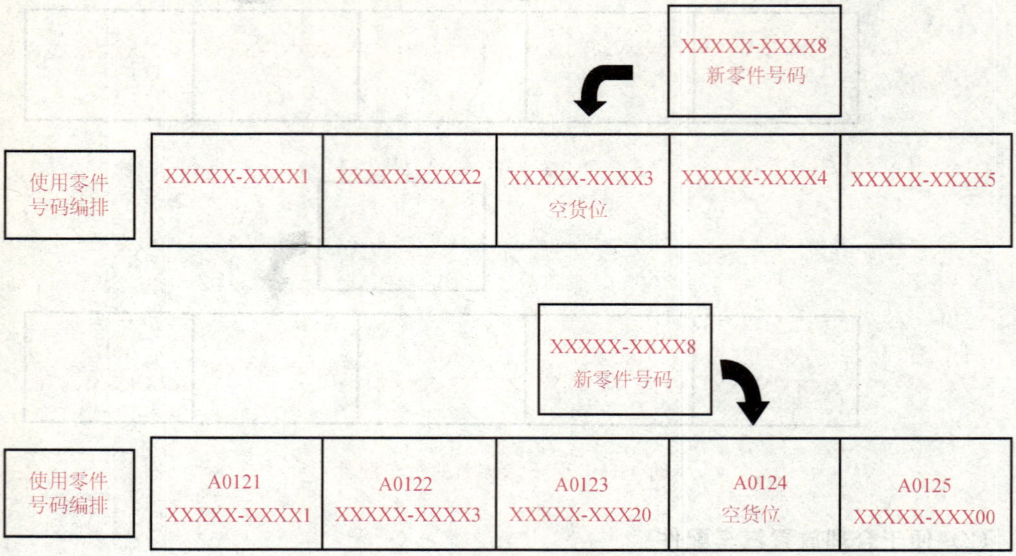

图 4-18　空货位随时可以利用

（4）宜于快流件的存取

按零件号码排序，快流件可能存在于货架每个角落；按货位号码排序，可以随意调整快流件的摆放位置，如图 4-19 所示。

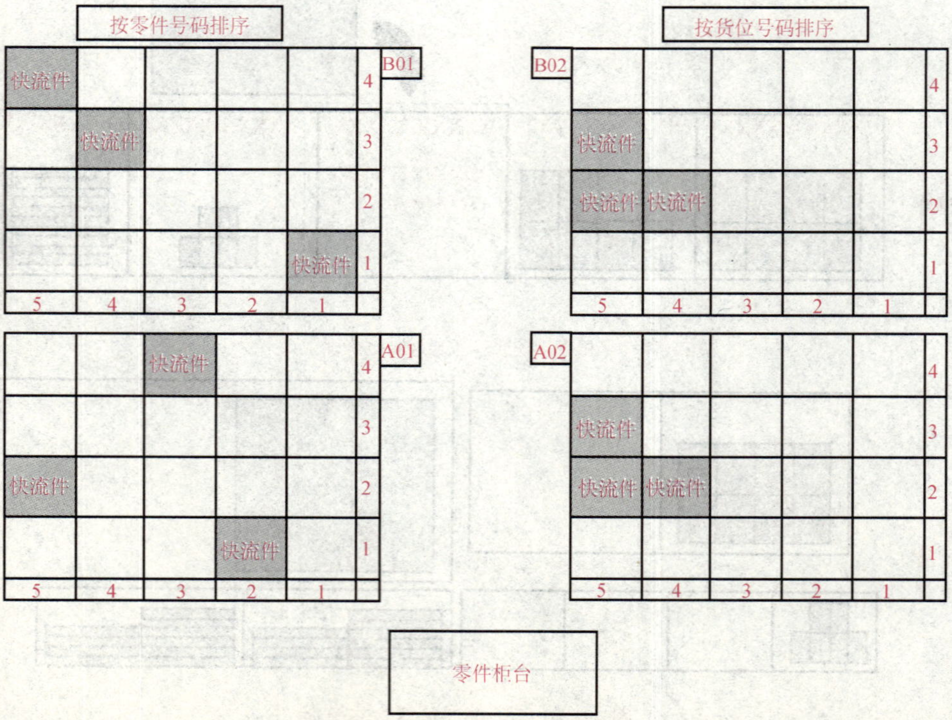

图 4-19　易于快流件的存取

3. 货位编号的说明

(1) 位置码中的数字最好以英文字母分开书写，当 26 个英文字母不够用时，可将 26 个英文字母排列组合，以增加表示的范围，如：AA，AB，AC，…；同一过道或同一货架，以下字母不要同时使用（Cc，Ii，Jj，Kk，Oo，Pp，Ss，Uu，Vv，Ww，Xx，Zz），否则容易发生混淆。

(2) 列号、货架号、层号的编排顺序一般有以下几种：

①列号编排的顺序：以仓库的入门处为三维坐标的原点，位置码的列号依次增大，以方便查找。

②货架号编排的顺序：从左到右法（见图 4-20）和环形法（见图 4-21）。

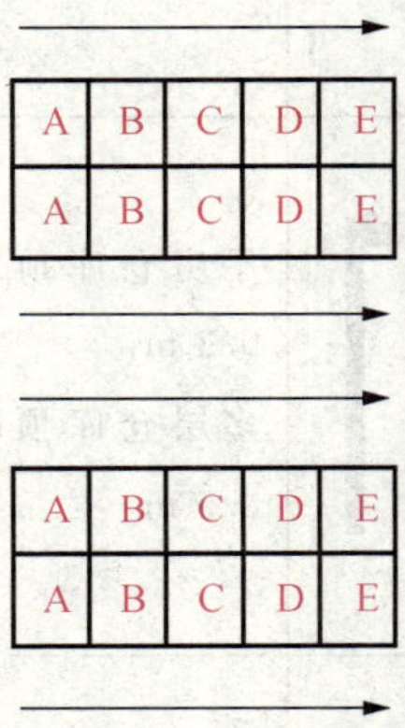

图 4-20 从左到右法

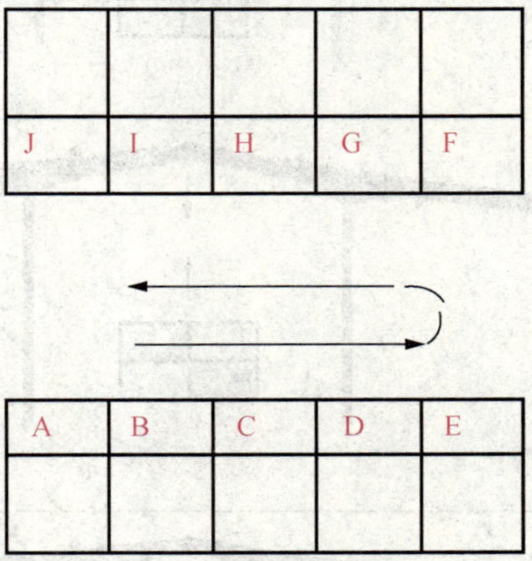

图 4-21 环形法

五、汽车配件的安全合理堆码

1. 合理堆码的要求

仓库里的配件堆码必须贯彻“安全第一”的原则，在任何情况下，都要保证仓库、配件和人身的安全，同时还要做到文明生产，配件的陈列堆码一定要讲究美观整齐，具体要做到以下 6 点。

(1) 安全“五距”，如表 4-1 所示。

表 4-1　安全“五距”

名称	图例	含义
墙距		库内货垛与隔断墙之内墙距不得小于 0.3 m，外墙距不得小于 0.5 m
柱距	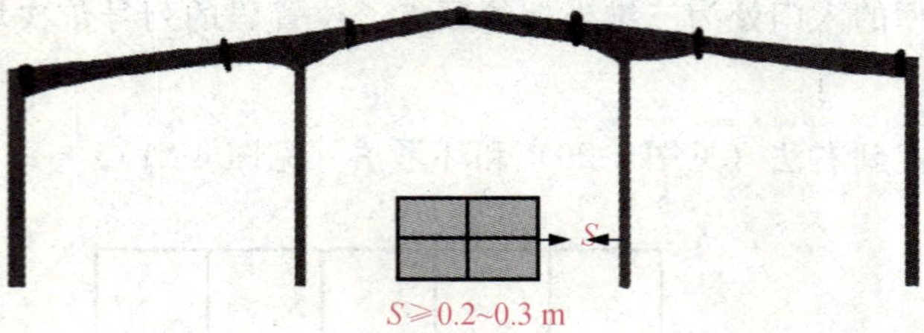	货垛或货架与库房内支撑柱子之间应留有不小于 0.2～0.3 m 的距离
顶距	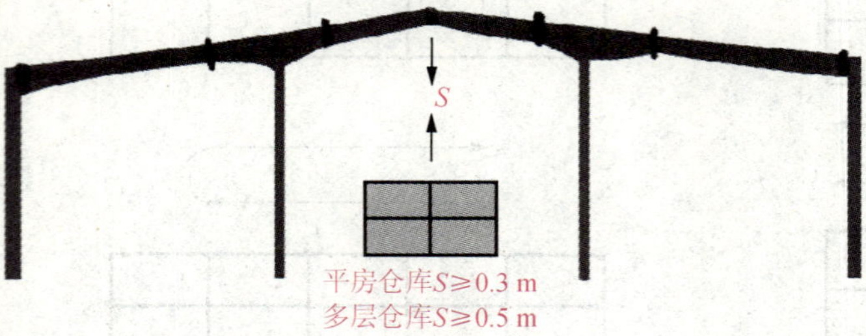	平房仓库顶距应不小于 0.3 m； 多层仓库顶距不得小于 0.5 m
灯距	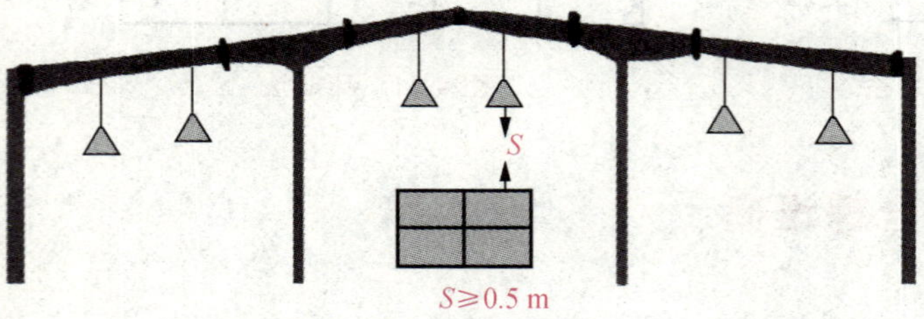	货垛与照明灯之间的必要距离称为灯距；灯距必须严格遵守规定，不得小于 0.5 m
垛距	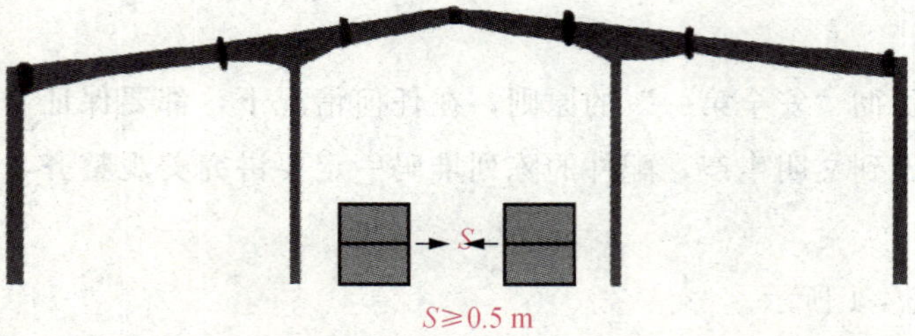	垛距是货垛与货垛或货架与货架之间的必要距离；库房的垛距应不小于 0.5 m，货架与货场货垛间距均应不小于 0.7 m

（2）实行定额管理

对于库房的储存量指标应有明确规定，实行定额管理，重量不得超过设计标准的 90%，以保证库房建筑安全达到设计使用年限，同时也要保证每立方米的合理存放，确保库存物资和人员的安全。

（3）堆码美观整齐

堆垛要稳，不偏不斜，不歪不侧，货垛货架排列有序，上下左右中摆放整齐，做到横看成行、竖看成线。有些零件，如车门、排气管等扁平或细长件宜竖直存放，平放易导致下面的零件损坏，并且浪费空间，如图 4-22 所示。包装上有产品标志的，堆码时标志应一律朝外（见图 4-23），不得倒置。发现包装破损，应及时调换。

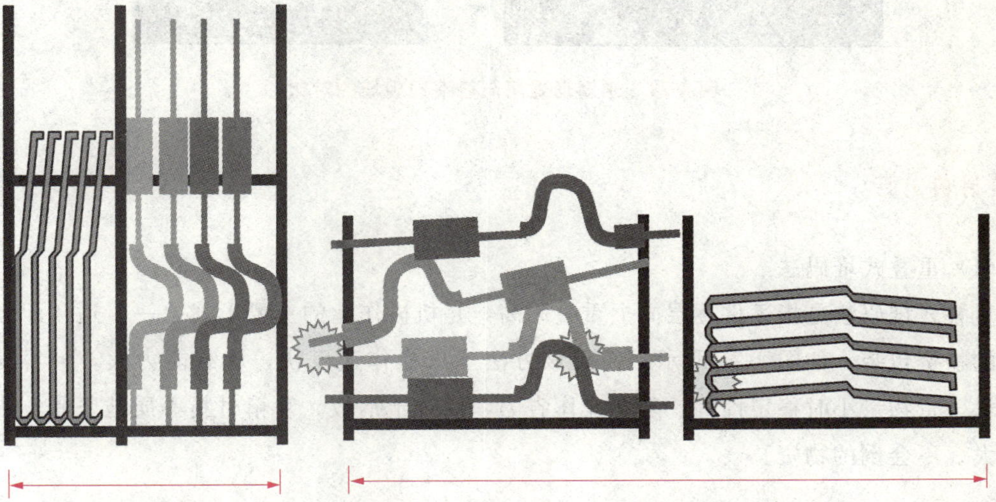

图 4-22　配件的合理存放

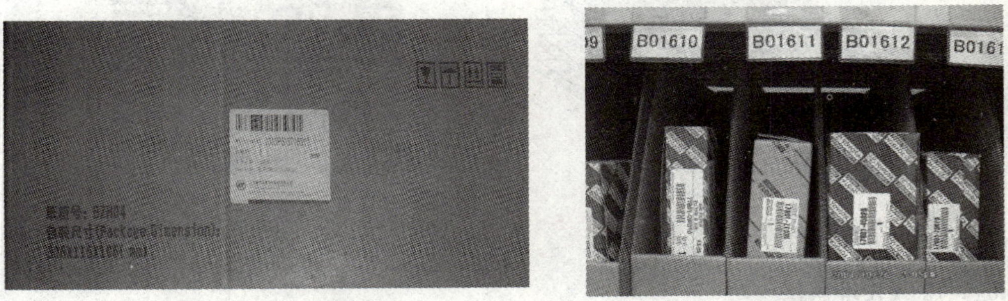

图 4-23　标签朝外

（4）重量轻、体积大的配件应单独存放

堆码时要注意两点：第一，要适当控制堆码高度；第二，不要以重压轻，以防倾倒。对易碎、易变形的配件，更不可重压，以保证其安全。

（5）露天存放配件要求

对某些配件，须露天存放时，也要美观整齐，并且要上盖下垫，顶不漏雨，下不浸水，四周要通风，排水要良好。

（6）清理现场

每次发货后要及时清理现场，该拼堆的拼堆，该上架的上架，最后清扫干净，这样既腾出了货位，以便再次进货，又保持了仓库的整洁美观，如图 4-24 所示。

图 4-24　未清理现场与已清理现场的对比

2. 堆码的方法

（1）重叠式堆码法

重叠式堆码法是指逐件逐层向上重叠码高，是机械作业的主要形式之一，适用于硬质整齐的物资包装，如图 4-25 所示。使用该方法工人操作速度快，承载能力大，但容易发生塌垛。货物量小时稳定性好、装卸操作省力，适合于钢板、装箱材料等质地坚硬、占地面积大、不会倒的物资。

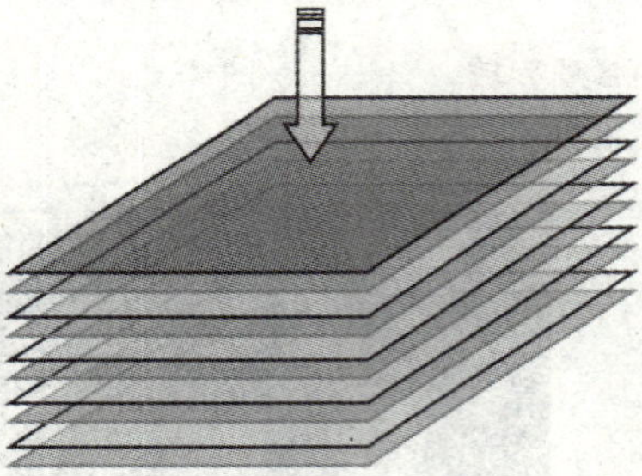

图 4-25　重叠式堆码法

（2）压缝式堆码法

压缝式堆码法是将垛堆的底层排列成正方形或长方形，上层起压缝堆码，每件物品压住下层的两件货物，如图 4-26 所示。该方法能较大限度节省空间，方便操作，适用于卷板、钢带、卷筒纸、卧放的桶装物资等，稳定性能好。

图 4-26　压缝式堆码法

（3）通风式堆码法

为便于汽车配件通风散潮，有的汽车配件的件与件不能紧靠，要前后左右都留一点空隙，宜采用通风式堆码法。该堆码方法多种多样，常见的有“井”字形、“非”字形、“示”字形、旋涡形等。需要通风散热、散潮、防霉及怕霉的汽车配件，常用此法，如图 4-27 所示。桶装、听装的液体汽车零件，排列成前后两行，行与行、桶与桶之间都留空隙；堆高上层对下层可压缝，即上一件跨压在下两件“肩”部，以便检查有无渗漏。

图 4-27　通风式堆码法

（4）仰伏相间式堆码法

钢轨等物品，一层仰放，一层伏放，两层相扣，使货架稳定。露天存放要一头稍高，便于排水，如图 4-28 所示。该方法适用于钢轨、工字钢、槽钢、角钢等物资的堆码，稳定性强度不高。

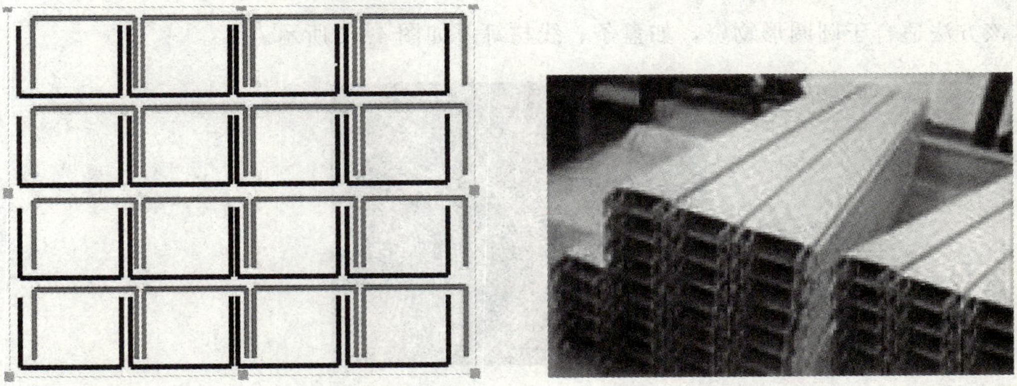

图 4-28　仰伏相间式堆码法

（5）纵横交错式堆码法

相邻两层货物的摆放旋转 90°，一层横向放置，另一层纵向放置，纵横交错堆码，如图 4-29 所示。该方法有咬合效果，但是稳定性的强度不高，适合自动装盘操作。

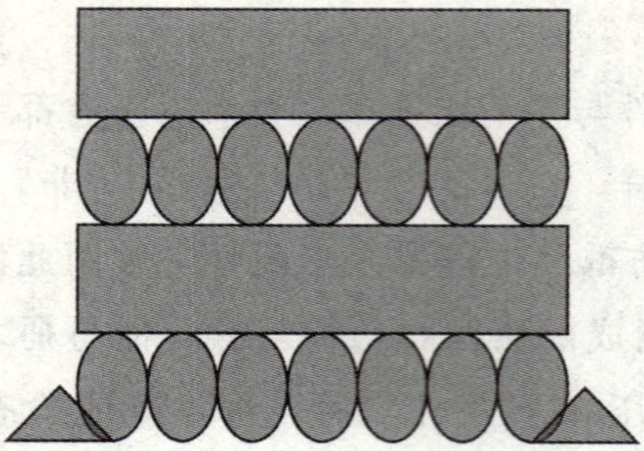

图 4-29 纵横交错式堆码法

(6) 栽柱式堆码法

货堆两旁各栽 2～3 根木柱或钢棒，货物平铺于柱内，每隔几层两侧柱子用铁丝拉紧防倒，如图 4-30 所示。

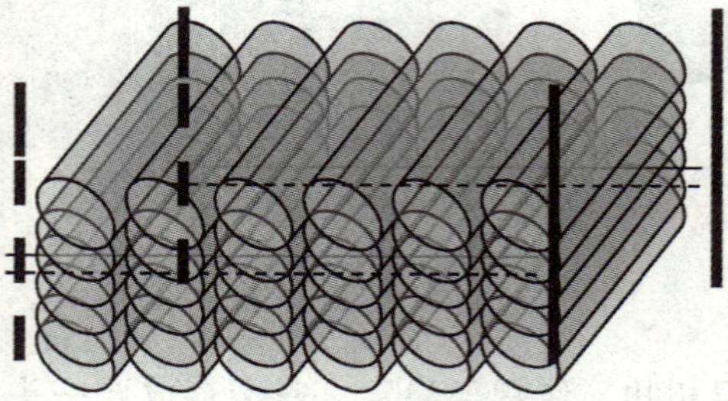

图 4-30 栽柱式堆码法

(7) 鱼鳞式堆码法

该方法适合于圆圈形物资，如盘条、线材等，如图 4-31 所示。

图 4-31 鱼鳞式堆码法

任务三 汽车配件入库管理

任务情境

汽配城购进一批汽车零部件，经理让新来的小张把这批配件入库。面对如此多的发动机配件，小张感到无从下手。应该如何把这批配件入库呢？

任务分析

小张要想把这批配件按要求入库，必须熟悉汽车配件的入库验收程序。

相关知识

入库验收是配件入库管理的准备阶段。配件一经验收入库，仓库保管工作就正式开始，同时也就划清了入库和未入库之间的责任界限。

一、配件入库验收的重要性

入库的配件情况比较复杂，有的出厂之前就不合格，如包装含量不准确、包装本身不合乎保管和运输的要求；有的在出厂时虽然是合格的，但是经过几次装卸搬运和运输，有的配件包装损坏、数量短缺、质量受损，有的配件失去部分使用价值甚至完全失去使用价值。所有这些问题必须在入库前弄清楚，以划清责任界限。否则，汽车配件在入库之后再发现质量、数量问题，就会由于责任不清给企业造成不必要的经济损失。因此，搞好入库验收工作，把好“收货关”，就是为提高仓库保管质量打下良好的基础。

二、入库验收的依据和要求

1. 入库验收的依据

（1）根据入库凭证（如配件入库单、收料单、调拨单、退货通知单）注明的名称、规格、型号、等级、产地、单价、数量等各项内容进行验收。

（2）参照技术检验开箱的比例，结合实际情况，确定开箱验收的数量。

（3）根据国家对配件质量要求的标准进行验收。

2. 入库验收的要求

（1）及时

配件验收要及时，以便尽快建卡、立账和销售，这样配件就可以减少在库停留时间，缩短流转周期，加速资金周转，提高企业经济效益。

（2）准确

配件入库应根据入库单所列内容与实物逐项核对，同时对配件外观和包装认真检查，以保证入库配件数量准确，防止以少报多或张冠李戴的配件混进仓库。如发现有霉变、腐败、渗漏、虫蛀、鼠咬、变色、沾污和包装潮湿等异状的汽车配件，要查清原因，做好记录，及时处理，以免扩大损失。要严格实行一货一单制，按单收货，单货同行，防止无单进仓。

三、入库验收的程序

配件入库验收包括配件数量和配件质量两个方面的验收。配件数量的验收是整个入库验收工作中的重要组成部分，是搞好配件保管工作的前提。库存配件的数量是否准确，在一定程度上是与入库验收的准确程度分不开的。配件在流转的各个环节都存在质量验收问题。入库的质量验收，就是配件保管员利用自己掌握的技术和在实践中总结出来的经验，对入库配件的质量进行检查验收。入库验收的程序如图 4-32 所示。

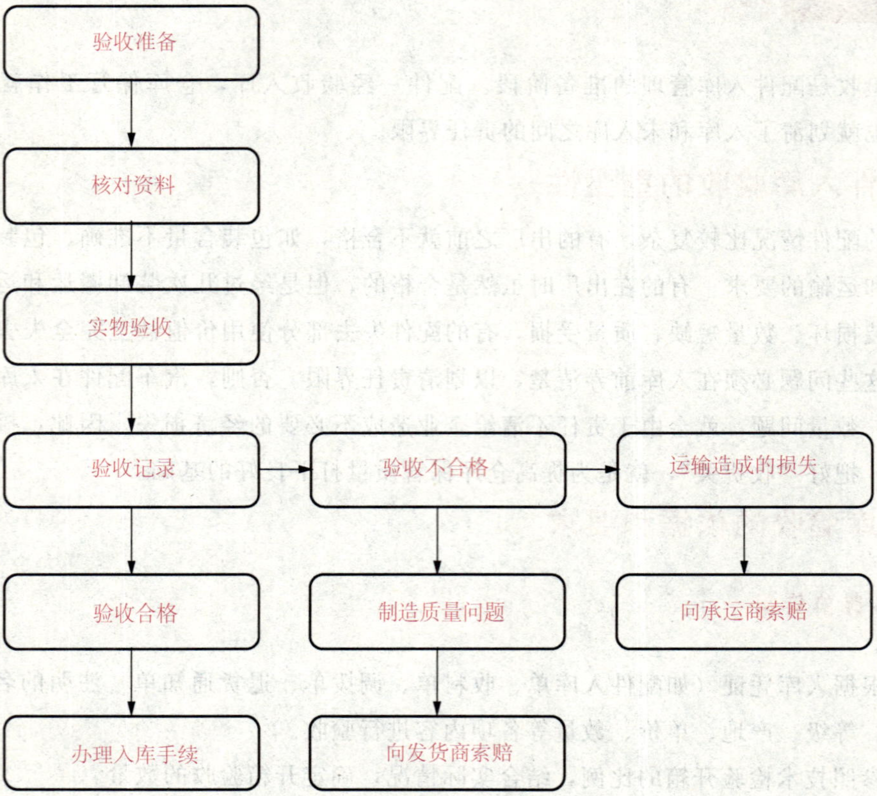

图 4-32　入库验收的程序

1. 点收大件

配件保管员接到进货员、技术检验人员或工厂进货人员送来的配件后，要根据入库单所列的收货单位、名称、规格、型号、等级、产地、单价、数量等各项内容，逐项进行认真查对、验收，并根据配件入库的数量、性能、特点、形状、体积，安排适当的货位，确定堆码方式。

2. 核对包装

在点清大件的基础上，对包装物上的商品标志与入库单进行核对。只有在实物、标签（见图 4-33）与入库凭证相符时，方能入库。同时，对配件包装（见图 4-34）是否合乎保管、运输的要求进行检查验收，经过核对检查，如果发现票物不符或包装有破损异状时，应将其单独存放，并协调有关人员查明情况，妥善处理。

(a) 进口配件标签

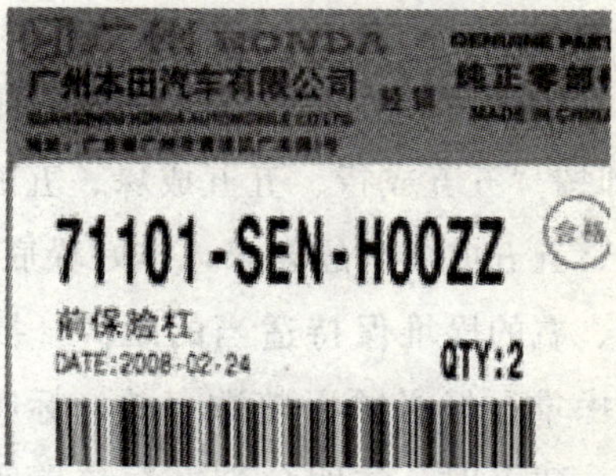

(b) 国产配件标签

图 4-33　广州本田配件标签

(a) 外包装

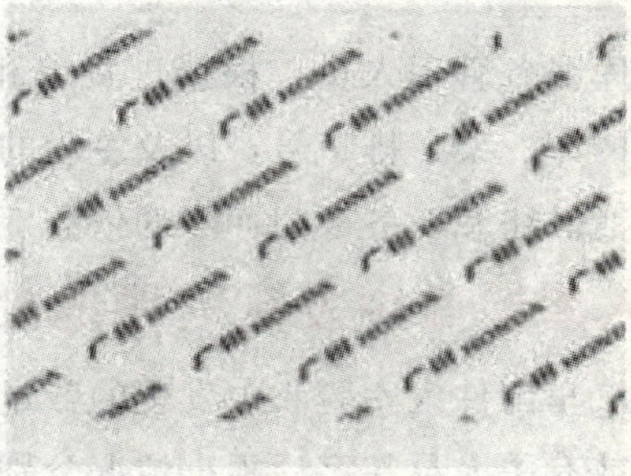

(b) 内包装

图 4-34　广州本田配件包装

3. 开箱点验

凡是出厂原包装的产品，一般开箱点验的数量为 5%～10%。如果发现包装含量不符或外观质量有明显问题，可以不受上述比例的限制，适当增加开箱检验的比例，甚至全部开箱。新产品入库亦不受比例限制。对数量不多且价值很高的汽车配件，非生产厂原包装的或拼箱的汽车配件，国外进口汽车配件，包装损坏、异状的汽车配件等，必须全部开箱点验，并按入库单所列内容进行核对验收，同时还要查验合格证。经全部查验无误后，才能入库。

4. 过磅称重

凡是需要称重的配件，一律过磅称重，并记好重量，以便计算、核对。

5. 归堆建卡

配件归堆，要根据性能特点，安排适当货位。归堆时一般按“五五堆码”的原则（如图 4-35 所示），即按“五五成行、五五成垛、五五成层、五五成串、五五成捆”的要求，排好垛底，并与前、后、左、右的垛堆保持适当的距离，批量大的可以另设垛堆，但必须以整数存放，标明数量，以便核对。建卡时，注明分堆寄存位置和数量，同时在分堆处建立分卡。

图 4-35 五五堆码

6. 上账退单

仓库账务管理人员，根据进货单和仓库保管员安排的库、架、排、号，以及签收的实收数量，逐笔逐项与财务部门核对，作为业务部门登录商品账和财务部门冲账的依据。

四、入库验收中发现问题的处理

在汽车配件入库验收中发现的数量、质量或包装的问题都应按规定如实做好记录，交接双方或有关人员签字后根据情况分别处理。

1. 单货不符或单证不全

（1）汽车配件入错库

对于汽车配件入错库，应如实签收，将送错的汽车配件清出，当即退回；如是在签收后堆码、验收中发现串库汽车配件，应及时通知送货人办理退货手续，同时更正单据。

（2）有货无单

有货无单指货物到库而随货同行凭证未到。对于有货无单的配件，应安排场所暂时存放，及时联系，待凭证到齐再点验入库。

（3）有单无货

有单无货指存货单位预先将入库单送到仓库，但经过一定时期仍未来货。对于有单无货的配件，应及时查明原因，将单据退回注销。

（4）货未到齐

货未到齐指由于运输途中甩货或批次转运混乱，造成同一批汽车配件不能同时到齐的情况，应分单签收。

（5）名称、规格不符

入库汽车配件在开箱、拆包验收中发现名称、规格、牌号、产地等与入库单所列不符，仓库应与存货单位联系或提出查询处理。

2. 质量问题

配件质量问题包括配件异状、残损、变质等。在接货时发现的质量问题，应会同交通运输部门清查点验，并由运输部门编制商务记录或出具证明书，以便按章索赔。如确认责任不在运输部门，也应做出普通记录，以便作为向供货单位联系处理的依据。

3. 包装问题

在清点大数时发现包装有水渍、沾污、损坏、变形等情况，应会同送货人开包检查内部细数和质量，并由送货人出具入库汽车配件异状记录，或在送货单上注明，并同时通知保管员另行堆放。

4. 数量不符

数量不符是指汽车配件到库实数与随行单证上所列数量不一致，有件数不符和细数不符两种情况。件数不符，应由收货人在送货单各联上注明后按实签收，将缺少配件的名称、规格、数量通知运输人员及供货单位；细数不符，是指开包检验发现汽车配件的溢余短少或者规格不符，对此情况，应如实签收，注明情况，并通知发货方和业务单位。发生这种情况既不能作溢余处理，也不能以长补短，互相抵补，应填写残损短缺溢出记录进行处理，转发货方。

任务四 汽车配件库存管理

任务情境

汽车配件管理员小王任职不久，经理安排他去将库房的配件全部检查一遍，将需要养护的配件进行养护，并将消防、防盗等安全措施也检查一遍。小王到库房后觉得消防防盗措施没什么可检查的，对于汽车配件也不知道怎样维护，只是清点了数量，打扫了库房卫生。结果上级领导来检查时发现了几处火灾隐患，配件有生锈、老化、过存储期、没加保护垫等现象，因此小王受到了处罚。作为管理员，应该如何做好仓库管理工作呢？

任务分析

汽车配件及产品种类繁多，性质各异，仓储保管条件各不相同，对存储环境要求不同，应掌握各种汽车配件的仓储保管条件。

相关知识

一、配件管理七原则

1. 相似配件摆放在一起

相似配件摆放在一起（如图 4-36 所示），具有以下好处：

①相似零件摆放在一起能够提供安全的工作环境；

②便于掌控库房零件，促进优化库存结构；

③减少入库出库时间，提高工作效率；

④提高库房空间利用率。

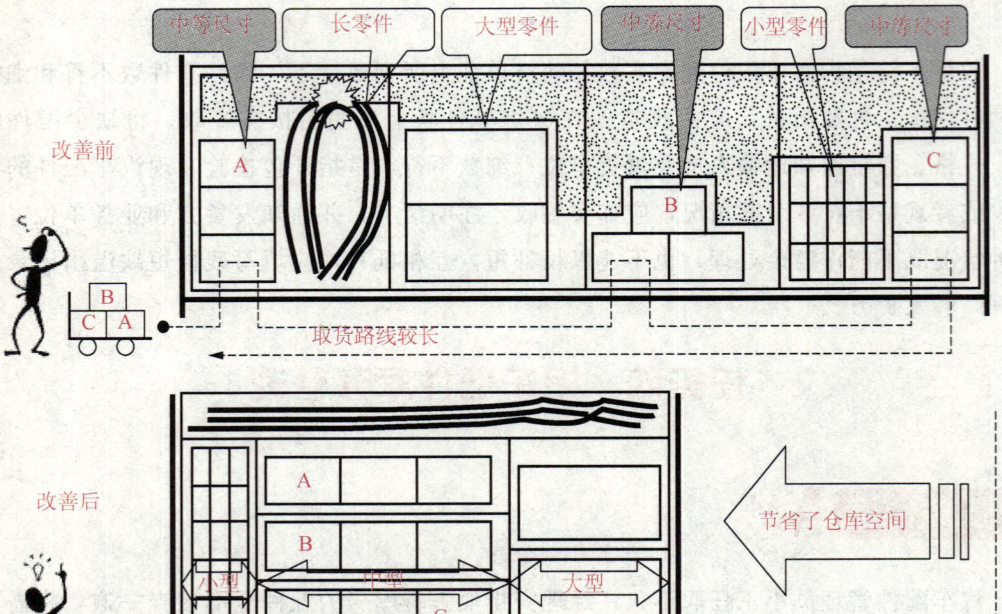

图 4-36　相似零件摆放在一起的优点

将相似配件摆放在一起时应注意的事项：

①选择形状相同的零件摆放时，要考虑零件的大小形状，很多零件不是单个摆放，而是很多零件堆放在一起，如图 4-37 所示。

②大型较重零件靠近入库口侧，小型零件靠近出库口侧。

③快流件靠近出库口侧。

④慢流件集中放置，方便管理。

⑤设置合适的货架尺寸，选用合适的库存管理设备。

图 4-37　不规则配件的摆放

2. 配件竖直摆放

配件竖直摆放（如图 4-38 所示），具有以下好处：

①配件竖直摆放可以提高出入库效率；

②避免零件损坏，减少空间浪费。

图 4-38　配件垂直摆放

3. 零件放在伸手可及的区域

零件放在伸手可及的区域（如图 4-39 所示），具有以下好处：

①提高了出入库的效率；

②工作环境更加安全。

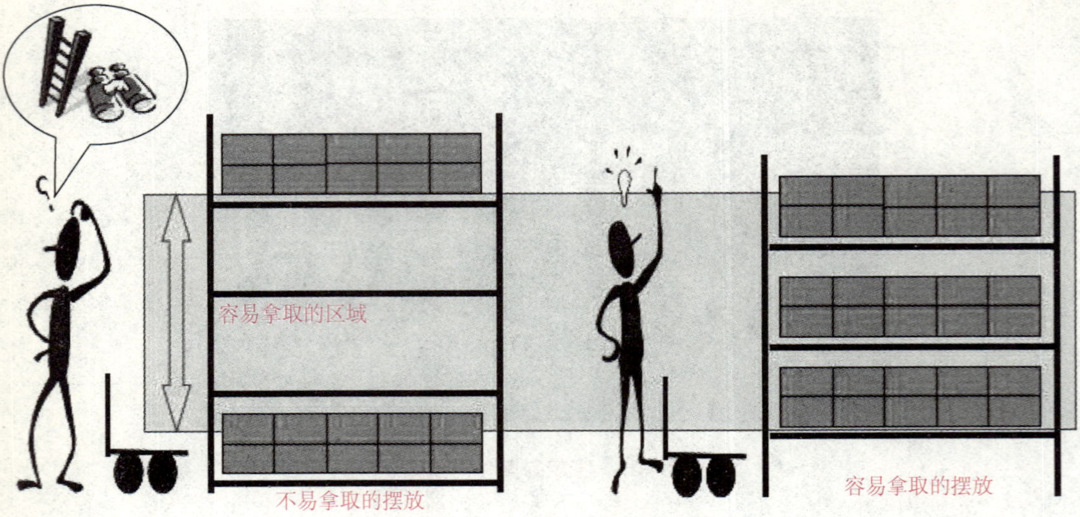

图 4-39 零件放在伸手可及的区域

4. 重物放在较低或腰部位置的货架

重物放在较低或腰部位置的货架（如图 4-40 所示），具有以下好处：

①出入库操作更容易；

②为员工提供更安全的工作环境，消除安全隐患。

图 4-40 重物放在较低位置或腰部位置的货架

5. 每个配件号码要有一个相对应的货位

每个配件号码要有一个相对应的货位（如图 4-41 所示），具有以下好处：

①可以避免入库和出库操作错误，提高工作效率；

②货位号的位数少，更易辨别；

③空货位更便于及时利用；

④即使不懂配件，也可以简单完成出入库操作。

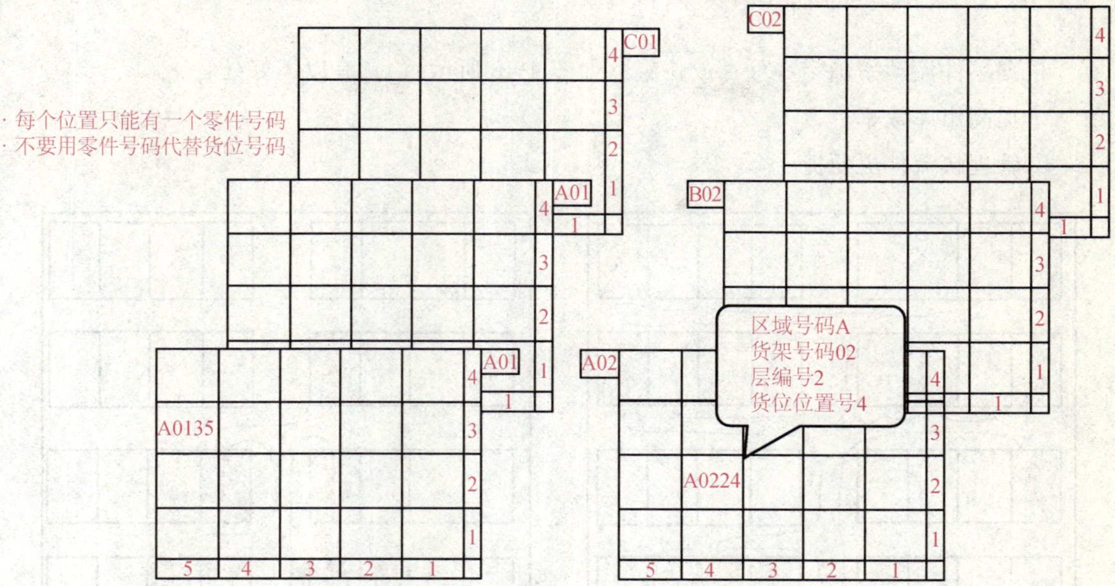

图 4-41　每个配件号码要有一个相对应的货位

6. 可视化的异常配件数量管理

可视化的异常零件配量管理（如图 4-42 所示），具有以下好处：

①可视化管理异常数量货位，可以及时发现异常零件，避免库存积压；

②容易发现异常状况；

③通过可视化管理，可以及时发现并改善导致异常的原因。

图 4-42　可视化的异常配件数量管理

7. 根据零件流动率确定零件存放位置

根据零件流动率确定零件存放位置（如图 4-43 所示），具有以下好处：

①提高出库效率；

②管理快流件更便捷。

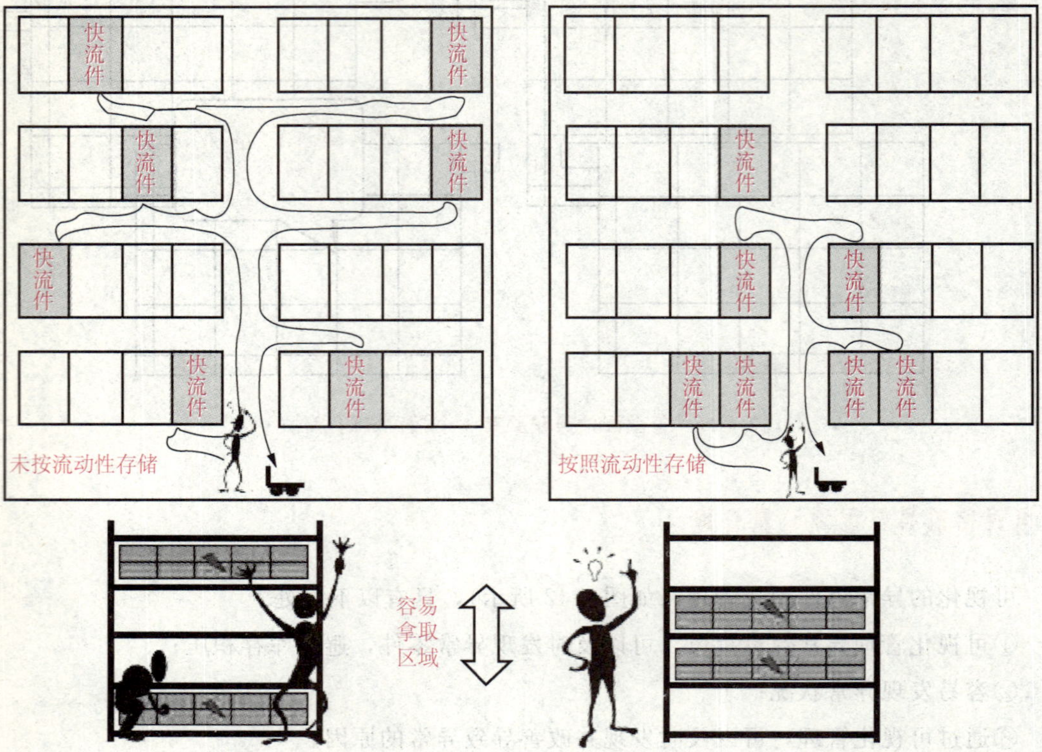

图 4-43　根据零件流动率确定零件存放位置

二、实行汽车配件的条理化管理

库房对汽车配件进行科学合理管理和存放的最重要的方法就是对汽车配件实行分区、分类和定位存放。

1. 分区分类的方法

（1）按品种系列分库

该方法将所有汽车配件不分车型，一律按部、系、品种顺序，分系列集中存放。例如，储存发动机配件的库叫作发动机库；储存通用电器的库叫作通用电器库，如图 4-44 所示。凡是品名相同的配件，不管是什么车型，都放在一个库内。

图 4-44 按品种系列分库

优点：仓容利用率高，而且比较美观，便于根据仓库的结构适当安排储存品种。

缺点：顾客提货不太方便，特别是零星用户提少量几件货，也要跑几个库。另外，保管员在收发货时，容易发生差错。

(2) 按车型系列分库

该方法按所属的不同车型分库存放配件，例如东风、解放、桑塔纳、捷达等车型的配件，分别设东风牌汽车配件库、解放牌汽车配件库、桑塔纳汽车配件库、捷达汽车配件库等，如图 4-45 所示。

图 4-45 按车型系列分库

优点：顾客提货比较方便，还可以减少保管员收发货的差错。

缺点：仓容利用率较低，对保管员的业务技术水平要求也较高。

(3) 按经营单位分库

在一个库区内同时储存属两个以上经营单位的配件时，也可以按经营单位设专库储存。

以上几种配件存储分类统一的管理办法，采取哪一种办法为好，要根据各个单位保管员的专业知识水平、仓库设备、库存配件流量等具体情况适当选择。但是，不管选择哪一种管理办法，仓库储存的物资和保管员的配备一经确定，就要相对稳定，一般不宜随意变更，以便仓库根据储存物资的性能、特点，配备必要的专用设备（含专用货架、格架、开箱工具、吊装设备等），以适应仓库生产作业的需要。

不论是按部、系、品种系列，车型系列，还是按单位设专库储存，都要建卡和立账，要与存货单位的分类立账结合起来，这样便于联系工作和清仓盘存，也有利于提高工作效率。在建卡立账时，还要与业务部门的商品账相结合，实行对口管理，以便核对、盘存和相互间的沟通。

分库储存中，凡是大件、重件（含驾驶室、车身、发动机、前后桥、大梁等）都要统一集中储存，以便充分发挥仓库各种专用设备，特别是机械吊装设备的作用。

三、特殊配件的存放

1. 不能沾油的汽车配件的存放

轮胎、水管接头、齿形带等橡胶制品，怕沾柴油、凡士林、全损耗系统用油，尤其怕沾汽油。上述橡胶配件若常与这些油类接触，就会出现质地膨胀、快速老化等现象，加速损坏报废。

干式纸质空气滤清器芯也不能沾油。灰尘、沙土黏附其上，会将滤芯糊住，从而增大气缸进气阻力，使气缸充气不足，影响发动机功率的发挥。

发电机、电动机的炭刷和转子若沾上凡士林、全损耗系统用油，则会造成电路短路，工作异常，甚至导致汽车不能启动。风扇传动带、发电机传动带若沾上油，则会引起打滑，影响冷却和发电。干式离合器的各个摩擦片应保持清洁干燥，若沾上油就会打滑。同样，制动器的制动蹄片若沾上油，则会影响制动效果。散热器沾上全损耗系统用油、凡士林后，尘沙黏附其上，不易脱落，从而影响散热效果。

2. 爆震传感器的存放

爆震传感器受到重击或从高处跌落会损坏，为防止取放时失手跌落而损坏，这类配件不应放在货架或货柜的上层，而应放在底层，且应分格存放，每格一个，下面还应铺上海绵等软物。

3. 减震器的存放

减震器在车上是承受垂直载荷的，若长时间水平旋转，会使减震器失效。因此，在存放减震器时，要将其竖直放置。水平放置的减震器在装上汽车之前，要在垂直方向上进行手动抽吸。

四、汽车配件保养

汽车配件品种繁多，由于使用的材料和制造方法不同而各具特点。汽车配件有的怕潮，有的怕热，有的怕阳光照射，有的怕压……汽车配件在储存中因受自然因素的影响而会发生质量的变化。

1. 影响汽车配件质量的因素

（1）温度对储存配件的影响

汽车配件适宜的储存温度都有一定的范围。例如，橡胶类配件在 25～30 ℃时，柔软而富有弹性；在高于 40 ℃时，会软化发黏；但在 10 ℃以下时，又会变硬变脆，从而失去弹性，强度下降。软木纸及垫，适宜温度一般为 18～25 ℃；一些酚醛塑料制品在温度达到 40 ℃以上时，会发生变形；某些有油漆防护层的配件也会出现龟裂现象；金属制品对温度也有一定要求，因为金属配件表面涂有保养油或蜡，遇到高温，保养油或蜡也易熔化发生干枯，所以必须掌握仓库内的温度变化。一般来讲，保管汽车配件的室温保持在 20 ℃左右为宜。

（2）湿度对储存配件的影响

湿度指空气中水蒸气含量的程度，表示空气湿度通常用“绝对湿度”“饱和湿度”“相对湿度”。绝对湿度是指空气中实际所含的水蒸气，即以每立方米空气中所含水蒸气的质量表示。饱和湿度是指空气中所含有饱和点的水蒸气，水蒸气超过饱和点时就变成水珠落下，这时的空气湿度叫作饱和湿度。测定饱和湿度常用的器具是温湿度表。相对湿度是指空气中所含的水蒸气距离饱和水蒸气含量的程度。绝对湿度不能充分说明空气干湿程度的状态，相对湿度则能确切地表示空气潮湿程度。相对湿度越高，距饱和点越近，空气越潮湿，这时对具有吸潮性的配件的损害就越大，会使怕潮配件生霉腐蚀。金属配件本身虽不吸潮，但湿度大时在金属表面就会凝结一层极薄的水膜，甚至形成水珠，加速其氧化生锈，所以对金属配件，特别是精密配件，尤其应注意防潮。石棉制品如汽车各类衬垫（片）受潮后，会出现片状雪斑，使其技术性能降低。相对湿度大于 85%，气温在 30 ℃以上时，会使电器配件及绝缘制品受潮，性能下降。相反，相对湿度过低（一般小于 50%），对某些配件也会产生不良影响，如油封用的橡胶和皮革会出现干裂、发脆，各种纸垫块、木纸等也会发生伸缩变形，一般库内的相对湿度保持在 70%左右为宜。

但是不同质地的汽车配件又各不一样，例如，汽车轮胎保管的相对湿度以 50%～80%为宜，软木纸保管的相对湿度以 40%～70%为宜。还有些汽车配件特别怕潮，如车用收放机、电器元件受潮后会影响使用效果，仪器、仪表受潮后会影响其灵敏度。

（3）日光对储存配件的影响

适度的日光对有些配件能起到好的保护作用，以热能蒸发多余的水分。但过强的日光长期照射在配件上，也会产生不良影响，如橡胶制品、方向盘、分电器盖、蓄电池壳等长期在日光照射下，会很快失去光泽并发生老化、龟裂、发黏和失去弹性。汽车玻璃在长期日照和冷热温度较大变化下，会发生自然碎裂。金属制品、收录机等也应避免日光照射。

（4）其他因素对储存配件的影响

尘土和杂物不但影响仓库清洁卫生，而且严重威胁库存配件的质量和安全，会加速金属配件锈蚀，并使电器元件的绝缘性变差，影响仪器仪表的精密度和灵敏度，还会影响收音机、收放机的使用效果。各种虫害对库存配件的质量和安全也影响很大，蛀虫、老鼠等常咬坏一些线织布质配件、坐垫及配件包装物（含包装木箱、纸箱、纤维板箱等），还会毁坏建筑物上的木材部分及木质垫板、枕垫等。

2. 防范措施

（1）要重视各种配件的储存期限

各类汽车配件出厂时都规定了保证产品质量的储存日期，但在进货及仓库保管中常被忽视。如在正常保管条件下，各类金属配件自出厂之日起，生产厂保证在12个月内不锈蚀；橡胶制品规定在1年内应保证其使用性能符合标准要求；刹车片、离合器片也规定在1年内保证其质量；蓄电池在2年储存期限内应具有干荷电的性能，2～3年内应具有一般电池的性能。蓄电池自出厂之日起，在正常条件下可保管3年以上。外表面仍保持光亮，不呈灰白色。但通过试验可知，该产品保管3年以上，其体积膨胀大大超过标准规定，虽能使用，但寿命有所下降。

据有关资料介绍，黑色金属配件在相对湿度100%，温度42 ℃以上时，只需2～3小时产品即会生锈。因此，重视产品储存期限，并在期限内尽快销售是十分重要的。

（2）安排适当的库房和货位

各种配件的性能不同，对储存保管的要求也不一样，所以在安排库房和配件进库后具体安排货位时，对于不同类型、不同性质的配件，应根据其对储存条件的要求，分别安排到适当的仓库和货位上。

汽车配件在同一车型系列中，甚至在一个系中，可能有几种不同性能的配件。对于忌潮的金属配件，应该集中放在通风、向阳的位置；对于忌高温的配件，应该放在能避阳光的位置；对于防尘、防潮、防高温要求高的配件，应设专柜储存、专人保管；对于高档的或已开箱的配件，如收录机、仪器仪表、轴承等，在条件允许的情况下，可设密封室或专用储存柜储存。

（3）配件加垫

汽车配件绝大部分都是金属制品，属忌潮物资，一般都应加垫，以防锈蚀。至于垫的高度，要从实际需要出发，一般应为10～30 cm。枕垫的作用就是隔潮、通风。

（4）加强库内温度、湿度控制

可采取自然通风、机械通风或使用吸潮剂等措施控制库内温度和湿度。具体地说，就是根据不同季节、不同的自然条件，采取必要的通风、降潮、降温措施。当库内湿度大于库外湿度时，可将门窗适当打开；当库内湿度降到与库外湿度基本平衡时，将门窗关闭；若库外湿度大于库内湿度，则不要打开窗户，收货、发货必须开门时，作业完毕后，一定要及时关门。有条件的仓库，除了自然通风等措施外，还可以采取机械通风的办法，在库房的上部装置排风扇，在下部装置送风扇，这样可以加速库内空气流通，起到降温、防潮的作用。

(5) 采取库内降潮的办法

在雷雨季节或其他阴雨天气，或库内和库外湿度都很高时，唯一的降潮办法就是用吸潮剂吸潮。吸潮剂一般有生石灰、氯化钙、氯化锂等，一般采用氯化钙为宜。在使用吸潮剂吸潮时，必须关闭门窗和通风孔洞才能保证吸潮效果。

(6) 严格配件进出库制度

库存配件应严格执行先进先出的原则，尽量减少配件在库时间，使库存不断更新。

(7) 建立配件保养制度

可选派一些有配件保养科学知识和保养经验的人员，对滞销、挤压及受损配件进行必要的保养。

搞好库内外清洁卫生，做到库房内外无垃圾、杂草、杂物，加强环境绿化，以防尘土、脏物和虫害的滋生。经常检查库房的孔洞、缝隙，配件包装及建筑的木质结构等，如发现虫害，及时采取措施进行捕灭。

(8) 保证汽车配件包装完好无损

凡是有包装的配件，一定要保持其内外包装的完好，这对于仓库保管员来说是一项重要的规定，必须严格遵守。损坏了包装，在某种意义上讲，就等于破坏了配件的质量。因为包装本身就是为了防潮、防尘、防磕碰，保护配件的质量的。

任务五　汽车配件出库管理

任务情境

某销售公司售出一批汽车配件，包括汽油滤清器、空气滤清器、机油滤清器、氙气灯、倒车雷达。经理安排小李接到提货单后2天内完成这些配件的出库作业。小李应如何做好出库工作?

任务分析

小李想要完成这次任务，首先需要掌握出库程序。

相关知识

汽车配件出库，标志着储存保管阶段的结束，把好“出货关”是仓储管理工作的重要一环。

一、出库的程序

1. 核对单据

业务部门开出的供应单据（包括供应发票，转仓单，商品更正通知单，补发、调换、退货通知单等），是仓库发货、换货的合法依据。保管员接到发货或换货单据后，先核对单据内容、收款印戳，然后备货或换货。如发现问题，应及时与有关部门联系解决，在问题未弄清前，不能发货。

2. 备货

备货前应将供应单据与卡片、实物核对，核对无误，方可备货。备货有两种形式：一种是将配件发到理货区，接收货单位分别存放并堆码整齐，以便复点；另一种是外运的大批量发货，为了节省人力，可以在原垛就地发货。无论采用哪种形式，都应及时记卡、记账，核对结存实物，以保证账、卡、物三者相符。

3. 复核、装箱

备货后一定要认真复核，复核无误后，用户自提的可以当面点交，需要外运的装箱发运。在复核中，要按照单据内容逐项核对，然后将单据的随货同行联和配件一起装箱。如果是拼箱发运的，应在单据的仓库联上注明，如果编有箱号，应注明拼在几号箱内，以备查考。无论是整箱或拼箱，都要在箱外写上运输标志，以防止在运输途中发错站。

4. 报运

配件经过复核、装箱、查箱号后，要及时过磅称重，然后按照装箱单的内容逐项填写清楚，报送运输部门，向承运单位申请准运手续。

5. 点交和清理

运输部门凭装箱单到仓库提货时，保管员先审查单据内容、印章及经手人签字等，然后按单据内容如数点交。点交完毕，随即清理现场，整理货位，腾出空位，以备再用。用户自提的一般不需备货，随到随发，按提货内容当面点交，并随时结清，做到卡物相符。

6. 单据归档

发货完毕后，应及时将提货单据（盖有提货印章的装箱单）归档，并按照其时间顺序分月装订，妥善保管，以备查考。

二、出库的要求

1. 凭单发货

仓库保管员要凭业务部门的供应单据发货，但如果单据内容有误，填写不合规定、手续不完备时，保管员可以拒绝发货。

2. 先进先出

保管员一定要坚持“先进先出、出陈储新”的原则，以免造成配件积压时间过长而变质报废。因为汽车更新换代很快，配件制造工艺也在不断地更新，如果积压时间过长，很可能因为淘汰老、旧产品而报废。

3. 及时准确

一般大批量发货不超过两天。少量货物，随到随发。凡是注明发快件的，都要在装箱单上注明“快件”字样。发出配件的车型、品种、规格、数量、产地、单价等，都要符合单据内容。因此，出库前的复核一定要细致，过磅称重也要准确，以免因超重发生事故。

4. 包装完好

配件从仓库到用户，中间要经过数次装卸、运输。因此，一定要保证包装完好，避免在运输途中造成损失。

5. 待运配件

配件在未离库前的待运阶段，要注意安全管理。例如，忌潮的配件要加垫，怕晒的配件要放在避光通风处。总之，配件在没离开仓库之前，保管员仍然要保证其安全。

三、出库流程

汽车配件出库流程如图 4-46 所示。

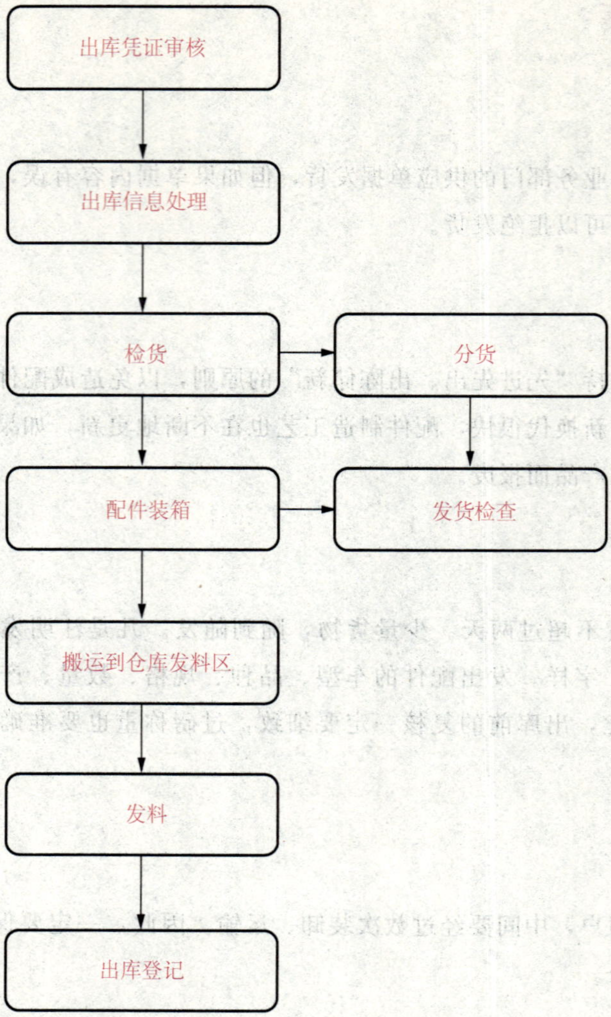

图 4-46　汽车配件出库流程

任务六　配件仓储盘点

任务情境

客户张先生的捷达车要进行发动机修理，需更换活塞组件，为了节约成本，他来到位于汽修厂附近的汽配经销店购买。新员工小王接待了张先生，他查到库房内有活塞组件，显示存放的位置是在 1—1—3 货位。可是小王来到库房，面对众多货架，无法找到活塞组件，使得客户无法等待而离开。第二天，经理让小王把验收过的配件入库堆码，并盘点库存。小王应该怎样完成堆码、盘点工作呢？

任务分析

小王想要完成库存盘点，需要掌握盘点的方法、盘点的内容和盘点结果的验收。

相关知识

一、盘点的目的

（1）及时掌握库存配件的变化情况，避免配件的短缺、丢失或超储积压，保证零配件库存存货的位置和数量的正确性。

（2）及时了解库存的数量、品质，为采购计划的制订、评价内部管理水平及了解工作人员责任心等提供充分的依据。

（3）相关人员应认真对待，不可敷衍了事。

二、盘点的形式

1. 永续盘点

永续盘点指仓管员每天对有收发动态的配件盘点一次，以便及时发现收发差错；检查当天进了多少货，出了多少货，剩余多少货，是否已经记到账本上，是否与电脑里的数量相符。

2. 循环盘点

循环盘点指仓管员对自己所管物资分别按轻、重、缓、急，做出月盘点计划，按计划逐日盘点。

3. 定期盘点

定期盘点指在月、季、年度组织清仓盘点小组，全面进行盘点清查，并制作库存清册。

4. 重点盘点

重点盘点指根据季节变化或工作需要，为某种特定目的而对仓库物资进行的盘点和检查。

三、盘点的内容

1. 盘点数量

对计件汽车配件，应全部清点，对货垛层次不清的汽车配件，应进行必要的翻垛整理，逐批盘点。

2. 盘点重量

对计重汽车配件，可会同业务部门据实逐批抽件过秤。

3. 核对账与货

根据盘存汽车配件实数来核对汽车配件保管账所列结存数，逐笔核对。

4. 账与账核对

仓库汽车配件保管账应定期或在必要时，与业务部门的汽车配件账核对。

四、盘点的方法

1. 日常盘点

日常盘点不定期，是一种局部性的盘点，有动态复核和巡回复核两种形式。

2. 定期盘点

定期盘点一般在月末、季末、年末进行。盘存时，按批清点库存数量，以实存数对卡、对账，核完做出已盘标记。

3. 重点盘点

重点盘点是根据工作需要，为某种特定目的而对仓库物资进行的盘点和检查。

五、盘点结果的验收、总结及处理

对于盘点后出现的盈亏、损耗、规格串混、丢失等情况，应组织复查落实、分析产生的原因，及时处理。

1. 储耗

对易挥发、潮解、溶化、散失、风化等物资（例如油漆、涂料、天那水等），允许有一定的储耗。

凡在合理储耗标准以内的，由保管员填报“合理储耗单”，经批准后，即可转财务部门核销。储耗的计算，一般一个季度进行一次，合理储耗的计算公式为

合理储耗量＝保管期平均库存量×合理储耗率（历年来平均实际储耗）

实际储耗量＝账存数量－实存数量

储耗率＝保管期内实际储耗量/保管期内平均库存量×100％

实际储耗量超过合理储耗的部分作盘亏处理，凡人为的因素造成物资丢失或损坏的，不得计入储耗。

2. 盈亏和调整

在盘点中发生盘盈或盘亏时，应反复落实，查明原因，明确责任。由配件保管员填制“库存物资盘盈盘亏报告单”，经仓库负责人审签后，按规定报经审批。

3. 报废和削价

由于保管不善，造成霉烂、变质、锈蚀等的配件，在收发、保管过程中已损坏并已失去部分或全部使用价值的；因技术淘汰需要报废的，经有关方面鉴定，确认不能使用者，由配件保管员填制“物资报废单”报经审批。由于上述原因需要削价处理者，经技术鉴定，由配件保管员填制“物资削价报告单”，按规定报上级审批。

4. 事故

由于被盗、火灾、水灾、地震等原因及仓库有关人员失职，使配件数量和质量受到损失者，应作为事故向有关部门报告。

在盘点过程中，还应清查有无本企业多余或暂时不需用的配件，以便及时把这些配件调剂给其他需用单位。

六、盘点需要注意的事项

（1）所有的到货应立即上架，清点时不要遗漏和另放别处。

（2）配件号不同而实物相符的配件，要做好混库处理，并做好记录。

（3）完整的包装应放在货架的前面（或上面），已打开的包装应放在后面（或下面），数量不足的包装应填充成标准包装。

（4）配件号相同而实物不相符的配件，要做好分析处理并反馈给厂家配件部。

（5）货架的标签应与实物相符，发现问题及时纠正和补充，破旧或不清楚的标签要及时换新。

七、盘点的步骤

盘点步骤如图 4-47 所示。重新清点出现仓储差异的零件，如果差异是由于清点错误或其他错误造成的，则应改正盘点卡片，无法查明仓储差异原因时，应上报并通过会计解决。

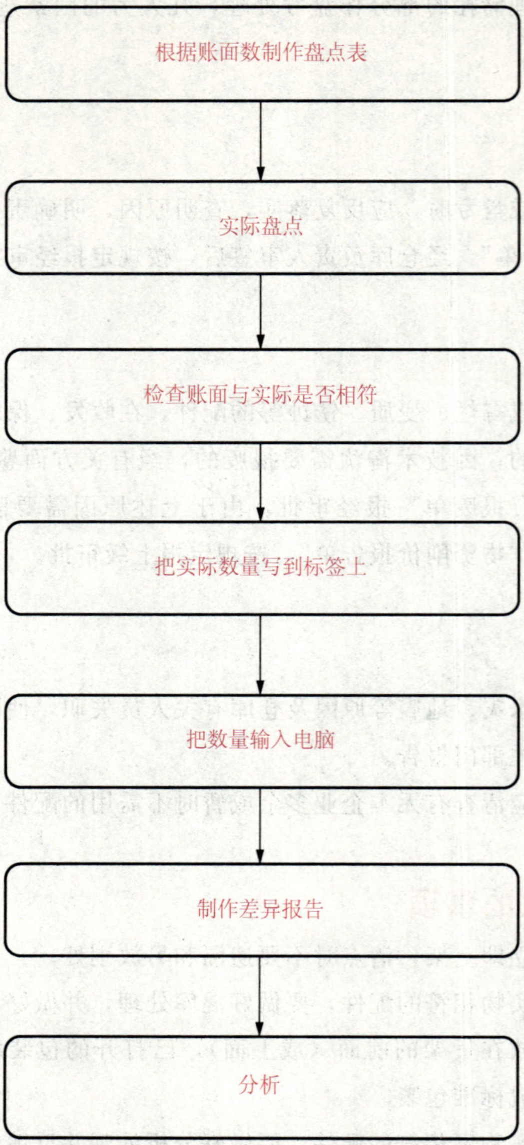

图 4-47 盘点步骤

任务七 汽车配件合理储备量的确定

任务情境

大众 4S 店新进一批配件，经理让新员工小王把这批配件入库验收，并要求小王看看这批配件符不符合汽车配件合理储备量的要求。小王如何才能知道这批配件是否符合要求呢？

任务分析

小王要想知道这批配件是否符合汽车配件合理储备量的要求，需要先了解如何确定配件的合理储备量。

相关知识

一、合理储备量的概念

合理储备量包括两个方面的内容：一是指库存储备的总金额趋于合理，二是指单一品种储备量与市场需求大致接近，即车型、品种的库存结构合理。

二、合理储备量的计算公式

$$W=\sum_{i=1}^{n}\frac{q_i g_i}{f_i}=\frac{q_1 g_1}{f_1}+\frac{q_2 g_2}{f_2}+\cdots+\frac{q_n g_n}{f_n}$$

式中：W—— 库存储备总额，元；

q—— 单车年供应平均水平，元 / 辆；

f—— 要达到的资金周转指标，次 / 年；

g—— 供应的车辆总数，辆。

三、合理储备量的计算

例 1　已知某企业库存如下，求企业库存储备总额是多少？

项目 \ 车型	桑塔纳	CA1091	EQ1091	BJ1022	BJ2020N	捷达
供应车辆数/辆	1800	2215	320	400	228	340
单车年供应平均水平/（元·辆$^{-1}$）	925	270	125	825	140	230
资金周转指标/（次·年$^{-1}$）	1.5	1.35	1.6	1.5	1.2	1.7

解　$$W=\sum_{i=1}^{6}\frac{q_i g_i}{f_i}=\frac{q_1 g_1}{f_1}+\frac{q_2 g_2}{f_2}+\frac{q_3 g_3}{f_3}+\frac{q_4 g_4}{f_4}+\frac{q_5 g_5}{f_5}+\frac{q_6 g_6}{f_6}$$

$$=\frac{1800\times 925}{1.5}+\frac{2215\times 270}{1.35}+\frac{320\times 125}{1.6}+\frac{400\times 825}{1.5,}+\frac{228\times 140}{1.2}+\frac{340\times 230}{1.7}$$

$$=1870600(元)$$

例 2 已知某企业库存如下，求企业库存储备总额是多少？

项目 \ 车型	桑塔纳	CA1091	EQ1091	BJ1022
供应车辆数/辆	3200	2200	2600	750
单车年供应平均水平/（元·辆$^{-1}$）	940	240	123	140
资金周转指标/（次·年$^{-1}$）	1.6	1.2	1.3	1.5

解 $W=\sum_{i=1}^{4}\frac{q_i g_i}{f_i}=\frac{q_1 g_1}{f_1}+\frac{q_2 g_2}{f_2}+\frac{q_3 g_3}{f_3}+\frac{q_4 g_4}{f_4}$

$=\frac{3200\times 940}{1.6}+\frac{2200\times 240}{1.2}+\frac{2600\times 123}{1.3}+\frac{750\times 140}{1.5}$

$=2636000$(元)

项目五　汽车 4S 店配件库存控制理论和库存分析

项目情境

大众 4S 店的王经理给新来的毕业生小王和小李安排一个任务，让他们利用一个月的时间对配件库存情况进行统计并分析。小王和小李要如何开展这项工作呢？

学习目标

能力目标：

1. 能分析汽车 4S 店配件库存情况；
2. 能合理控制库存。

知识目标：

1. 掌握库存控制的作用；
2. 掌握汽车 4S 店库存控制的目标。

任务一　汽车 4S 店配件库存控制理论

任务情境

大众 4S 店的王经理给新来的毕业生小王和小李安排一个任务，让他们利用一个月的时间对本店的配件库存情况进行统计并分析。小王和小李想先了解本店配件库存量的基本情况，并分析哪些配件库存量过大，哪些配件库存量过小。

任务分析

小王和小李想要知道哪些配件库存量过大，哪些配件库存量过小，需要先了解配件库存量过大和配件库存量过小会产生哪些问题。

相关知识

一、配件库存控制的概念

配件库存控制，是对汽车维修服务业维修、保养全过程的各种配件，以及其他资源进行管理和控制，使其配件储备水平保持在经济合理范围内。

配件库存控制是使用合理控制库存的方法，得到更高的盈利的一种商业手段。配件库存控制是汽车配件仓库管理的一个重要组成部门。它是在满足顾客服务需求的前提下通过对 4S 店或汽车维修行业的库存水平进行控制，力求尽可能降低库存水平、提高售后服务效率，以提高 4S 店的市场竞争力。

二、库存控制的作用

1. 通过库存调节，预防季节性需求波动，起到平衡和稳定生产的作用

激烈的市场竞争造成了外部需求的不稳定性，从而带动内部生产的不稳定性，因此，内部生产的均衡性与外部需求的不稳定性是相互矛盾的。企业组织生产的必要条件就是内部生产的均衡性，既要保证生产的产品能够满足客户的需求，又要使企业的生产能够达到均衡，这就要求必须维持一定量的产品库存。

2. 通过库存调节，分摊订货费用

如果配件没有库存，那么客户需要维修或保养时，就需要进行采购，订货费用包含订单处理成本（包括办公成本和文书成本）、运输费、保险费及装卸费等。单独为某个客户订货时，相应的费用就会很高。如果根据客户对零件的历史需求进行批量订货，那么分摊到每件配件上的订货费用就会减少，从而大大降低配件的成本，但需要产生库存。

3. 防止短缺，避免维修时间延迟

维持一定的库存，可以防止配件出现短缺造成维修时间延迟，也可以应对各种突发事件的发生，起到缓冲和应急的作用；维持一定的库存，可以保障 4S 店的售后，使客户的车在第一时间被修好，不会因为缺少配件而延迟时间。

4. 缩短供货周期，避免缺货

提前建立一定的库存，可以保证企业在接到客户订单后，第一时间进行备货，缩短时间，使客户很快就可以维修和保养好自己的爱车，客户满意度大大增加，这样既帮助 4S 店争取到了客户，又提升了品牌知名度。

库存虽然起着很重要的作用，但是库存的维持需要付出一定的成本，高库存会引起过长的生产周期。因此，一方面，库存是保障，必须拥有；另一方面，库存又是成本占用的累赘，必须尽量摆脱。从本质上说，库存掩盖的是生产过程中产生的各种矛盾，应该尽量消除。为避免由于库存给企业带来资金成本压力，避免造成过多的浪费，原则上应尽可能地降低库存的储备。

三、库存的合理控制

1. 库存量过小所产生的问题

（1）需要补充订货次数增多

当 4S 店的库存低于满足客户正常需求的量时，就会堆积很多等待维修或保养车辆。现有的库存配件不能满足客户的需求，就需要补充订货，补充订货次数增多，采购的成本也会相应提高。

（2）紧急服务费用会增加

对 4S 店来说，紧急服务费用是开展售后业务的一项额外成本。一般来说，4S 店要在最短的时间内维修或保养好车辆，节省客户时间最简洁的方式就是提供“现货”。随着库存的减少，想要利用“现货”来维修使客户等待时间最短，就需要进行“紧急采购活动”。而随着紧急采购活动的增加，紧急服务费用和开展售后业务的成本也会相应增加。

（3）文件更多

所有补充订货都需要一份或多份附加文件（装箱单，可能还有发票）才能完成交易，随着库存减少和附加补充订货次数的增加，文件就会增加很多。

（4）信用问题受影响

当库存不足时，客户等待的时间就会延长，客户满意度就会受到影响，从而影响 4S 店的信用。

2. 库存量过大所产生的问题

（1）配件服务改善

配件服务改善取决于在哪方面出现了库存过剩。如果是流动库存发生了库存过剩，服务就一定会得到改善；但如果是非流动库存发生了库存过剩，那么它对零件服务可能没有影响。

（2）库存运输成本更高

库存运输成本包括资金成本、零件报废风险、税收、保险、占用空间、人力、系统及其他成本。运输成本随着库存量的增加而增多。当库存严重过剩时，现货服务水平提高带来的结余将抵消附加的运输成本。

（3）存储成本更高

库存配件剩余时，必须进行存储。当仓库配件非常多时，丢失、损坏和整体消耗风险就会增加。在最严重的情况下，可能需要附加存储设备甚至附加存储场地才能适当地处理超量的库存，从而尽量减少与消耗相关的风险。

（4）剩余库存更多

尽管 4S 店希望将剩余库存减到最少，但剩余库存总是难以避免。通常 4S 店库存会高出需求，也就会出现更多剩余库存。

四、库存控制的基本原理

库存控制是指采取有效的手段及最佳方法对库存资源的数量和品种进行控制，使库存储备保持合理的水平，一方面可满足用户需求，另一方面可降低库存成本。库存控制是仓储管理的重要手段，通过对库存的控制实现库存管理水平的提升，为企业节约成本，增加企业的经济收入，提高竞争力。

任务二　汽车 4S 店配件库存分析

任务情境

大众 4S 店的王经理给新来的毕业生小王和小李安排一个任务，让他们利用一个月的时间对本店配件库存情况进行统计并分析。小王和小李想进一步了解一下汽车 4S 店配件库存控制目标。

任务分析

小王和小李需要对汽车配件库存的特征、汽车配件库存存在的问题、汽车配件库存的控制目标进行分析。

相关知识

一、汽车 4S 店配件库存特征分析

配件不同于一般的产品，具有独特的特征。而汽车配件相对于其他类型的配件，也有着自己的特性，具体到汽车 4S 店配件库存的角度，更是有着不同于其他配件的特点。配件一般来说，是为了缩短修理等待时间而需要事先准备的各种汽车零部件，作用是为了保证 4S 店售后的正常运转。因此，相对于普通产品，汽车配件需要有更高的库存水平。

1. 汽车 4S 店服务配件特点

（1）供应来源复杂

从 4S 店的供应方向来看，配件可能来自汽车生产厂商的地区分销中心，也可能是由配件生产商直接提供，配件也有可能来源于国外。复杂的供应来源，决定了各种配件的提前期也必然是各不相同的，由此配件也需要不同的安全库存量。

（2）需求规律难以掌握

由于汽车服务配件与汽车车型相关，而不同品牌的汽车销售情况也不一样。有的品牌车型卖得好，有的品牌车型卖得差，不同品牌车型所需要的配件数量差异也很大。并且，

不同地理区域对配件的需求情况也不一样。目前，只能根据客户对配件的历史需求数据来预测配件的需求。

（3）配件种类繁多

汽车结构复杂，由很多零部件构成。随着汽车行业的迅速发展，车型种类越来越多，配件种类也越来越丰富。这些配件经济、技术性质各异，有的价值高，有的价值低，有的结构复杂。处理这些配件，需要将这些配件按照某种规则进行分类管理才能达到较好的经济效益。

（4）汽车配件的需求与汽车保有量密切相关

汽车配件的需求与汽车保有量密切相关，汽车配件在车型的各个生命周期内都需提供，甚至有时候还需要考虑末次订货问题。

2. 汽车 4S 店库存特点

与汽车配件的这些特点对应，汽车 4S 店库存也具有一些不同于其他库存的特点。

（1）汽车 4S 店库存重视库存的周转

据估计，创办一个一般规模的 4S 店，需要投入的资金是 1000 万元，这个数值是比较大的。由于汽车属于贵重物品，经营汽车 4S 店利润高，但车辆销售速度比较慢，而且 4S 店占用资金也比较多。因此，要求配件库存周转率较高。

（2）配件的订货方式和订货规律受所经营的汽车品牌制约

现在有两种形式的汽车 4S 店：一种是专营店，它经营某种汽车品牌；另一种是经销商，它经营各种汽车品牌，并且具有独立的品牌。这两种形式的 4S 店在采购配件的策略上都要受到汽车生产厂商的影响。汽车生产厂商会要求 4S 店加入它系统内部的信息网络，按月汇总需求，订购零部件。对于一些紧急配件和特殊配件也规定了相应的规则。

（3）配件分类的需求十分强烈

因为配件众多，所具有的特性不一致，必须根据某种规则进行分类，采用不同的管理策略。例如，一些公司将订单分为常规订单、紧急订单和特殊订单。

二、汽车 4S 店配件库存控制目标

通过对铁岭、沈阳等多家 4S 店进行走访和电话访问，得知 4S 店配件库存可以达到如下要求：

1. 配件库存成本得到合理的控制

汽车配件库存系统作为汽车 4S 店内部的一个独立的经济体。由于汽车配件库存系统需要成本，所以能够产生经济效益。保管费用、缺货费用、订购费用和运输费用构成汽车 4S 店的库存成本。由于汽车配件的库存中存在配件积压现象和配件死库存现象，所以此处引用折旧成本这个概念，它是一个与库存时间有关的观念。只要配件在库存保管期间，就会发生磨损，甚至随着时间的推移有报废的危险，因此，使用折旧成本的概念有利于减

少库存积压问题，加速资金流转。

2. 能够确定比较合理的资金占用水平

汽车行业是一个资金需求量非常大的行业。在汽车4S店的配件库存里，有些配件价值很高。储存这些贵重配件会增加企业的利息支出，造成严重的财务负担。但是，从行业的整个利润水平来看，汽车配件业的利润水平是相当高的，据估计是20%～40%，这又支持了配件的库存。因此，从总体来看，应该衡量配件可能带来的收益和配件的利息支出，确定比较合理的资金占用水平，实现精细化管理。

3. 提高服务质量，使客户满意度增加

服务水平作为汽车生产商对4S店绩效考核的一个标准，关系到对4S店的返利。按照汽车4S店的经营水平，汽车生产商会给予一定的经济等奖励。这是对于服务水平的外在需求因素。对于汽车4S店自身而言，服务水平的提高能够提高销售额，增加客户满意度。但4S店要维持一个较高的服务水平必须有较高的库存，增大库存成本。当然，还可以通过供应链的优化，使订货提前期缩短，促使供应敏捷，也可以保持一个较高的服务水平。

三、汽车4S店配件库存存在问题分析

通过对汽车4S店的配件管理人员进行走访和电话访谈，得知4S店配件库存比较突出的问题有：

（1）订货不及时。

（2）库存积压比较严重，资金周转率较低。

汽车生产厂商为了提高自身的品牌形象，扩大自身的销售额，会硬性要求汽车4S店销售配件的数量，并且要求4S店有较高的服务水平。因此，汽车4S店在每次订购时都需要多订，这样就增大了配件的库存。配件的高库存必然导致大部分配件处于闲置状态，这样不仅占用很大的资金，而且会增加仓库管理费用、折旧费用等。如果不及时采取措施加以处理，将会对公司造成巨大的经济损失。

（3）死库存现象较多。

对于汽车4S店来说，车型更新的速度较快，产品的生命周期逐渐缩短。当老车型下市后，配套零配件的需求也会大大减少，从而导致配件库存积压，甚至成为死库存。这就需要采购人员在订购时预见这种风险，减少配件的死库存。

（4）配件需求的预测不准确。

由于有的汽车4S店对销售数据不能很好地运用，或者没有使用合适的预测方法，所以对下一阶段的需求很难做出准确的预测。

（5）由于配件缺货，导致客户流失。

根据对铁岭顺峰汽贸、英和日产、庞大起亚、长城4S店和上海通用4S店等多家汽车4S店和配送中心的调研发现，汽车配件的第一次满足率平均约为83%，最终的配件交货

率平均约为 90%，这就意味着在售后服务中（包括维修和维护），每 10 笔业务中有近 2 笔业务不能做到以正常的维修保养时间正常完成维修保养，其中 1 笔业务最终也无法按照客户的要求准时维修保养。

（6）配件订货时间长，需要经过较长时间配件才能到达。

四、库存控制方法的应用

在一个市场变化快、产品更新快、竞争激烈的环境中，形成特色的库存管理模式：在合理的库存范围内，快速满足客户需求，支持公司持续、快速发展。建立合理的库存控制方法，有利于提高库存管理效率，降低库存。库存控制方法主要有：

1. ABC 分类的应用

有计划 ABC 和仓储 ABC 两种库存 ABC 分类方法。计划 ABC 分类法是按配件计划期内需求总金额进行分类控制的；仓储 ABC 分类法是按配件单价进行分类控制的。计划 ABC 分类法主要是控制订货点，通过设置固定供应天数来实现；仓储 ABC 分类法主要是采用不同的盘点频率、不同的管理方法来确保库存数据准确率与存货安全。

2. 配件流速分类法

根据配件月均需求确定配件的流速分类，月均需求以前 6 个月的配件消耗为基础，并进行加权平均计算。

3. 安全库存控制法

安全库存是为了计划外的车辆维修和保养的库存量。目前，汽车 4S 店主要对配件等实施安全库存，配件的安全库存一般设置为月用量的 1/4～1/2。仓库配件如果要满足车间维修，前提是备货要充分，但是又不能把仓库堆得满满的。资金和场地不允许时就要通过向厂家制作订单来控制库存，以达到最大的满足率。当订单发出后，如果发生缺件，应立即以电子档记录下来。如果某一个或某一些配件长期不能满足需求，那就有必要调整某一个或某一些配件的安全库存了。

4. 关键配件储备

关键配件储备是为了避免或减少供货市场的波动对配件供应的影响，它包含的配件范围是未来供货市场的波动，预计会影响公司配件的正常供应的采购，如厂家缺货等。

5. 供应链管理

一般来说，库存是由仓库管理员进行管理的。由于我们无法确切知道客户需求与 4S 店供应的匹配状态，因此不稳定的内部需求及供应链的不确定需求应由库存来应付。供应链中的各个 4S 店根据各自的维修和保养需求独立运作，会导致库存重复建立，无法达到系统的库存最优。

当然，尽管在上述几方面都具备，但凡事都会有出人意料的状况发生，对这部分意料之外的配件需求，就可以通过 VOR 订单、网点调配、拆借等方法来解决。

项目六　汽车配件 ABC 分类库存控制策略

项目情境

王经理给新来的毕业生小王和小李安排一个任务，让他们利用一个月的时间对大众 4S 店的配件库存情况进行统计分析，并提出合理的库存控制策略。小王和小李应如何开展这项工作呢？

学习目标

能力目标：

1. 能确定 A 类配件的订购方案；
2. 能确定 B 类配件的订购方案；
3. 能确定 C 类配件的订购方案。

知识目标：

1. 掌握 ABC 分类法的指标；
2. 了解 ABC 分类法在 4S 店的应用；
3. 掌握 A 类配件的订购方案；
4. 掌握 B 类配件的订购方案；
5. 掌握 C 类配件的订购方案。

任务一　ABC 分类法的步骤

任务情境

小王和小李经过对大众 4S 店的配件库存情况进行统计分析，提出 ABC 库存控制策略。小王和小李要如何将这些配件进行分类呢？

任务分析

小王和小李要想对大众 4S 店的配件进行分类，需要了解 ABC 分类法的步骤。

相关知识

一、ABC 分类法

ABC 分类法又称 ABC 分析法，是改善 4S 店配件管理的一个基础方法，是 4S 店进行经营决策的必要依据。ABC 分类法广泛应用于配件的销售、采购、存储、库存控制等各个环节，目的在于提高资金利用率和经济效益。

汽车配件经营品种规格繁多，如何做到库存配件既能保证 4S 店的及时维修保养，又尽可能减少占用资金，并且保持适当的配件库存量？这就需要对仓库所存储的汽车配件，依品种规格及占用资金的大小进行排列，分为 A，B，C 三类。

A 类配件品种少，它只占配件总品种的 10%左右，资金却占总资金的 70%左右；B 类配件品种比 A 类多，它占配件总品种的 20%左右，资金占总资金的 20%左右；C 类配件品种多，它占配件总品种的 70%左右，资金只占总资金的 10%左右。从重要程度看，A 类配件最重要，B 类配件次之，C 类配件再次之。

二、ABC 分类法的步骤

(1) 分析所存储汽车配件的特征。

(2) 对一定时期内的汽车配件的库存价格、库存量、出库量和结存量进行统计。

(3) 整理资料，并对资料进行排序，把相关数据整理成表格形式，并求出累计百分数。

(4) 把相关数据绘制成 ABC 分析图。根据价值和数量比率的划分标准，确定汽车配件对应的种类。

任务二　ABC 分类指标

任务情境

小王和小李针经过针对大众 4S 店的配件库存情况进行的统计分析，提出了 ABC 库存控制策略。小王和小李要如何将这些配件进行分类，哪些指标将影响配件的分类呢？

任务分析

小王和小李要想对大众 4S 店的配件进行分类，需要了解 ABC 分类法的划分指标。

相关知识

汽车这种产品比较复杂，涉及零部件的种类繁多、配件之间差别较大，对所有的汽车零部件采取相同的采购管理模式是不合理，也是不现实的。通过对配件的分类，对不同汽车零部件采用侧重点不同的采购管理模式。下面是一些常用的划分指标：

1. 价格

配件的价格对库存的影响最为直接，也最为明显，零部件价格越高，其管理的重要程度也就越高。这类配件的库存越高，风险就会越大，需要加强控制。

2. 配件对客户的重要程度

按照配件对客户的重要程度，将其分为核心件和一般件两种。对于核心件，需要适量增加库存存储量或安全库存。对一般件 4S 店本身已具备库存量，可在客户能接受范围内降低库存量。

3. 配件采购的难易程度

对于采购周期长，持续供应的可靠性差的配件，采购员在采购的过程中应该特别重视。

4. 其他条件

例如在可用库存空间小的前提条件下，配件的体积也成为必须考虑的重要条件。在确定了配件的分类后，对各类配件采取不同的管理方法。A 类配件维修量大、换件频率高、库存周转快、用户广泛，且此类配件用户的购买力稳定，是经营的重点品种。对 A 类配件，一定要有较固定的进货渠道。对 B 类配件，只进行一般管理，管理措施主要是做到进销平衡，避免积压。对 C 类配件，一般可根据经营条件，规定该类配件的最大及最小储备量。

任务三　ABC 分类法在 4S 店的应用

任务情境

小王和小李经过针对大众 4S 店的配件库存情况进行的统计分析，提出了 ABC 库存控制策略。小王和小李首先把铁岭合成大众 4S 店的配件进行了分类，那么铁岭合成大众 4S 店的配件库存分类情况会怎样呢？

任务分析

小王和小李要想对铁岭合成大众 4S 店的配件进行分类，需要了解 ABC 分类法的步骤和划分指标，以及配件的使用情况。

相关知识

通过分析 4S 店的配件采购情况、配件进出库情况和配件销售情况，对它的库存配件进行分类。表 6-1 为铁岭合成大众 4S 店按配件需求数量和金额划分的 ABC 分类数据表。

表 6-1 按配件需求数量和金额划分的 ABC 分类

配件号	配件名称	平均库存数量	累计数量百分比/%	成本金额/元	累计金额百分比/%	配件分类
L1GD 035 411 G	扬声器	3	0.000360404	27.63	0.000619497	A
L1GD 035 503 B	天线	1	0.000120135	29.00	0.000216748	A
L5KD 035 726 A	插座	2	0.000240269	28.77	0.000430168	A
N 038 549 4	铆钉	21	0.002522826	6.26	0.00098239	A
N 044 520 3	双头螺柱	22	0.002642960	5.70	0.000937849	A
LN 052 155 00	制冷剂	35	0.004204709	40.25	0.010530781	A
LG 052 162 A2	ATF 油	8	0.000961076	77.61	0.004641248	A
LN 052 167 F4	机油（4 升 5W/40 SM 级	123.09	0.014787362	141.09	0.129816284	A
LG 052 182 A2	双离合器变速箱油	61	0.007328208	100.01	0.045601869	A
LN 052 195 E4	长效发动机油	16.69	0.002005046	240.86	0.030049573	A
G 060 726 A2	变速箱油	8	0.000961076	60.85	0.003639052	A
N 100 134 01	十二角头法兰面螺栓	32	0.003844306	3.56	0.000852278	A
N 102 615 08	保险丝	27	0.003243633	3.56	0.000719495	A
L038 103 085 Q	轴密封环	4	0.000480538	9.16	0.000273806	A
L06B 103 154 D	机油喷嘴	4	0.000480538	9.75	0.000291648	A
L06A 103 171 G	密封法兰	2	0.000240269	50.17	0.000750036	A
L06A 105 263 F	齿形皮带轮	1	0.000120135	14.38	0.000107494	A
N 105 283 01	蓄电池	9	0.001081211	34.34	0.002309975	A
L06B 105 591 B 007	曲轴轴瓦黄色	30	0.003604037	5.42	0.001215296	A
L06B 105 701 L	连杆轴瓦	4	0.000480538	14.26	0.000426361	A
N 105 915 01	白炽灯泡	10	0.001201346	15.89	0.001187488	A
L06A 109 119 J	齿形皮带	15	0.001802018	92.58	0.010380255	A
06B 109 243 F	张紧辊	5	0.000600673	330.39	0.012348311	A
L03C 109 287 H	密封件	2	0.000240269	43.92	0.000656604	A
L058 109 309 J	挺杆	12	0.001441615	21.24	0.001905397	A
L036 109 423 D	补偿元件	19	0.002282556	9.43	0.001338678	B
06A 109 479 F	皮带张紧器	10	0.001201346	306.49	0.022910563	B
L058 109 601 AA	进气阀	16	0.001922153	18.10	0.002164678	B

续表

配件号	配件名称	平均库存数量	累计数量百分比/%	成本金额/元	累计金额百分比/%	配件分类
L06B 109 675 B	气门杆密封件	52	0.006246997	2.14	0.000833083	B
L06A 115 105 C	机油泵	2	0.000240269	165.65	0.002476482	B
03H 115 562	滤芯	10	0.001201346	108.64	0.008121068	B
06A 115 611 Q	机油测量计	1	0.000120135	60.30	0.000450761	B
L03C 115 721 A	螺纹接头	8	0.000961076	6.57	0.00039289	B
038 117 070 A	密封垫	9	0.001081211	15.29	0.001028669	B
038 117 070	密封件	14	0.001681884	23.60	0.002470186	B
L06A 121 011 Q	带密封环的冷却液泵	11	0.00132148	225.63	0.018552566	B
L050 121 113 H	节温器	4	0.000480538	21.37	0.000639011	B
L06H 121 131 D	接头	9	0.001081211	5.01	0.000337086	B
L06A 121 132 AJ	法兰	6	0.000720807	15.53	0.000696454	B
L032 121 142 E	止动弹簧	29	0.003483902	4.18	0.000905695	B
L1GD 121 205 C	护风圈	3	0.000360404	50.01	0.001121509	B
L1K0 121 207 BB9B9	双护风圈棉缎黑色	4	0.000480538	37.02	0.00110692	B
1K0 121 251 BN	散热器总成	2	0.000240269	887.12	0.013262497	B
L180 121 251 D	散热器	4	0.000480538	419.66	0.012547896	C
L171 121 276 D	橡胶垫圈	44	0.00528592	0.71	0.000234261	C
L18G 121 283	空气导管	5	0.000600673	7.51	0.00028064	C
L5K0 121 283 C	导风装置	3	0.000360404	5.62	0.000126089	C
L357 121 321 C	锁紧盖	1	0.000120135	14.72	0.000110019	C
L1K0 121 367 F	橡胶支座	9	0.001081211	16.18	0.001088506	C
1J0 121 403 B	平衡罐总成	2	0.000240269	142.91	0.002136582	C
L1H0 121 407 C	容器	2	0.000240269	23.77	0.000355291	C
06J 121 497 H	冷却液管	1	0.000120135	355.57	0.002657906	C
L06J 121 497 E	冷却液软管	1	0.000120135	306.65	0.002292215	C
L1GD 129 607 N	空气滤清器	2	0.000240269	126.57	0.001892259	C
L180 129 609	进风导流板	2	0.000240269	30.14	0.000450578	C
L1GD 129 617 D	吸油管	2	0.000240269	8.07	0.000120675	C
1H0 129 833	夹紧环	7	0.000840942	8.97	0.000469309	C

续表

配件号	配件名称	平均库存数量	累计数量百分比/%	成本金额/元	累计金额百分比/%	配件分类
L037 133 035 C	燃油压力调节器	1	0.000120135	46.01	0.000343916	C
L06A 133 062 BG	节气门	1	0.000120135	343.94	0.002570955	C
L06A 133 299 A	耦合件	5	0.000600673	6.36	0.000237727	C
L038 141 025 T	离合器压盘	4	0.000480538	144.47	0.004319623	C
L1JD 145 276 B	导向辊及螺栓	2	0.000240269	30.72	0.00045931	C
L06A 141 031 T	离合器从动盘	2	0.000240269	132.27	0.001977395	C
1K0 145 770 AH	通风管	1	0.000120135	635.03	0.004746885	C
L3CD 145 805 A	冷却器	4	0.000480538	358.00	0.010704335	C
D 174 003 A2	硅密封剂	1	0.000120135	137.30	0.001026303	C
058 198 217	密封组件，用于链条张紧器	4	0.000480538	42.30	0.001264821	C
L1GD 199 169 D	横梁	1	0.000120135	338.38	0.002529449	C
L3CD 199 231 A	轴承座	2	0.000240269	55.68	0.000832475	C
L191 199 262 A	橡胶金属一支座	2	0.000240269	46.58	0.000696414	C
L191 199 273 C	中控台	2	0.000240269	21.81	0.000326131	C
L1GD 199 279 A	液压悬架	2	0.000240269	106.84	0.001597314	C
L1JD 199 313	机组支架	1	0.000120135	469.00	0.003505813	C
L1GD 199 315 B	支架	2	0.000240269	451.86	0.006755355	C
L1GD 199 354 A	中控台	1	0.000120135	34.90	0.000260854	C
L1GD 199 402	橡胶金属一支座	1	0.000120135	41.42	0.000309596	C
L1J0 200 059 L	燃油管总成	1	0.000120135	54.01	0.000403729	C
L1J0 201 293 P	燃油管	8	0.000961076	18.09	0.001081983	C
L1J0 201 511 A	燃油滤清器	54	0.006487266	14.67	0.005920155	C
L1K0 201 801 D	活性炭罐	1	0.000120135	38.34	0.000286606	C
L1K0 201 827 A	固定板	3	0.000360404	6.92	0.000155229	C
L020 311 239 E	同步器外壳	4	0.000480538	297.08	0.008882899	C
L014 311 257	转换轮	2	0.000240269	52.17	0.000780016	C
L014 311 295 D	同步环	6	0.000720807	17.34	0.000777482	C
020 311 308 C	螺钉	6	0.000720807	24.96	0.001119317	C
L1GD 407 271	带等速万向节的万向轴	3	0.000360404	644.47	0.014452269	C
L1JD 407 366	万向节	1	0.000120135	42.58	0.000318306	C

续表

配件号	配件名称	平均库存数量	累计数量百分比/%	成本金额/元	累计金额百分比/%	配件分类
L1J0 407 613 G	轮毂	2	0.000240269	101.27	0.001514024	C
L180 407 625	滚珠轴承	8	0.000961076	75.10	0.004491063	C

4S 店的各种配件有近百万种之多。如果均按照重要配件进行管理，其工作量是相当可观的，准确率也不能够得到保证。按照 ABC 分类法将库存进行分类后，只需对近千种 A 类重要配件加强控制，每周跟踪；对 B 类配件即可采取双周跟踪，对 C 类配件按双周或每月一次的跟踪和计划频率即可。这一优化步骤至少可以为 4S 店节省一个高级计划的人工，同时工作准确率也得到了有效提高。

任务四　配件分类后对应的库存策略分析

任务情境

小王和小李经过针对大众 4S 店的配件库存情况进行的统计分析，提出了 ABC 库存控制策略。小王和小李首先把铁岭合成大众 4S 店的配件进行了分类，那么铁岭合成大众 4S 店的配件库存会合理吗？

任务分析

小王和小李需要了解汽车配件库存管理策略与配件准则对应关系。

相关知识

（1）通过对铁岭合成大众 4S 店配件库存的分析，结合配件价值、利润原则和配件的需求因素，可把配件分为 16 种，对每种配件提出不同的库存控制策略，如表 6-2 所示。

表 6-2　配件库存管理策略与配件准则对应表 1

准则	需求量大、需求频率高	需求量大、需求频率低	需求量小、需求频率高	需求量小、需求频率低
价值高、利润高	重点配件、重点管理，应用库存模型计算订货量等参数	一般配件，储存量少或者不储存	一般配件，应用库存模型计算订货量等参数	一般配件，按照安全库存量存储
准则	需求量大、需求频率高	需求量大、需求频率低	需求量小、需求频率高	需求量小、需求频率低

续表

价值高、利润低	重点配件、重点管理，应用库存模型计算订货量等参数，倾向于减少安全库存量	一般配件，不储存	一般配件，应用库存模型计算订货量等参数，多储存在配件中心库	一般配件，不储存
价值低、利润高	重点配件、重点管理，应用库存模型计算订货量等参数，倾向于增大安全库存量	一般配件，适量储存	一般配件，应用库存模型计算订货量等参数，多储存在 4S 店中	一般配件，按照安全库存量储存
价值低、利润低	一般配件，应用库存模型计算订货量等参数	一般配件，适量储存	一般配件，应用库存模型计算订货量等参数	一般配件，适量存储

（2）通过对铁岭合成大众 4S 店配件库存的分析，结合配件的需求因素和配件的提前期、订货难易程度原则，也把配件分为 16 种，对每种配件提出不同的库存控制策略，如表 6-3 所示。

表 6-3　配件库存管理策略与配件准则对应表 2

准则	需求量大、需求频率高	需求量大、需求频率低	需求量小、需求频率高	需求量小、需求频率低
提前期长、订货容易	连续监测，应用库存模型计算	周期性监测，保持一定量的库存	周期性监测，应用库存模型计算	周期性监测
提前期短、订货难	连续监测，应用库存模型计算，安全库存量较高	周期性监测，保持较高量的库存	周期性监测，应用库存模型计算	周期性监测
提前期长、订货难	连续监测，应用库存模型计算，安全库存量最高	周期性监测，保持较高量的库存	周期性监测，应用库存模型计算，安全库存量最高	周期性监测
提前期短、订货容易	连续监测，应用库存模型计算，安全库存量设置较低	周期性监测，保持较低量的库存	周期性监测，应用库存模型计算，安全库存量最低	周期性监测

任务五　A 类和 B 类配件订购方案

任务情境

小王和小李经过针对大众 4S 店的配件库存情况进行的统计分析，提出了 ABC 库存控制策略。小王和小李首先把铁岭合成大众 4S 店的配件进行了分类，重新提出 A 类和 B 类配件订购方案。

任务分析

小王和小李需要掌握最佳订货量的确定方法。

相关知识

A 类和 B 类零部件是各个车型的部分通用零部件和专用零部件中，库存资金占有率较高的零部件，这两类零部件的需求根据维修和保养计划的变化而改变，因此对这两类零部件的库存控制是零部件库存控制中的重点。根据 A 类和 B 类零部件的需求特点，采用定量定购法进行库存控制。本节通过建立订购模型，对模型求解来确定最佳的订购批量和订购点，并设置其安全库存。

一、最佳订购量的确定

通过分析 A 类和 B 类零部件的需求特点，建立配件订购量求解模型：

假设配件的需求是已知的，而且配件的需求是确定的，设配件提前期为 0，而且配件不会出现缺货的情况。设

C—— 总成本；

C_1—— 订购费；

C_2—— 单位物品库存费用(包括购买单位物品价格)；

Q—— 订购批量；

X_i—— 第 i 天的需求量；

k_i—— 第 i 天的累计订购次数，$i=1,2,\cdots,n$；

λ_i—— 第 i 天的初始库存，$i=1,2,\cdots,n$；

μ_i—— 第 i 天的剩余库存，$i=1,2,\cdots,n$。

$$\min C = C_1 k_n + C_2 \sum_{i=1}^{n} \lambda_i \tag{6-1}$$

s. t.

$$\mu_i = \lambda_i - X_i$$

$$\lambda_i = \begin{cases} \mu_{i-1} + Q, & \mu_{i-1} - X_i < 0 \\ \mu_{i-1}, & \mu_{i-1} - X_i \geqslant 0 \end{cases}$$

$$k_i = \begin{cases} k_{i-1} + 1, & \mu_i - X_{i+1} < 0 \\ k_{i-1}, & \mu_i - X_{i+1} \geqslant 0 \end{cases}$$

$$Q \geqslant X_1, \mu_i \geqslant 0$$

$$k_0, \lambda_0, \mu_0, X_0 = 0$$

$$i = 1,2,\cdots,n \tag{6-2}$$

其中，第 i 个周期的剩余库存 μ_i 等于这个周期的初始库存 λ_i 与需求量 X_i 的差；当第 i 个周期的需求量 X_i 大于第 $i-1$ 个周期的剩余库存 μ_{i-1} 时，该配件需要订购，那么第 i 个周期的订购次数 $k_i = k_{i-1} + 1$，第 i 个周期的初始库存 λ_i 等于第 $i-1$ 个周期的剩余库存 μ_{i-1} 加上订购量 Q；当第 i 个周期的需求量 X_i 小于或等于第 $i-1$ 个周期的剩余库存 μ_{i-1} 时，该配件不需要订购，则第 i 个周期的订购次数 $k_i = k_{i-1}$，第 i 个周期的初始库存 λ_i 等于第 $i-1$ 个周期的剩余库存 μ_{i-1}。

由公式（6-1）和（6-2），理论上 Q 的可行解集为 $\{X_1, X_1+X_2, \cdots, \sum_{i=1}^{n} X_i\}$，但根据维修保养实际，零部件的剩余库存不可能为负值，因此计算过程中使得某个 μ_i 为负数的对应的 Q 不是可行解，应该剔除。

下面以 A2044405750（EL. WIR. HARNSS）为例对其一个月内的配件库存进行管理，该零件订购费 $C_1 = 120$，单位物品库存费用 $C_2 = 6$。表 6-4 是该零件某月份的预测需求数据。

表 6-4　EL. WIR. HARNSS 需求数据表

天数	需求量	天数	需求量
1	123	16	123
2	123	17	123
3	129	18	72
4	149	19	74
5	152	20	74
6	152	21	0
7	0	22	0
8	0	23	74
9	152	24	93
10	162	25	146
11	162	26	148
12	162	27	148
13	162	28	144
14	0	29	0
15	0	30	173

通过计算可以求出 30 天的总需求量为 3020，所以 Q 的理论可行取值为 123，124，125，…，3020。接下来逐个对 Q 取值进行计算，求得 3020－123＝2897 个总成本，剔除不可行的解，取最佳订购批量是最小总成本对应的 Q。利用 Excel 软件进行处理：

第一次计算：取 $Q=123$，求得第一天的剩余库存 $\mu_1 = 0$，根据约束条件判断需要订购，则订购次数 $k_1 = k_0 + 1 = 1$，第二天的初始库存为 $\lambda_2 = \mu_1 + Q = 123$，剩余库存

$\mu_2=\lambda_2-X_2=0$。依次计算，求得 $\mu_3=-6$，不符合约束条件，即 $Q=123$ 不是可行解。

再依次取 $Q=124$，125，…，3020，剔除使得剩余库存出现负值的数据，对剩下的总成本进行比较，求得最小总成本，则其对应的 Q 值就是最佳订购批量。

通过计算可知，当 $Q=151$ 时总成本最小为 28908。计算结果如表 6-5 所示。

表 6-5　EL. WIR. HARNSS 库存总成本计算表

天数	需求量	初始库存	剩余库存	是否订购
1	123	151	28	是
2	123	179	56	是
3	129	207	78	是
4	149	229	80	是
5	152	231	79	是
6	152	230	78	否
7	0	78	78	否
8	0	78	78	是
9	152	229	77	是
10	162	228	66	是
11	162	217	55	是
12	162	206	44	是
13	162	195	33	否
14	0	33	33	否
15	0	33	33	是
16	123	184	61	是
17	123	212	89	否
18	72	89	17	是
19	74	168	94	否
20	74	94	20	否
21	0	20	20	否
22	0	20	20	是
23	74	171	97	否
24	93	97	4	是
25	146	155	9	是
26	148	160	12	是
27	148	163	15	是
28	144	166	22	否

续表

天数	需求量	初始库存	剩余库存	是否订购
29	0	22	22	是
30	173	173	0	是
订购批量 Q	订购次数	订购费	库存成本	总成本
151	20	2400	26508	28908

由表 6-5 中数据可知，零件 EL. WIR. HARNSS 的最佳订购量 $Q=151$，订购次数为 20 次，最小总成本为 28908。

二、再订购点和安全库存的设置

安全库存（Safety Stock，简称 SS）也称安全存储量，又称保险库存，是指为了防止不确定性因素（如大量突发性订货、交货期突然延期、临时用量增加、交货误期等特殊原因）而预计的保险储备量（缓冲库存）。安全库存用于满足提前期需求。

安全库存的大小主要由一个 4S 店售后的服务水平而定。服务水平越高，维修保养满足率越高，发生缺货的概率就会越小，但需要设置的安全库存就会越高；虽然降低了缺货成本，但是安全库存量和库存成本却增加了。相反，服务水平越低，维修保养满足率越低，发生缺货的概率就会越高，但需要设置的安全库存就会越低；虽然增加了缺货成本，但安全库存和库存成本却降低了。因此，4S 店设置安全库存的目标就是以最合理的库存最大限度地满足客户的需求。

计算安全库存的方法有很多，一般是在需求模糊或需求随机的情况下，考虑订购前期内需求的不确定性的研究。设某配件单位时间内的需求服从正态分布，记均值为 μ，方差为 σ^2，提前期为 L，提前期内的服务水平为 α，则安全库存需求满足的条件为

$$\alpha = P\{\sigma_L \leqslant \mu L + ss\} \tag{6-3}$$

式中：ss——安全库存，也称安全存储量，又称保险库存。

σ_L——提前期内物质需求的标准方差。

对式（6-3）进行求解可得安全库存公式：

$$ss = \Phi^{-1}(\alpha) \cdot \sqrt{L} \cdot \sigma_L \tag{6-4}$$

4S 店的零配件需求受很多情况的影响，例如供应商服务水平。

当企业库存的服务水平以周期缺货率来定义时，安全库存为提前期及提前期内需求方差与提前期内的客户服务水平的函数关系：

$$ss = k\sqrt{L\sigma_D^2 + \sigma_L^2 D^2} \tag{6-5}$$

式中：k——安全因子，表示此物品在提前期内的安全库存的保障水平，与企业能够接受的物品缺货率相关，其值的计算参考标准正态分布；

L——提前期统计均值；

D——需求量统计均值；

σ_L——提前期统计标准差；

σ_D——需求量统计标准差。

以 A2044303530（BRAKE BOOSTER LHD）为例计算它的安全库存。整理数据得到 BRAKE BOOSTER LHD 的 2014 年 5 月订购数据，如表 6-6 所示，需求量如表 6-7 所示。

表 6-6　BRAKE BOOSTER LHD 订购数据表

项目	日期						
下单时间	5.2	5.5	5.9	5.14	5.19	5.22	5.26
到货时间	5.5	5.7	5.13	5.17	5.21	5.25	5.30
提前期	4	3	5	4	3	4	5

表 6-7　BRAKE BOOSTER LHD 需求数据表

日期	需求量	日期	需求量
5.1	170	5.17	184
5.2	170	5.18	89
5.3	170	5.19	89
5.4	176	5.20	178
5.5	181	5.21	172
5.6	178	5.22	172
5.7	178	5.23	176
5.8	178	5.24	178
5.9	178	5.25	176
5.10	178	5.26	176
5.11	179	5.27	176
5.12	178	5.28	202
5.13	178	5.29	202
5.14	172	5.30	170
5.15	172	5.31	170
5.16	172		

利用 Excel 软件进行数据处理，分别求得提前期与需求量的平均值、标准差、方差等统计数据，计算结果分别如表 6-8 和表 6-9 所示。

表 6-8　BRAKE BOOSTER LHD 提前期统计数据

样本数	均值	标准差	方差
7	4	0.82	0.67

表 6-9 BRAKE BOOSTER LHD 需求量统计数据

样本数	均值	标准差	方差
7	172	23	542

安全因子 k 是根据企业满足需求能力水平的经验来确定的。在 4S 店中，为避免缺件而无法按时交车，对供货率的要求是比较高的，4S 店要求库存供给水平达到 95%，则查正态分布表可得 $P=0.95$，对应的值 $k=1.65$ 就是零件的安全库存水平。

将数据代入公式（6-5）可得：

$$ss = k\sqrt{L\sigma_D^2 + \sigma_L^2 D^2} = 1.65 \times \sqrt{4 \times 23^2 + 0.82^2 \times 172^2} \approx 245$$

即零件 BRAKE BOOSTER LHD 的安全库存为 245，远远低于当前的 7 天需求量约 1197。

再订购点公式为

$$ROP = ss + Rl \tag{6-6}$$

式中：R——物资周期性需求量；

l——物资交货期。

根据表 6-8 和表 6-9 数据知，零件 BRAKE BOOSTER LHD 需求量的均值为 172，交货期均值为 4 天，代入公式（6-6），可得零件 BRAKE BOOSTER LHD 的再订购点为

$$ROP = ss + Rl = 245 + 172 \times 4 = 933$$

任务六 C 类配件订购方案

任务情境

小王和小李经过针对大众 4S 店的配件库存情况进行的统计分析，提出了 ABC 库存控制策略。小王和小李首先把铁岭合成大众 4S 店的配件进行了分类，重新提出 C 类配件订购方案。

任务分析

小王和小李需要掌握 C 类配件订货量的确定方法。

相关知识

C 类配件是各个车型的通用零部件。车型对 C 类配件的需求影响较小，由于汽车 4S 店所有车型的年产量相对稳定，因此对 C 类配件的需求也是相对稳定的。通过对 C 类配件的需求特点分析，4S 店采用定期订购法对 C 类配件进行库存控制。同时，由于 4S 店对 C

类配件的需求是相对稳定的，所以 C 类配件可以通过订购提前期内的需求量来设定该类配件的安全库存。为了使库存总成本达到最小，定期订购法需要 4S 店确定一个合适的订购批量，那么该订购批量可以利用经济订购批量模型来求解。设

C——总成本；

C_1——每次订购费用；

C_2——单位物品库存成本；

D——年需求量；

T——订购周期；

L——订购提前期；

Q——订购批量；

ss——安全库存。

总成本＝订购成本＋库存成本，即

$$C=C_1\cdot\frac{D}{Q}+C_2\cdot\frac{Q}{2} \tag{6-7}$$

对 Q 进行求导并令其等于 0，可求得最佳订购批量为

$$Q=\sqrt{\frac{2C_1D}{C_2}} \tag{6-8}$$

最佳订购周期为

$$T=\frac{365Q}{D} \tag{6-9}$$

安全库存为

$$ss=\frac{LD}{365} \tag{6-10}$$

以配件 A0009983385（SPREADER NUT）为例说明 C 类零部件库存控制方案。根据 2014 年 4S 店维修保养计划预计该配件需求总量 D 为 3120 箱，经调研得知其订购费用 C_1 为 93 元，每箱的库存成本 C_2 为 8 元，订购提前期 L 为 4 天，将以上数据代入公式（6-8）、（6-9）、（6-10）计算可得（其中所有计算结果取整）：

订购批量为

$$Q=\sqrt{\frac{2C_1D}{C_2}}=\sqrt{\frac{2\times93\times3120}{8}}=269(\text{箱})$$

订购周期为

$$T=\frac{365Q}{D}=\frac{365\times269}{3120}=31(\text{天})$$

安全库存为

$$ss=\frac{LD}{365}=\frac{4\times3120}{365}=34(\text{箱})$$

即每年只需要对 SPREADER NUT 进行约 12 次订货就能满足生产需求，还能使其库存总成本最小。

项目七　汽车配件销售

项目情境

夏季来临，宏达汽配商店的新任老板根据库存情况，购进了一批捷达车用风扇，希望盈利。可是，按照日常的配件销售情况，风扇销量并没有增加，导致夏季即将过去，产品积压。究其原因，商店没有开展营销活动，仍然依靠原有的销售方式，坐等顾客上门购买。那么，对于汽车配件的销售，如何进行才能更好地获利呢？这就需要我们学会汽车配件销售的方法，并且能够运用汽车配件的营销策略进行销售。

学习目标

能力目标：

1. 能为某款汽车配件确定合理价位；
2. 能解决汽车配件企业销售渠道存在的问题。

知识目标：

1. 掌握汽车配件产品的定价策略；
2. 熟悉人员推销的步骤；
3. 了解汽车零部件的渠道模式。

任务一　汽车配件价格的确定

任务情境

大众4S店购进一批汽车配件，包括汽油滤清器、空气滤清器、机油滤清器、氙气灯、倒车雷达。经理安排小李接到入库单后2天内确定这些配件的销售价格。小李怎样才能定出合理的价格呢？

任务分析

小李确定这些配件价格前，需要了解影响汽车配件定价的主要因素。

相关知识

一、影响汽车配件定价的主要因素

1. 成本

成本是企业为配件开发、生产和销售配件所支付的全部实际费用，以及企业为配件承担风险所付出的代价的总和。例如，市场供需决定了配件的最高价格，而成本则决定了配件的最低价格。配件成本包括科研制造成本、营销成本、储运成本等。

2. 市场供求关系

市场需求是影响企业定价最重要的外部因素，它决定了配件的最高价格。在自由竞争市场条件下，市场价格随市场供给与需求关系的变化而变化。供不应求时，价格上涨，市场表现有利于卖方市场，企业利润丰厚，市场刺激生产；供大于求时，价格下降，市场表现有利于买方市场，企业利润变薄，缺乏竞争力的企业将被淘汰。因此，企业制定价格就必须了解价格变动对市场需求的影响程度。

3. 竞争因素

通常，企业配件最低价格取决于配件的总成本，最高价格取决于市场需求状况，在最高与最低价格的幅度内，企业能定多高的价格取决于同类配件的市场竞争情况，因此市场竞争也是影响价格制定的重要因素。企业在定价时，必须考虑到竞争者配件的价格水平和质量水平。若本企业配件和竞争者配件相比没有优势，则价格不宜过高；若比竞争配件有明显优势，则可定得相对高些。

二、汽车配件产品的定价目标

定价目标是指企业通过制定一定水平的价格所要达到的预期目标。定价目标一般可分为利润目标、销售额目标、市场占有率目标和生存目标等。

1. 利润目标

价格是实现利润的重要手段，获得最大利润也就成为企业定价的主要目标。很多企业都想制定一个能够使当期利润达到最大化的目标价格。当前利润最大化目标能够使产品市场信誉高，在目标市场上占有优势地位，产品所定的价格较高。

2. 销售额目标

这种定价目标是在保证一定利润水平的前提下，谋求销售额的最大化。某种产品在一定时期、一定市场状况下的销售额由该产品的销售量和价格共同决定，因此销售额的最大化既不等于销量最大，也不等于价格最高。对于需求的价格弹性较大的汽车配件产品，降低价格而导致的损失可以由销量的增加而得到补偿，因此企业宜采用薄利多销策略，保证在总利润不低于企业最低利润的条件下，尽量降低价格，促进销售，扩大盈利；反之，若汽车配件产品的需求价格弹性较小时，降低价格会导致收入减少，而提高价格则使销售额增加，企业应该采用高价、厚利、限销的策略。

3. 市场占有率目标

汽车配件企业以追求市场占有率最大化作为定价目标，这种定价目标适用于新产品，或者说是对于消费市场较为陌生的产品，这种产品采用物美价廉的方式来吸引配件消费者，以期迅速扩大市场，提高市场占有率。

4. 生存目标

如果企业产量过剩、销路不畅、产品滞存，或企业周转资金面临严重不足，或企业面临激烈竞争，或谋求改变消费者的需求，则需要把维持生存作为定价目标。这种定价目标只适合企业的短期目标，导致汽车配件价格暂时处于低价水平。

三、汽车配件产品的定价方法

配件价格受很多因素的影响，但企业在定价时通常有所侧重，即定价的基本依据不同，从而形成不同的定价方法。定价的方法可分为三大类：成本导向定价法、竞争导向定价法和需求导向定价法。

1. 成本导向定价法

所谓成本导向定价法，就是指企业以提供产品过程中发生的成本为定价基础的定价方法。按照定价成本的性质不同，成本导向定价法又可分为以下几种：

（1）成本加成定价法

①含义

这种方法是指在确定单位商品成本的基础上加上一定比例的利润而确认的商品价格。

②优点

简便易行，对卖方“将本求利”公平合理；企业根据市场情况，适当调高或调低相应加成比率，减少或缓和价格竞争。

③缺点

不能确切预测该商品的市场需求量；只从卖方的角度考虑，忽视了消费者对该商品的价格需求。

④计算公式

单位产品成本＝单位产品成本×（1＋加成率）

例 1 某企业生产某小型电子配件的平均变动成本为85元，固定成本为125元，利润加成率为30%，则这一小型录放机的售价是多少？

解 单位产品价格＝单位产品成本×（1＋加成率）

＝（85＋125）×（1＋30%）

＝273（元）

（2）盈亏平衡定价法

①含义

这种定价法是以收入与支出或成本相抵，利润为零时所确定的商品价格。

②优点

价格一旦确定，企业就能明确知道盈亏数量，做到心中有数。

③缺点

同样忽略了消费者市场动态，摆脱不了立足企业的着眼点。

④计算公式

盈亏平衡价格＝固定成本/盈亏平衡销售量＋单位变动成本

例 2 某配件企业生产空气滤清器，单位变动成本为 80 元，全部固定成本为 200000 元，预计市场销量为 4000 个，企业如何定价才能确保不亏损？

解 盈亏平衡价格＝固定成本/盈亏平衡销售量＋单位变动成本

＝200000/4000＋80

＝130（元）

即企业定价至少为 130 元，销量达到 4000 个时，企业才不致亏损。

（3）边际贡献定价法

①含义

这种定价法又称为变动成本定价法或边际贡献定价法，是指以单位变动成本为基础，加上单位边际贡献而确定的商品价格。

②计算公式

单位产品边际贡献＝单位商品价格－单位变动成本

例 3 某企业销售某商品 2 万件时，固定成本 6 万元，变动成本 12 万元。销售 3 万件时，变动成本增至 18 万元，每件商品价格为 16 元。某客户在订购 2 万件商品的同时，提出再订购 1 万件，但价格必须是原价格的 7 成。试问该企业是否愿意降价销售？

解 （1）先计算销售 2 万件时企业所获利润：

单位商品利润＝单位商品价格－（固定成本＋变动成本）/销量

＝16－（60000＋120000）/20000

＝7（元/件）

利润总额＝单位商品利润×销售量

＝7×20000

＝140000（元）

即企业有利可图，可获利润 140000 元。

（2）再计算加销1万件时企业所获利润：

单位商品利润＝单位商品价格－（固定成本＋变动成本）/销量

＝16×0.7－（60000＋180000－120000）/10000

＝－0.8（元/件）

商品利润＝－0.8×10000＝－8000（元）

即企业会亏损8000元。

（3）采用边际贡献定价法：

单位产品边际贡献＝单位商品价格－单位变动成本

＝16×0.7－（180000－120000）/10000

＝5.2（元/件）

即边际贡献大于零，可以成交。

2. 竞争导向定价法

竞争导向定价法是指参照竞争对手的商品价格确定企业商品价格的一种定价方法。

（1）随行就市定价法

随行就市定价法是指以某类商品的行业价格标准或市场平均价格水平作为企业定价的一种方法。

这种方法简便易行，适用于完全竞争型的商品。

（2）拍卖定价法

拍卖定价法是指由经营者预先发表公告，展出被拍卖物品，要货者预先看货，在规定时间进行公开拍卖，由要货者公开竞争叫价，当不再有人竞争的最高价格确定时即为成交价格，经营者以此价格与消费者拍板成交。

（3）密封投标定价法

密封投标定价法是指由卖方公开招标，买方竞争投标、密封递价，卖方择优选取，到期公布中标名单，中标企业与卖方确定成交的一种定价方法。

这种方法适用于建筑包工、大型机器设备制造、政府大宗采购等。

3. 需求导向定价法

需求导向定价法是指以市场中现实的消费者可以接受的价格来确定商品价格的一种定价方法。

（1）理解值定价法

理解值定价法又称认知价值或感受价值定价法，是指根据消费者对商品或服务项目价值的感觉或感受不同制定价格的一种定价方法。

（2）习惯定价法

习惯定价法是指根据长期被消费者接受和承认的已成习惯的商品价格来确定价格的一种方法。

四、汽车配件产品的定价策略

1. 新商品定价策略

（1）取脂定价策略

①含义

取脂定价策略是指新商品在上市初期，制定较高的价格，以便在短时期内获得最大利润的一种策略。

②条件

第一，商品质量与高价格相符合；

第二，有既定的市场范围或份额，即目标市场；

第三，该商品具有独特的专门技术，科技含量较高，或有专利保护，以及不易仿制等特点；

第四，竞争者在短期内不易打入该商品市场。

③优点

第一，利用顾客的求新心理，刺激消费；

第二，由于价格偏高，在短期内可取得较大利润；

第三，在竞争者大量进入市场时，便可主动降价，增强竞争能力。

④缺点

第一，高价不利于打开市场，甚至会无人问津；

第二，如果市场销路旺盛，很容易引来竞争者，导致竞争加剧。

（2）渗透定价策略

①含义

渗透定价策略与取脂定价策略恰好相反，是指新商品在上市初期制定较低的价格，以便商品迅速渗透市场、扩大市场份额的一种策略。

②条件

第一，商品需求弹性大，市场对价格敏感；

第二，具有强劲的经营能力，成本随销量上升而下降；

第三，商品特点不明显或不突出，容易被仿制，技术水平低。

③优点

第一，利用低价可以迅速打开商品销路，占领市场；

第二，可以阻止竞争者进入市场，有利于控制市场。

④缺点

风险大，一旦渗透失利，企业将会一败涂地。

（3）满意定价策略

①含义

满意定价策略是一种在定价上处于高价与低价之间的，既能使消费者容易接受又确保企业获取初期利润的策略方法。

②优点

这种价格策略稳妥，风险小，可适当获取利润，又能被市场所接受，因此，是一种保守型定价策略。

③缺点

利润不太高。

2. 差别定价策略

差别定价策略是指对同一商品根据不同的情况或条件采用两种以上不同价格的一种策略方法。

3. 心理定价策略

（1）整数定价策略

整数定价策略是迎合消费者在购物时容易记住价格、方便不同商品价格比较、避免找零、怕麻烦的心理，这种定价策略往往针对高档商品、名牌商品、大件商品等。

（2）尾数定价策略

尾数定价策略是针对消费者提出正确计价心理而制定价格的一种策略。这种价格能够使消费者产生它是经过精确计算、价格比较便宜的心理。这种方法往往适用于日用低廉消费品。

（3）声望定价策略

声望定价策略是根据消费者“价高质必优”的心理和在消费者心目中高价商品有信誉和有声望而制定的价格策略。

这种方法适用于那些具有百年经营历史的商品，或历史名人曾使用过的名牌商品，或在某商品博览会上的获奖商品，或流行商品等。

（4）招徕定价策略

招徕定价策略是根据消费者长期认同某商品而又尚未购买的心理，采用适当降价，招徕消费者购买，从而推动和扩大其他商品的销售的一种策略。

这种策略适用于市场疲软时或销售淡季。

4. 折扣定价策略

（1）现金折扣

现金折扣是指企业给那些规定时间内付清货款的消费者的一种减价折扣。

（2）数量折扣

数量折扣是指卖方因买方数量大而给予的一种价格折扣。数量折扣有非累进数量折扣和累进数量折扣两种。非累进数量折扣是规定顾客在一次购买达到一定数量或购买多种商品达到一定的金额所给予的价格折扣。累进折扣是规定顾客在一定时间内，购买总数超过一定数额时，按总量给予一定的折扣。数量折扣引导顾客向特定的卖方购买，而不是向多个供应商购买。

（3）功能折扣

功能折扣又叫交易折扣，是指制造商根据中间商在市场流通中担负的不同职能，给予不同的价格折扣。其目的在于刺激各类中间商充分发挥其在商品流通中的商业功能。

（4）季节折扣

季节折扣是指客户在淡季购买商品而被给予的价格折扣。这在季节性明显的行业中广为采用，目的是鼓励批发商、零售商和消费者淡季购买，有利于产品的均衡生产，减少厂商的仓储费用，加速资金周转。

5. 地区定价策略

（1）原产地定价

原产地定价又称离岸价格，是指卖方负责将商品装运到原产地某种运输工具上交货，承担此前一切风险和费用，并由买主负责全部的运杂费和承担运输途中损失的风险的一种计算价格方法。

这种方法常用于运输费用和风险均较大的商品。

（2）统一交货定价

统一交货定价是指企业针对不同地区的客户，实行统一价格加上不同运费的价格计算方法。

（3）区域定价

区域定价是指把商品的销售市场划分为几个大的区域，在每个区域内实行统一定价。一般来说，较远的地区定价高些，反之则定价低些。

（4）销地定价

销地定价又称买主所在地定价或到岸价格，是指卖方实行统一送货，承担运输和保险费用而确定的价格。这种方法运用于运费和风险较小的商品。

6. 相关商品定价策略

相关商品定价又称产品线定价，指针对整个产品线制定的价格。

7. 系列定价策略

系列定价又称为分档定价，是指按商品不同档次、等级分别定价，形成系列价格。

任务二 汽车配件的促销

任务情境

假设2016年年初，由于金融危机的影响，整个汽车行业不景气，轮胎市场的需求也有所下降。老李是佳美汽车轮胎专卖店的销售经理，正为轮胎销售量下滑而苦恼，刚毕业的大学生小刘了解到这一情况，提出搞一个针对性的区域促销方案。小刘应该怎样根据当地汽配销售情况提出促销方案呢?

任务分析

小刘要做针对性强的区域促销方案来提升轮胎销售份额，需要做以下工作：

1. 了解当地市场状况，进行市场调查。
2. 了解促销有哪些方式，利用促销工具制订销售促进方案并实施的要点有哪些。

相关知识

一、汽车配件促销概述

1. 促销的含义

促销是市场营销组合的一个重要因素，指企业通过人员推销或非人员推销的方式，向目标顾客传递产品或劳务的存在及其性能、特征等信息，帮助消费者认识产品或劳务所带给其的利益，从而引起消费者的兴趣，激发消费者的购买欲望及购买行为的活动。

2. 促销的作用

(1) 强化企业的形象，巩固市场地位

恰当的促销活动可以树立良好的企业形象和产品形象，能使用户对企业及其产品产生好感，从而培养和提高客户的忠诚度，形成稳定的顾客群，不断巩固和扩大市场占有率。

(2) 突出产品特点，提高竞争能力

在同类产品中，有些产品差别比较细微，而通过促销活动能够宣传突出企业产品的特点，从而激发消费者潜在的需求，提高企业和产品的竞争力。

(3) 提供信息

通过促销宣传，可以使用户知道企业生产经营什么样的产品，有什么特点，到什么地方购买，购买的条件是什么等，从而引起消费者的注意，激发并强化他们的购买欲望，为实现和扩大销售做好舆论准备。

(4) 刺激需求，影响用户的购买倾向，开拓市场

这种作用尤其对企业新产品推向市场效果更为明显。企业通过促销活动诱导需求，有利于新产品打入市场和建立声誉。促销也有利于培育潜在需要，为企业挖掘潜在市场提供可能性。

3. 汽车零部件促销的对象

找准汽车零部件促销的对象有利于提高促销的工作效率，迅速扩大销售范围与销售量。汽车零部件促销的对象主要包括配套主机厂和零部件渠道商。

(1) 配套主机厂

配套主机厂的配件需求量及配件需求类型一般由采购决策人员决定，因此促销目标是采购决策人员。

(2) 零部件渠道商

零部件的流通渠道是多级的，主要包括零部件批发商、批发零售业务的次级渠道商、汽车维修与美容的经营业主、终端消费者。

二、汽车配件人员推销策略

1. 人员推销的含义

人员推销是指通过推销人员深入中间商或消费者进行直接的宣传介绍活动，使中间商或消费者采取购买行为的促销方式。每一方都能在咫尺之间观察对方的需求和特征，在瞬息之间做出调整。从事推销工作的人员通常称为推销员，或销售代表、销售顾问等。它是人类最古老的促销方式。在商品经济高度发达的现代社会，人员推销这种古老的形式更焕发了青春，成为现代社会最重要的一种促销形式。

2. 人员推销的特点

(1) 销售的针对性

与顾客直接沟通是人员推销的主要特征。由于是双方直接接触的，相互间在态度、气氛、情感等方面都能捕捉和把握，有利于销售人员有针对性地做好沟通工作，解除各种疑虑，引导购买欲望。

(2) 销售的有效性

人员推销的又一特点是提供产品实证，销售人员通过展示产品、解答质疑、指导产品使用方法，使目标顾客能当面接触产品，从而确信产品的性能和特点，易于消费者产生购买行为。

(3) 密切买卖双方关系

销售人员与顾客直接打交道，交往中会逐渐产生信任和理解，加深双方感情，建立起良好的关系，容易培育出忠诚顾客，稳定企业销售业务。

(4) 信息传递的双向性

在推销过程中，销售人员一方面把企业信息及时、准确地传递给目标顾客，另一方面把市场信息、顾客（客户）的要求、意见、建议反馈给企业，为企业调整营销方针和政策提供依据。

3. 人员推销的缺点

(1) 费用支出较大

人员推销直接接触顾客的范围有限，销售面窄，并且开支较大，增大了产品的销售成本。

(2) 对推销人员要求较高

人员推销的成效直接取决于推销人员素质的高低。尤其是随着科技的发展，新产品层出不穷，对推销人员的要求越来越高。

4. 人员推销的基本形式

(1) 上门推销

上门推销是最常见的人员推销形式。它是由推销人员携带产品样品、说明书和订单等走访顾客，推销产品。这种推销形式可以针对顾客的需要提供有效的服务，方便顾客，故为顾客广泛认可和接受。

(2) 柜台推销

柜台又称门市，柜台推销是指企业在适当地点设置固定门市，由营业员接待进入门市的顾客，推销产品。门市的营业员是广义的推销员。柜台推销与上门推销正好相反，它是等客上门式的推销方式。由于门市里的产品种类齐全，能满足顾客多方面的购买要求，为顾客提供较多的便利，并且可以保证产品完好无损，故顾客比较乐于接受这种方式。

(3) 会议推销

会议推销是指利用各种会议向与会人员宣传和介绍产品，开展推销活动。例如，在订货会、交易会、展览会、物资交流会等会议上推销产品。这种推销形式接触面广、推销力度集中，可以同时向多个推销对象推销产品，成交额较大，推销效果较好。

5. 汽车零部件人员推销策略

(1) 面向主机厂的推销策略

①了解汽车生产企业的有关情况

企业的有关情况包括：生产规模、产品结构、产品特点、组织机构、采购流程、企业文化等。以合适的产品、合适的价格向合适的人推销。

②准确介绍本公司的产品特点

企业的产品特点也是本企业产品的卖点，将本企业的产品特点与主要竞争对手的产品特点进行客观对比分析，使客户了解使用该产品可以获得的效益。

③帮助客户解决企业生产过程中的问题

博取用户的信任，提高客户满意度，积极完善售后服务工作。

④对采购决策人员的个人风格进行分析，以选择更适合此人的推销方法。

（2）面向汽车零部件经销商的推销策略

①了解中间商的类型、业务特点、经营规模、经济实力，及其在分销渠道中的地位。

②寻找经销商的利益诉求点，如盈利、品牌、长期合作等。

③向中间商提供有关信息，给经销商提供相关的帮助和支持，与经销商建立长期友好的合作关系。

（3）面向普通消费者的推销策略

①了解消费者的购买偏好、购买能力、使用习惯、利益诉求等。

②推销的方法主要以服务人员推销、经销商和零售商推销为主。

6. 汽车零部件人员推销方式

（1）寻找新客户

从营销的角度看，新客户是指那些具有购买能力、能决策的潜在需求者。推销要想获得成功，寻找新客户是第一步。

（2）接近客户

寻找到新客户以后，接下来的任务就是要接近客户，获得客户的好感，以便进一步实施产品推销。要想接近客户，首先必须做好接近客户的准备工作，这些准备工作主要包括：调查客户情况、了解企业及其产品的最新情况等，做到知己知彼。

（3）说服客户

在买方市场下，说服客户达成交易的确不是一件易事。因此，说服客户就成了推销的关键环节之一。常用的说服方法有提示说服法和演示说服法两种。提示说服法就是通过直接或间接、积极或消极的提示，激发客户购买的欲望，由此促使客户做出购买选择，如进行获益分析等。演示说服法是通过产品的文字、图片、影视、音响、证明等资料引导客户做出购买决策，如汽车配件公司为推销人员特制样品目录、彩色样本及各种文字资料等。

7. 汽车零部件销售人员的管理

（1）销售人员的选拔

选拔的途径：公司内部选拔、外部招聘。

选拔条件：知识结构、个人能力、敬业精神、形象、忠诚度。

（2）培训

培训的方式：理论讲授、模拟训练、实践锻炼。

培训的内容主要包括企业的文化及制度知识，本企业的产品知识及竞争对手的产品知识，市场相关知识，推销相关技艺，心理学知识，以及政策法规的相关知识等。

（3）考核

考核包括销售业绩、顾客评价、同事评价等内容。

考核方法：360 度考核、KPI 考核等方式。

（4）动态更新

鼓励竞争，末位淘汰，定期更新，保持团队良好的工作业绩。

三、人员推销的步骤

1. 确定目标

人员推销首先要找出潜在的顾客。确定潜在顾客的方法很多，可以通过推销员个人观察、访问、查阅资料等方法直接寻找；也可以通过广告开拓，或利用朋友介绍，或通过社会团体与推销员间的协作等方法间接寻找。

2. 接近潜在顾客

推销人员在确定目标之后，要认真准备有关产品、顾客和竞争者的知识，同时还要选择最佳的接近方式和访问时间，迅速接近顾客。接近顾客必须要考虑以下三点：一是要给对方一个好印象，推销人员要注重礼仪，既不卑不亢，又不诋毁竞争对手；二是验证在预备阶段所得的全部情况；三是为后面的谈话做好准备。

3. 推销介绍

这一阶段是推销过程的中心，是推销人员运用各种方法说服顾客购买的过程。推销说服的策略一般有两种：

（1）提示说服

通过直接或间接、积极或消极的提示，将顾客的购买欲望与产品特性联系起来，由此促使顾客做出购买决策。

（2）演示说服

通过产品、文字、图片、音响、影视、证明等样品或资料去劝导顾客购买产品。一般重点指出产品的特点和带给消费者的利益，以及它们如何优于竞争者的产品，有时甚至可以指出本产品的某些不足或可能发现的问题，以及该如何减免或防范。

4. 回答异议

潜在顾客在任何时候都可能提出异议或问题，这就给推销人员提供一个机会，去消除那些可能影响销售的反对意见，并进一步指出产品的其他特点，或提示企业可提供的特别服务。对于潜在顾客所提异议，必须在成交前加以解决，并进一步与潜在顾客进行沟通。

5. 成交

一旦顾客所提出的问题得以解决，推销人员就要准备达到最主要的目标，即要使顾客同意购买自己推销的产品。在这个阶段，推销人员还可以提供一些优惠条件，促成交易。

6. 追踪服务

追踪服务是推销人员为已购产品的顾客提供各种售后服务。追踪服务是人员推销的最后环节，也是推销工作的起点。追踪服务能加深顾客对企业和产品的信赖，促使重复购买。同时，通过追踪服务可获得各种反馈信息，为企业决策提供依据，也为推销人员积累了经验，从而为开展新的推销提供广泛而有效的途径。

四、汽车配件广告策略

1. 广告的含义

广告是企业用付费的方式，通过一定的媒体，运用印刷、书写、画面或口头宣传等形式向顾客促销产品或服务的一种方法。

2. 广告的作用

广告作为市场促销的一种主要手段，有以下作用：

(1) 传递信息，沟通产需

通过各种媒体，广告帮助消费者了解产品的特点，创造销售的机会。企业还可以沟通企业、中间商、消费者三者的联系，帮助商业部门进行销售活动。

(2) 刺激需求，促进销售

(3) 改善服务，加强竞争

在激烈的竞争中，各企业都希望突出自己的产品，争先诱导顾客购买，并为此进行着激烈的广告战。

(4) 介绍知识，指导消费

由于经济的发展，产品种类日益繁多，新产品层出不穷，顾客很难及时认识和分辨各种产品。通过广告，企业就能够向消费者介绍产品的功能和用途，指导他们消费。

(5) 树立企业信誉和产品形象

广告除了推销功能之外，还能树立企业和产品形象，加强顾客的记忆和好感，提高企业在市场中的声誉。

（6）为业务联系提供方便和支持

通过广告，企业可以沟通与客户的联系，促进交易的达成。而且广告宣传还能够提高企业及其产品的知名度，支持推销人员的活动和其他业务洽谈工作。

3. 汽车零部件广告促销的类型

①大众媒体；

②行业期刊广告；

③宣传手册；

④视听材料；

⑤网络宣传；

⑥标志图形；

⑦工业企业 POP。

4. 汽车零部件广告促销的主要方式

（1）电视广告

通过电视节目做汽车润滑油、轮胎、配件企业形象的广告。

（2）网络

（3）专业报纸及杂志

通过《中国汽车报》《汽车与配件》《汽车维修与配件》《中国配套商》《汽车配件导购指南》等杂志进行宣传。

5. 汽车零部件的展会促销

（1）车展

知名的国际车展有：法兰克福国际汽车展、底特律国际汽车展、巴黎国际汽车展、日内瓦国际汽车展、北京国际汽车展、东京汽车博览会等。

一般汽车展览都有相应的零部件展区。

（2）汽车零部件展

国际汽车零部件展有：美国拉斯维加斯汽配展、美国底特律汽车零部件展览会、德国法兰克福汽车零部件国际贸易博览会、法国巴黎国际汽车零部件及装备展览会等。

中国汽车零部件展有：中国北京/上海国际汽车零部件展览会、中国国际汽车零部件博览会、中国汽车零部件展示采购会、香港国际零部件展等。

（3）逆向展销会

逆向展销会与汽车零部件展恰恰相反，是由国家商务部和政府联合邀请联合国采购团、国际采购商来华设展，供应商可以参观或洽谈业务，是一个国内企业发展海外业务或推广产品的平台。

五、汽车配件营业推广策略

1. 营业推广的含义

营业推广也叫销售促进、销售推广，包括各种多数属于短期性的刺激工具，用以刺激消费者和中间商较迅速或较大量地购买某一特定产品或服务的促销方法。

2. 营业推广的特点

同人员推销、广告及公共关系相比，营业推广具有以下几个显著的特点：

（1）促销反应明显迅速

营业推广的许多方式对消费者或中间商有极大的利益刺激，往往能够使他们产生机不可失的感觉，从而迅速增加购买欲望，产生购买行为。

（2）针对性强，方式灵活多样

营业推广能直接根据产品特性、消费者或中间商的心理，以及市场状况有针对性地采用合适的方式或特殊的条件来激励有关人员的购买积极性，起到促销的效果。

（3）短期性和非正规性

人员推销和广告都是连续的、常规的促销方式，而营业推广是短期性的刺激工具，只是一种补充促销方式。如果同一产品长期使用某种营业推广方式，会使它的刺激作用大大减弱，而且企业营业推广的促销活动攻势过强的话，也容易使顾客产生逆反心理，误认为企业急于推销某些有问题的商品，从而损害企业或产品的形象。

3. 营业推广的目标

销售促进使制造商得以调整短期内供求的不平衡。它们使制造商能够制定一个较高的牌价以测试什么样的价格水平才是上限；它们促使消费者去试用新产品，而不是墨守成规；它们促进了许多不同的零售形式，如天天低价商店、促销价格商店等，为消费者提供了更多的选择；它们提高了消费者对价格的敏感度；它们使商品销售超过了按牌价销售的数量，并达到可以获得规模经济的程度，从而降低了每单位产品的成本；它们有助于制造商更好地适应不同消费群体的需要。消费者本人则在享受优惠价的同时，体会了作为一个精明的顾客的满意感。

4. 营业推广的方式

（1）赠送促销

通过向客户赠送新产品或其他有用的商品来刺激其购买某一特定产品，并且赠品上都印有公司的名字。尽管一般的小礼品对销售促进的影响不大，但可以提高消费者的满意度，在一定程度上刺激消费者的购买欲望。

（2）产品展销

通过展销会的形式，企业将一些能显示企业优势和特征的产品集中陈列。例如，在车展上有汽车零配件展区，配件企业可以边展边销，使消费者了解产品。

（3）打折优惠

价格折扣（又称发票折扣或价目单折扣）指在某段指定的时期内，每次购货都给予低于价目单定价的直接折扣。这一优惠鼓励了经销商去购买一般情况下不愿购买的产品数量或新产品。中间商可将购货补贴用作直接利润、广告费用或零售价减价。

（4）优惠券

给持有人一个证明，证明他在购买某种商品时可以免付一定金额的钱。优惠券可以邮寄、包进其他产品内或附在其他产品上，也可刊登在杂志和报纸广告上。优惠券可以有效地刺激成熟期产品的销售，诱导对新产品的早期使用。其实质是减价，但比减价要灵活，减价给人以产品滞销的感觉，而且减价后就难以再提价。而发优惠券使得到的人有一种优越感，乐于购买。

（5）现场示范

企业派人将自己的产品在销售现场当场进行使用示范表演，把一些技术性较强的产品的使用方法介绍给消费者，使顾客能亲身感受到产品的效果，甚至让顾客亲自操作和使用，促其购买。

（6）有奖销售

消费者在购买某产品后，向他们提供赢得现金、旅游或物品的各种获奖机会。

（7）俱乐部制或会员制

顾客购买商品或交纳一定的会费后可加入本企业的俱乐部，或根据不同的消费金额成为不同级别如金卡、银卡的会员，享受到不同的折扣或不同的服务。

六、汽车零部件销售促进

简单地说，销售促进就是一种能直接刺激以求短期内达到效果的促销方法。其特点一是直接，二是迅速。这就与促销组合的另一种方法（公共关系）形成鲜明的对比，公共关系更注重的是间接的、长期的效果。

汽车零部件的销售促进方式主要有以下几种：

1. 对主机厂的销售促进

对整车零部件配套的主机厂实行以下政策促进销售：

①新的零部件产品分配给主机厂试用；

②对主机厂承诺产品保证；

③可以适当进行信用赊销；

④提供长期售后服务支持；

⑤互惠购买。

2. 对经销商的销售促进

①新的零部件产品可以让经销商试销和试用；

②对经销商承诺产品保证；

③可以适当进行信用赊销；

④为经销商提供产品和销售培训、广告支持；

⑤协助经销商办展销会；

⑥会议营销；

⑦给予经销商折扣（数量折扣和现金折扣）；

⑧给予经销商适当的奖励或赠品。

七、汽车零部件公共关系促销

公共关系促销是指企业在从事市场营销活动中正确建立企业与社会公众的关系，以便树立良好的形象，从而促进产品销售的一种活动。它不以短期促销效果为目标，而是通过公共关系使公众对企业及其产品产生好感，并树立良好的企业形象，并以此来激发消费者的需求。

汽车零部件公共关系促销的方式如下：

1. 新闻发布会

当企业在技术上有重大突破，或有新产品问世等重大事件想把信息传递给外界时，可采用新闻发布会的方式。

2. 研讨会

工业企业可以把用户请来召开一些与自己产品应用相关的研讨会，一般把会议地址定在有纪念意义的地方或旅游胜地。通过研讨会传达企业信息，加强与用户的联系，树立行业领导者形象并合理合法地回馈用户，比如满足用户旅游的需要。

3. 交流会

把使用者召集在一起，通过交流或竞赛等方式使使用者更好地掌握使用技术，借此达到拉近关系、树立形象、回馈用户的目的。

4. 展览会

参加行业协会等举办的展览会。企业参加展会要对举办展会单位的实力进行评估，选择有实力、信誉好的举办单位。

5. 企业峰会

通过发起企业峰会，引起人们瞩目，树立企业形象。通过企业峰会，行业领导者可以强化领导者形象，而行业追随者可以建立与行业领导者平起平坐的形象。

6. 行业宣言

通过发起行业宣言，引起公众瞩目，树立美好形象。

7. 顾问用户

公司聘请对企业发展有影响力的大用户作为自己的顾问，借此树立以用户为中心的企业形象，拉近与用户的关系，同时得到必要的支持。

8. 创造新闻

通过策划创造有利于企业产品、人物相关的新闻。这要求公关人员不仅要有创造新闻的技巧，而且要与新闻媒体建立良好的关系。

9. 公众服务活动

通过做公益事业树立企业美好的形象，增强人们对公司的好感。

10. 服务巡礼

通过服务巡礼，可以树立企业重视服务的形象。比如可以在某重点地区展开阳光服务月活动。

11. 拜年活动

通过邮寄贺卡的方式表达问候，利用春节走访用户，开展拜年服务月活动，使用户过个放心年。

12. 捐赠、赞助等公益活动

通过捐赠、赞助等公益活动，吸引大众眼球，提升品牌形象，带动淡季的人流和销量，并为旺季销售做铺垫。

任务三　汽车配件分销渠道

任务情境

假设2016年年初，由于金融危机的影响，整个汽车行业不景气，轮胎市场的需求也有所下降。老李是佳美汽车轮胎专卖店的总代理，为轮胎销售量下滑而苦恼，刚毕业的大学生小刘了解到这一情况，提出搞一个分销渠道促销。小刘应该怎样根据当地汽配销售情况提出促销方案呢？

任务分析

小李要想完成这些任务需要了解汽车零部件的渠道模式。

相关知识

一、汽车零部件分销渠道概述

1. 汽车零部件分销渠道的概念

汽车零部件产品分销渠道是指汽车零部件产品的所有权从生产企业手中转移至用户手中所经过的途径或通道。

这个过程所经过的途径有直接的，也有间接的，是构成汽车零部件生产企业和用户之间关系的桥梁和纽带。

汽车零部件产品分销渠道有以下三层含义：

①分销渠道的主体是中介机构。这些中介机构包括中间商（总经销商、分销商、经销商）代理商，他们推动着流程的进行。

②分销渠道是汽车零部件产品价值的实现过程。该过程伴随着物流、资金流、信息流，以产权交易为前提，通过货币形式完成其价值形态的变化。

③汽车零部件产品分销渠道是指汽车零部件流通的全过程。它的起点是汽车零部件的生产企业，终点是汽车零部件的用户。

2. 汽车零部件分销渠道的主要参数

（1）分销渠道的层次

汽车零部件的层次是指汽车零部件产品从生产企业转移到消费者的过程中，对产品拥有所有权或销售权利的机构的层次数目。

零层渠道也叫直接渠道，汽车零部件的 OEM 市场和电子商务中的 BTOC 就属于零层渠道。

多层渠道也叫间接渠道，即一阶、二阶和三阶渠道。汽车零部件的售后配件市场属于多层渠道。

（2）分销渠道的宽度

分销渠道的宽度取决于渠道的每一个层次（购销环节）参与中间商的数量。若制造商选择较多的同类型中间商（如多家批发商或多家零售商）经销产品，则这种产品分销渠道称为宽渠道；反之，称为窄渠道。

汽车零部件中的通用件、易损件一般是宽渠道，便于消费者购买，也利于厂家的市场覆盖；而专用件、系统部件则采用窄渠道，以减少流通环节成本，保证其产品的专业性。

（3）分销渠道的长度

分销渠道的长度是指汽车零部件产品从生产企业流向最终用户的整个过程中，所经过的中间层次的层次数或环节数。中间层次越多，渠道的长度越长；反之，则越短。

3. 汽车零部件分销渠道的功能

（1）便利功能

生产厂家减少了流通领域的投入，承担售后服务工作，为消费者带来极大的方便，节省用户采购的时间和精力。

（2）创利功能

一是使产品增值，销售数量、信誉、价格上都会有良好的业绩，实现双赢；二是降低销售成本，加速产品流通的速度，减少流通环节的消耗，还有融资功能。

（3）销售功能

实现产权转移，是生产厂家的重要资源，帮助厂家进行产品的宣传和促销，收集用户的需求和市场信息。

（4）流通功能

该功能包括批发、销售、运输、储运，同时伴随信息流和资金流的传递。

二、汽车零部件的渠道模式

销售渠道是企业市场连接的桥梁，是消费者和产品的桥梁，企业生产的产品或服务只有通过这种渠道才可以传递到市场和消费者手中，从而实现自己的价值。因此，我们将传达这一系列的生产和消费、交换过程，以及参与者的通道统称为营销渠道。它包括位于两端的生产者和消费者，以及各种相关的中间商等。

从供应链角度看，国内零配件的流通主要通过图 7-1 中的方式完成。在这种转移过程中，由于零部件厂商或客户选择使用不同的服务品牌特色等主题将可能有很多不同的流通方式。

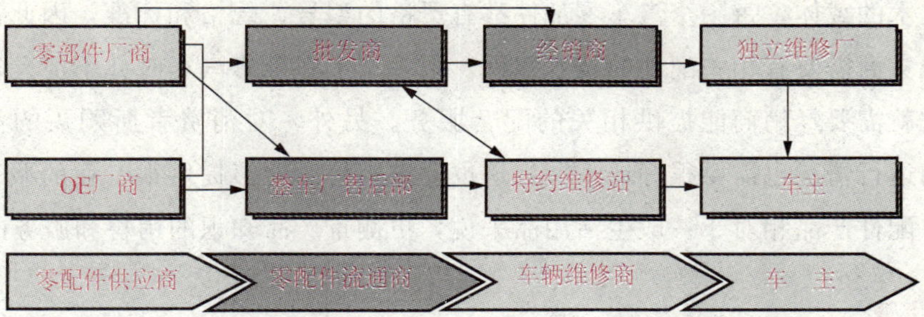

图 7-1　中国汽车零配件市场供应链

在上述流程图中，应主要关注配件流通商及销售渠道问题，对于汽车零部件生产企业而言，销售通常采用整车配套、中间商销售、零售三种渠道形式。整车配套一般是制造商直接从零部件生产企业采购，中间商销售以代理商、经销商为主，常采用总代理、特许经销和区域代理方式；零售主要包括品牌专卖制和售后服务等。

三、汽车配件企业销售渠道特点

随着汽车产业的快速发展，中国汽车零部件产业已经取得了长足的进展，许多汽车零部件企业（包括外资、合资、国有、民营等）的市场购买行为比较复杂。如汽车服务主要通过 OEM 提供给最终用户的特约维修点（或 4S 店）。服务提供商必须是获得授权的 4S 店，他们只负责某品牌的汽车服务，维修使用的设备大多是民营汽车制造商的品牌，零部件也大多直接通过原厂配件制造商购买。

1. 市场分散性

我国幅员辽阔，汽车用户分布在全国的各个区域，并且商用车的流动性也比较大，这为汽车售后服务带来了广阔的市场。虽然汽车市场的分布面积广，各省、市、区、县有汽车配件销售市场，但是其业务的整体规模较小，用户的需求小，使得汽车零部件市场渠道具有明显的地域分散性。大多数汽车零部件企业以民营为主，小且分散，无规模，无品牌，市场运作空间往往是有限的。

2. 管理专业性

管理是指组织为了达到预期特定的目标，运用流程体系等科学的方法来安排社交活动，使其有序地开展。在汽配行业里，管理专业性主要表现在生产管理、营销管理和物流管理等方面，在生产环节中对产品要求实行全面质量管理；在营销和物流配送中有数千种品种，为客户快速、准确地找到零配件的经销商，必须有高度专业化的人员和信息管理系统作为保障。

服务技术性

服务主要是通过一些方法，满足客户的某种特定需求或利益的各种活动。汽车是高科技和传统技术的载体，每一个汽车零部件都有严格的型号、规格和标准，因此制造零件的过程中，服务商需要有相关配件的技术知识。很多车主在维修汽车时并不清楚需要什么样的配件，这就需要经销商能提供相关的配套服务。另外，对消费者所购买的汽车在“三包”期内的运行情况也需要很好地掌握，这也要求销售商能够提供很专业的服务技术来保障。因此，配件产品相对于一般生活用品来说，更侧重产品知识的销售和服务的提供。

4. 多元化发展

越来越多的全球知名汽车配件厂商涌入国内市场，汽车配件市场格局发生了变化，开始由传统渠道向多元化方向发展。传统渠道主要是指汽配厂商在重点城市设立经销商，由经销商代理销售其生产的产品，目前，这种渠道仍占主流地位。为了避免传统渠道所带来的价格混乱，部分厂商开始设立品牌专营店或者通过汽配连锁超市进行销售，对产品执行统一零售价，从而避免价格竞争，同时也使产品质量和品牌形象得到保证。

四、汽车配件企业销售渠道存在的问题

尽管汽车配件售后服务渠道能够很好地为消费者服务，但是目前汽配企业在产品技术和营销模式等方面成熟度不够，仍然存在着一些问题。

1. 渠道模式不够成熟

目前，汽车零部件企业有 250000 家，这个数据还不包括无数的路边小店。大多数汽车零部件企业以民营性质为主，小而散，非规模，无品牌，没有形成一个网络。我国汽车配件分销渠道体系存在着两个比较突出的问题：一是分销渠道过长，导致费用过大，渠道成员利润减少；二是在市场流通渠道中，渠道成员数量众多，实力良莠不齐，成员之间的过度、无序竞争导致汽车配件市场秩序混乱。这些问题都造成汽车配件分销渠道模式不够成熟。

2. 4S 店的发展受限

流通在 4S 店中的汽车正品配件一直垄断了很长一段时间，但其他非纯正配件产品质量的提高，使 4S 店因为较高的维修费用开始感到压力。由于汽车 4S 店是汽车品牌的特约维修服务站，它的客户是品牌新车车主。然而，随着城市的发展，近年来，越来越多的 4S 店搬到了郊区，这给汽车维修带来了极大的不便，导致一些客户的损失，也为 4S 店的发展造成了一定的限制。此外，汽车零部件市场价格是不统一的，例如，A 牌的前刹车蹄片 4S 店卖 200 元左右，而在一般经销商处只需 100 元左右，这也导致 4S 店的发展受限。

3. 网络营销发展缓慢

网络营销开始在各行业中走俏，并大受欢迎，但这个快速发展和不断完善中的营销方

式，其理论研究还相对落后。目前汽车配件企业的网络营销还处于探索阶段，虽然有越来越多的企业开始尝试，但是多数企业还只是停留在建立一个网站，借助网络平台开展促销宣传、产品介绍，以及信息发布等简单的活动，并没有充分发挥网络营销的优势。随着慧聪网等第三方汽配经营网络平台的快速发展，汽配企业向网络营销方向的前进也有了一定的标杆。

五、汽车配件企业销售渠道冲突的原因分析

1. 汽车零部件市场环境因素

首先，中国汽车零部件市场体系尚不健全，仍处于一个过渡阶段，在这个阶段政策不断变化，法规体系也不健全，管理缺位，市场秩序不规范，假冒侵权严重，零部件市场缺乏市场信用基础。

汽配企业和渠道成员之间相互拖欠资金现象普遍。因此，企业的障碍，如现金交易，付款和交付等使商品流通放缓，限制通道的正常运行；汽车零部件的产业销售渠道硬件跟不上时代的步伐，网络基础设施发展滞后，整个行业的渠道网络设置容易标准化，物流配送体系发展滞后，物流成本高，而效率却很低。

2. 汽车零部件厂家对渠道管理不到位

首先，厂家没有认识到渠道的重要性，中国的汽车零部件企业进入市场较晚，在这样的环境下，渠道的操作和认识还停留在肤浅的层面上。大多数产品推广策略上更多地强调促销，而忽视了渠道策略、渠道设计、渠道建设、渠道管理和控制，缺乏渠道管理经验。其次，企业的渠道地位和责任没有明确界定。企业通常作为外部资源的战略通道被忽略，只有渠道成员作为贸易伙伴，而不是一个对象，从而企业和渠道成员的利益指向不一致。公司是不承担责任的渠道经理，在渠道设计和选择分销商方面缺乏统一的科学规划，通道运行和维护管理缺位。渠道成员之间关系不够紧密，没有形成利益链，彼此利益相对独立，短期行为严重，因此为渠道冲突设下了伏笔。

3. 汽车零部件经销商市场地位的变化导致冲突产生

随着汽配市场的逐步成熟，汽配经销商已不满足于跟随汽车厂商的地位。当制造企业成为先导通道，形成买方市场后，经销商日益占据主导地位。渠道成员的职责和权利要求通道重新分配，使其处于领导地位，同时企业规模的扩大也要求企业增强通道的控制权，所以供应商的控制与反控制势在必行，渠道冲突不可避免。汽配销售渠道，归根到底是渠道成员为了降低交易成本，以契约形式明确各方的责任和权利，从而形成价值链。所有冲突一定是因为价值链上的渠道成员之间的交流障碍造成的。每个汽车配件渠道成员有独立自主支配和定价的权利，因此每个渠道成员为个人利益的最大化造成彼此的竞争，引发渠道冲突。

六、汽车零配件企业国内销售渠道策略研究

1. 实施渠道策略，多渠道促销

渠道策略是指企业为了推销他们的产品进入目标路径而开展的活动，它关系到企业在什么地点、什么时间、由什么组织向消费者提供商品和服务。渠道冲突主要在于销售区域和渠道分工，尤其是多渠道的介入更容易导致渠道冲突，我们可以制订相关的渠道策略（包括通道设计、建立渠道和渠道评估）加以解决。比如在进行多渠道交叉促销时，厂家可以在网站上详细介绍产品信息，向消费者介绍并推荐传统渠道中的合作伙伴，而不接受在线订单，以鼓励在线客户使用传统的渠道购买；厂家也可以通过联合促销的形式加强与经销商之间的合作。比如在广告宣传方面，厂家主要是在全国主流媒体上做宣传，而各区域经销商可根据现有条件开展相应的人员或媒体宣传，同时厂家可根据活动效果给予经销商一定的促销支持。

2. 建立多样化渠道激励，适时提供技术支持

渠道激励是控制渠道成员的一种有效的方法，问题的关键在于激励的方式方法。单一的年终返利对于渠道成员的激励不大，相反却容易引发渠道冲突。汽车零部件企业应该发展多样化的激励方式，以弥补年终返利的不足。过程激励和间接激励是可供汽车零部件企业选择的激励机制。根据中间商在营销体系中所起的作用合理进行利益分配，可以通过物质和精神两方面的激励来实现。

技术支持是指给渠道成员提供技术上的培训和服务，包括给渠道成员在市场营销、信息咨询和产品的培训方面提供支持和帮助。各渠道成员是厂家不可或缺的资源，厂家应对经销商实施培训和知识更新，这样不仅可以挖掘其运作潜力，而且可以通过培训更好地发现和优化经销商，要通过培训做到市场与经销商实际相结合，只有理论联系实际，才能做到厂家与经销商一体化，达到双赢的目的。

汽车配件厂家要利用自身的技术优势，定期对各网点的相关人员举行专业的岗位技能培训和营销管理，提高各个网点的营销技术水平，统一配件销售服务。例如，传统的中间商应该更加关注产品培训、市场情报，并提供丰富的营销工具等；网络经纪人应该在网络硬件和软件技术两方面提供帮助；制造商可以建立一个统一的科学训练机制，以确保渠道成员更新知识。经销商通过组织培训，实施系统的评估，以一系列的规则和法规做保障的形式量化系统。这不仅能提高渠道成员的满意度，也能加强渠道成员与制造商之间的合作交流。

3. 加强信息沟通与交流，弱化冲突

现实中，很多矛盾都是源于沟通障碍，或者是信息失真，从而造成相互误解。因此，每个汽配渠道的成员企业应通过信息共享和信息交流，与其他成员之间形成资源互惠。

（1）渠道成员应邀参加企业顾问会议或董事会会议

通过组织企业顾问会议或董事会议，可以吸引其他渠道成员加入，这也是公司领导进行政策选择和确定过程的一个依据。组织的存在性和稳定性使渠道成员更容易相互接受，以达到相互尊重和相互理解的目的从而帮助减少冲突。

（2）通过各供应商成员之间的人员交流达到加强沟通的目的

这种方法涉及双边或多边成员之间的互动。例如，法国沃尔玛和美国宝洁公司人员之间的接触交流，以及许多国内制造商向分销商派遣人员帮忙理货，都是为达到这种目的。

（3）渠道成员共享信息和结果

该方法能促进信息流的流动，需要愿意与他人分享信息，共享彼此的成果。

任务四 汽车配件销售报价管理

任务情境

2016 年，大众 4S 店购进一批汽车配件，包括汽油滤清器、空气滤清器、机油滤清器、氙气灯、倒车雷达。经理安排小李接到入库单后 2 天内确定这些配件的销售价格，并把这些汽车配件的销售价格上传到软件上。小李怎样才能把这些价格上传到配件销售软件上呢？

任务分析

小李要想把这些价格上传到配件销售软件上，需要了解该软件的功能。

相关知识

一、配件销售报价

配件销售报价单，是销售配件之前销售商或者服务商向客户提供的参考价格表单。报价单的作用是让客户对销售商的供货行为进行对比评估，选择性价比最优的供方。作为配件销售商，要想在众多的同行竞争中脱颖而出，成为客户的最终选择，给出一份合理清晰的报价单是非常重要的。

建立一个报价单包括几个部分的工作内容：一是选择客户；二是查看该客户以往的进货情况；三是结合该客户的成交历史和最近的市场走势，确定报价。

配件销售报价的主要界面如图 7-2 所示。

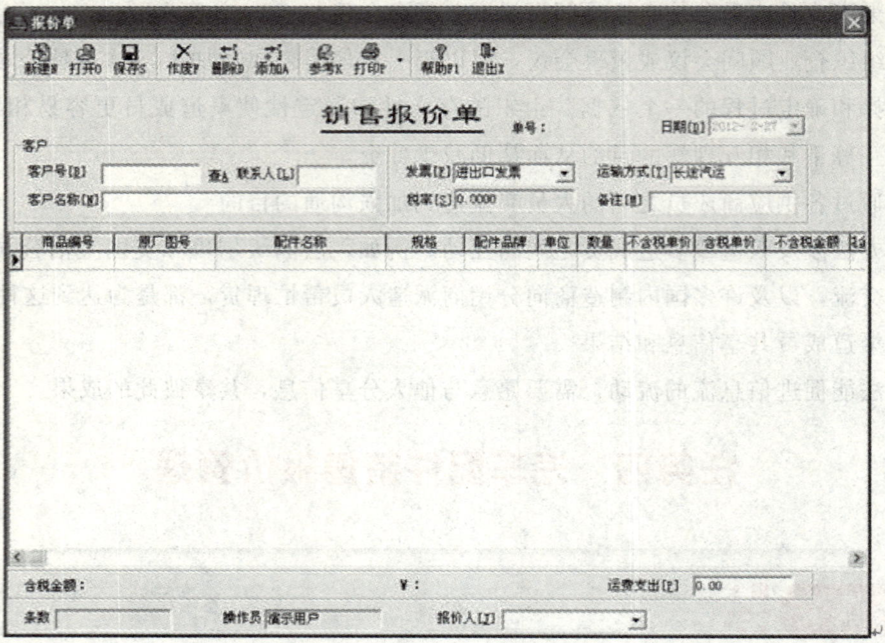

图 7-2 配件销售报价的主要界面

二、汽车配件销售报价实训

假设 4S 店将要为某客户进行一批配件的报价，配件编号为 0001～0005。请制作该批配件的销售报价单。

应注意报价时不含税单价与含税单价的区别，如图 7-3 所示。

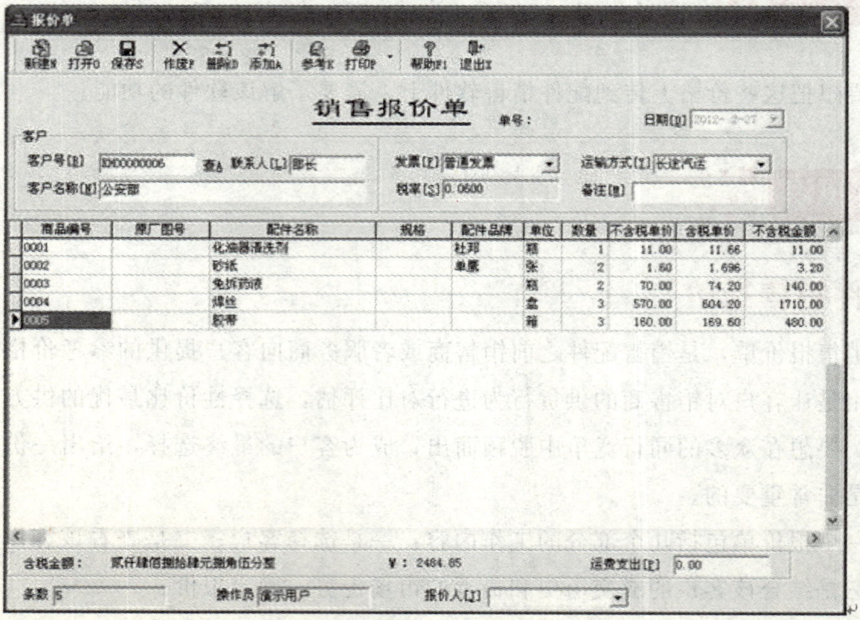

商品编号	原厂图号	配件名称	规格	配件品牌	单位	数量	不含税单价	含税单价	不含税金额
0001		化油器清洗剂		杜邦	瓶	1	11.00	11.66	11.00
0002		砂纸		单鹰	张	2	1.60	1.696	3.20
0003		免拆药液			瓶	2	70.00	74.20	140.00
0004		焊丝			盒	3	570.00	604.20	1710.00
0005		胶带			箱	3	160.00	169.60	480.00

图 7-3 报价时不含税单价与含税单价的区别

报价后打印（或者预览）销售报价单，并进行栏位调整，观察调整结果。

销售报价完毕，进行销售报价单查询，对制作的报价单进行查询，如图 7-4 所示。

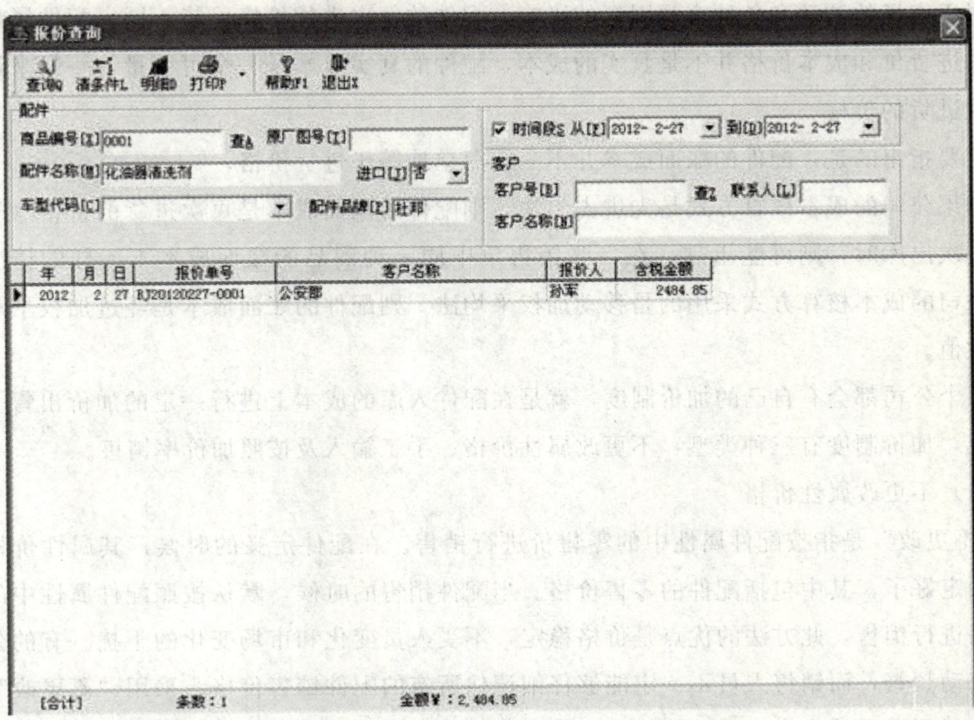

图 7-4 查询销售报表

三、配件销售管理及实训

配件销售管理：建立销售单时，可以直接新建单据，也可以通过报价单转入销售。销售单的建立中，最重要的是销售价格的确定，销售价格直接影响到成交的可能性和销售利润。价格定得过高，有可能影响成交；价格定得过低，无法获得正常利润甚至造成公司亏损，因此合理确定销售价格是配件销售过程中最重要的步骤。

在价格管理中，针对不同的顾客，我们可以给予相应的折扣。因此，建立好顾客档案，记录每个顾客每次购买的详细信息，是赢得并留住顾客的重要举措。

如何确定配件的销售价格呢？在我们采用的学习软件中，销售的定价分为五个层次。

1. 第一层次：配件的属性价格

在基本数据中，对每一个配件都可以规定它的属性价格，这些属性价格包括参考进货价格、参考成本价格、零售价格、批发价格、索赔价格等。这些价格都是定价的依据，而且是最基础的依据。针对不同的顾客，有的应该按照零售价销售，有的则可能享受代理价或者批发价。

2. 第二层次：配件的成本及本公司加价制度

由于市场的波动和各种客观因素的影响，配件的每次进货价格可能不同，配件属性中的参考进货价和成本价格并不是真实的成本，配件的真实成本是一个可变量，一般来说就是该次进货的价格。

需要指出的是，配件的账面成本并不一定简单地等于进货价格。

如果公司的成本核算方式是先进先出法，则配件的账面成本是每次进货的价格（当进行跨批次出库时，则可能出现，在一张销售单中同一种商品的账面成本不一样的情况）；如果公司的成本核算方式采用的是移动加权平均法，则配件的账面成本是经过加权平均的一个数值。

每个公司都会有自己的加价制度，就是在配件入库的成本上进行一定的加价出售。一般来说，加价制度有三种类型：不更改属性价格、手工输入及按照加价率销售。

（1）不更改属性价格

“不更改”是指按配件属性中的零售价进行销售。在配件定义的时候，其属性价格就已经确定好了，其中包括配件的零售价格。当配件销售的时候，默认按照配件属性中的零售价格进行销售。此方法的优点是价格稳定，不受人员变化和市场变化的干扰。有的公司人员变动频繁，而销售人员不一定能够仔细记住所有的配件销售价格。采用“不更改”制度时，就不需要销售人员熟记价格，即便是新手销售，也可以按照计算机默认的价格进行销售。不过，在这种制度中，销售价格最后还是由销售人员来确定的，属性价格也只供参考。

（2）手工输入

“手工输入”是指在配件进货时，根据需要，规定该批配件相应的销售价格。这种方法要求配件进货人员对销售配件的市场价格和配件成本都有一定了解，能够结合市场实际合理安排销售价格。该方法的优点是能够随时掌握销售价格，缺点是对销售人员的水平要求较高，对人员依赖较大，同时也不利于人员变动频繁情况下的价格管理。这种方法适合于采购和销售两种业务归到一个部门甚至一个人的公司，也就是说，适合于采购员兼任销售员的情况使用。

（3）按照加价率销售

“统一加价比率”是指以配件的进货成本为标准，在其基础上乘以一定的比率，作为公司配件销售价格。加价率是销售价和成本价的比率，比率越大则销售价与成本价之间的差额也就越大。其计算公式为

$$配件销售价=配件成本价\times加价率$$

根据公司管理成本的不同，结合市场配件的平均加价比率，合理地制订本公司的比率价格。这个方法的优点是进货成本会根据市场配件的价格变化而进行相应的调整，比较灵活。缺点是市场上配件的价格变动往往没有一定的规律，如果老顾客感觉价格波动太大，

可能会降低对公司的信赖程度。

3. 第三层次：配件的会员折扣

如果公司制定了会员制度，通常来说，会员可以享受一定的优惠折扣率。可以在制度里为不同级别的会员规定不同的折扣率，然后在计算机软件的“基本数据”中进行录入。当会员来购买配件时，计算机系统会自动为该会员进行配件折扣。这样的措施对于稳定顾客是大有益处的。

4. 第四层次：客户的成交历史

在进行配件销售时，应该参考该客户的成交历史。按照一般人的购买习惯，通常，本次购买时，客户会接受与上次同样的成交价格。从另一个角度来说，通常汽车配件的价格是不断下降的，如果我们能够以上次的价格与客户成交，通常是比较划算的。

公司的客户那么多，每个客户又可能来过很多次，怎么可能记得住客户的成交历史呢？这个时候，采用计算机管理就显得非常重要了，因为计算机系统可以很轻松地告诉我们每一个客户在购买每一种配件时的成交历史。在进行配件销售时，所用软件会默认客户最近一次的成交价格为“参考”的方式，为销售员提供详细的成交历史。

5. 第五层次：当面议价

在实际工作中，无论我们把有关销售价格的制度规定得如何详细，顾客的讨价还价都是不可避免的，在中国尤其如此，双方的共识往往都是由讨价还价来决定的。

一般来说，经过讨价还价的配件销售价格取决于四个因素：该配件的紧俏程度、顾客的意向价格、配件的账面成本和销售人员的折扣权限。其中，顾客的意向价格可以通过查询其成交历史来估计；配件的账面成本可以通过“参考”查询来进行；销售人员的折扣权限则已经在计算机系统中设置好了。

有些顾客可能还会提前进行配件的预订，这时就会用到“销售预约”了，该功能比较简单，类似于维修的预约功能。

任务五　汽车配件销售技巧

任务情境

客户王先生的丰田 FJ62 型越野车的发动机工作异常，经修理厂诊断，分电器需要更换，由于修理厂配件价格过高，王先生决定自己到汽配经销店去购买。此外，随着北方的气温开始下降，天气逐渐变冷，王先生要为自己的车添加防冻液。作为汽车配件推销员，应该怎样向客户推介汽车配件产品防冻液，怎样为客户选择分电器？

任务分析

选择哪种汽车配件推介方法，是汽车配件推销员应该提高的销售技巧。

相关知识

客户心理是指客户在成交过程中发生的一系列极其复杂、极其微妙的心理活动，包括客户对商品成交的数量、价格等问题的一些想法。它可以决定成交的数量甚至销售的成败。因此汽车配件销售员对客户的心理必须要认真分析。

一、选择成交法

当准顾客一再出现购买信号，却又犹豫不决拿不定主意时，可采用“二选其一”的技巧。例如，推销员可以对准顾客说：“请问您要那部浅灰色的车还是银白色的呢?”或是说：“请问是星期二还是星期三送到您府上?”这种“二选其一”的问话技巧，其实就是帮顾客拿主意，让他选择一个，下决心购买。

二、帮助顾客挑选

许多准顾客即使有意购买，也不喜欢迅速签下订单，总要东挑西拣，在产品颜色、规格、式样、交货日期上不停地打转。这时，聪明的推销员就要改变策略，暂时不谈订单的问题，转而热情地帮对方挑选颜色、规格、式样、交货日期等，一旦上述问题解决，订单也就落实了。

三、试用产品

顾客想要买你的产品，又对产品没有信心时，可建议对方先试用看看。只要对产品有信心，虽然刚开始订单数量有限，然而对方试用满意之后，就可能给你下订单了。“试用看看”的技巧也可以帮助准顾客下决心购买。

四、假设成交法

销售人员假定客户已经同意购买，通过讨论一些细节问题，从而促进交易成功。这种方法适用于老客户、中间商、决策能力较低的客户、表现出购买意愿的客户。这种方式避免了与客户谈论购买决策的问题，在一定程度上减轻了顾客的心理压力，把顾客成交信号直接过渡到成交行为，大大提高了销售的效率。

五、优惠成交法

销售人员通过向客户提供比较优惠的条件而促使交易成功。这种方式利用客户求利的心理，吸引大客户、扩大产品影响力，加快交易成功和加快资金回笼。例如，销售人员对客户说：“如果您购买的数量大，我们将给您最大的优惠价。”但是长期使用这种方法势必会助长客户对优惠条件的进一步要求，造成恶性循环。所以，采用此方法时，销售人员应注意把握优惠的分寸。

六、利益成交法

销售人员能否将商品的特征和优点转换成客户的最终利益是交易成功的关键，因为利益才是客户发生购买行为的最终动机。销售人员要做的就是说明此配件商品能给客户带来的好处，由于其优异的质量和性能可以为客户带来更好的使用性，创造的有效价值可以相应地降低其他消耗，比如能减少阻力、减少磨损、降低油耗、提高整车性能等。

七、机会成交法

利用“怕买不到”的心理，向客户说明失去这个购买机会将要支付更多机会成本。人们常对越是得不到、买不到的东西，越想得到它、买到它。推销员可利用这种“怕买不到”的心理来促成订单。例如，推销员可对准顾客说：“这种配件质量不错，现在只剩最后一个了，短期内不再进货，你不买就没有了。”或说：“今天是优惠价的截止日，请把握时机，明天你就买不到这种折扣价了。”

参考文献

[1] 刘育英．汽车市场预测分析［J］．中国工业和信息化部网，2011

[2] 王广科．汽车后市场营销学［M］．广州：中山大学出版社，2011

[3] 张毅．汽车配件市场营销［M］．北京：机械工业出版社，2010

[4] 彭朝辉．汽车配件管理与营销［M］．北京：人民交通出版社，2013

[5] 杨明刚．实操营销策划［M］．北京：高等教育出版社，2012

[6] 梅振国．汽车 4S 店备件库存问题及对策研究［D］．北京：北京交通大学，2010.

[7] 罗纳德．H. 巴罗．企业物流管理—供应链的规划、组织和控制［M］．北京：机械工业出版社，2002

[8] 隋立春．一汽一大众汽车售后服务备件管理策略研究［D］．天津：天津大学，2012.

[9] 沃尔特斯（Waters，D）．库存控制与管理［M］．北京：机械工业出版社，2005.